CHINAS VERBORGENE SCHÄTZ

以国际视角读懂中国新一轮繁荣 · 聚焦民众最关注的改革热点话题

新机遇：中国时代

【德】柯雷斯蒂安 · 戈尼茨（Christian Geinitz）◎ 著
许文敏 ◎ 译

国际文化出版公司
· 北京 ·

图书在版编目（CIP）数据

新机遇：中国时代 / （德）戈尼茨著；许文敏译．—北京：国际文化出版公司，2015.5
ISBN 978-7-5125-0787-6

Ⅰ.①新… Ⅱ.①戈…②许… Ⅲ.①中国经济－经济发展－研究 Ⅳ.①F124

中国版本图书馆CIP数据核字（2015）第114584号

著作权登记号 图字：01-2015-1568号

新机遇：中国时代

作　　者　［德］ 柯雷斯蒂安·戈尼茨
译　　者　许文敏
责任编辑　潘建农
统筹监制　葛宏峰　张　坤
策划编辑　刘　毅　闫翠翠
美术编辑　秦　宇
出版发行　国际文化出版公司
经　　销　国文润华文化传媒（北京）有限责任公司
印　　刷　北京天恒嘉业印刷有限公司
开　　本　710毫米×1000毫米　　16开
　　　　　20印张　　283千字
版　　次　2015年7月第1版
　　　　　2018年12月第2次印刷
书　　号　ISBN 978-7-5125-0787-6
定　　价　39.80元

国际文化出版公司
北京朝阳区东土城路乙9号邮编：100013
总编室：（010）64271551 传真：（010）64271578
销售热线：（010）64271187
传真：（010）64271187-800
E-mail：icpc@95777.sina.net
http：//www.sinoread.com

迄今为止中国开发力度最大、最集中的地区就是西部。为了突出这个地区的发展，中央政府提出了一个“西部大开发”的计划，这个计划也被称为“挺进大西北”，或者“宣传大西北”。这个计划涉及六省五区以及一个中央政府直辖市。在这个广袤的地域里，居住、生活着中国人口总数的27%，确切地讲是3.67亿人口，占地面积约为全国的71.4%，即685.44万平方公里。这就是说，生活在中国西部的人口要比美国总人口多，而且这个地域面积几乎两倍于印度。

第二部分　中国的城镇化：还城市一片洁净 / 133

中国城镇化的动力非常大，而且无穷无尽。2005 年，大约 5.7 亿人生活在城镇。2011 年，中国以 6.91 亿人生活在城镇的记录，第一次使城镇人口大于农村人口。到 2025 年，中国的城镇人口有可能达到 9.26 亿，而 2030 年有可能使城镇人口数字突破 10 亿大关。在 20 世纪 60 年代，城镇人口在中国仅占总人口的 17%，在 2000 年达到 35%，到 2030 年有可能达到 70%。也就是说，到那时，将有 3.1 亿人从农村进入城镇，仅这个进城的人口数就相当于美国的总人口。

第三部分　国内需求：最大的宝藏／ 227

中国是一个大数字的国家，如前所述，中国的基数大得令人瞠目结舌、赞叹不已。这个世界上人口众多的国家也面临着世界上最严峻的挑战，原国务院总理温家宝对这个挑战的严峻程度的总结是一针见血，其恰当、准确的程度恐怕无人比拟。温家宝在2003年入主国务院后，基于不同原因开了一份既简单又令人震惊的真实账单，按照他的说法：只要用13亿来乘的话，再小的问题都会成为大问题；只要用13亿来除的话，那再大的问题也会变成微不足道的小问题。

第四部分 冷眼看中国 / 299

如果发展的情况与原来设想的完全不同呢？中国几十年的成功有可能带来严峻的挑战吗？回答是肯定的。这个国家行进在一条狭窄的山脊上，无论是从山脊的左侧还是右侧，都有可能突然掉入深谷。踏错一步，或者一阵邪风，或山脊摇晃，都有可能被证明是致命的打击。

前言

柯雷斯蒂安·戈尼茨

人们说，在中国走了两周后，就能写一本关于这个国家的书；可生活两个月后，也就只能写一篇文章；但等您在中国住了两年后，您就什么也写不出来了。事实上就是这么回事，您在中国生活的时间越长，看到眼里的东西越多，那这个国家对您就显得越加复杂。一个答案会带来许多的疑问，对一个事情的理解常常会被更多的惊讶所淹没。按照人们的看法，一名经济记者应该跳出界外，不为那些假象所迷惑，因为他的职业就是研究各种因素、数字及其合法性，其中当然包括所有那些普遍有效的和某种程度上毋容置疑的东西，即便在这个陌生的亚洲社会亦当如此。

这本书给人们所展示的，就是以肯定和确信的目光眺望中国未来者们的观点和看法。因为在这块儿广袤的土地上——这片如此广阔的土地，与其说是一个国家，还不如说是一个洲，不仅有那么巨大的尚未发挥和利用的潜在势能——这些正等待着人们去启用；还有那么巨大的地下宝藏——这些正等待着人们去开发。而最最重要的财富更是中国人。中国人有可能属于非常聪明、勤于耕作、富于新鲜感、长于学习并且乐善好施的人群，只要条件允许的话，只要放开了他们的手脚，他们有可能给自己的国家，也包括给世界经济带来一个美好的未来。所以，也正是基于这一点，我们大可不必担心，尽管经济增长有些萎缩，可中国依然还是那个中国——世界经济最重要的驱动力。

如果在华居住了多年后，您还有勇气拿起笔去写一本书的话——因为您此时也许从内心深处更愿意保持沉默，那这个动因肯定无疑是基于其他人与事的触动、激励和帮助。对于我的这本书来说，其中有许多人的激励、陪伴和支持、贡献。他们之中的一些人对此一无所知，因为我并不认识他们本人，而只是拜读了他们的著作、文章和博客。假如您在本书中某个或者某些地方发现了类似于您的观点和提法的话，即便是大致相同或者貌似相同的话，请您不要见怪，那其中都应该有您的贡献。进化与环境历史学家沃尔弗拉姆·西曼（Wolfram Siemann）以这样一个优美而富于哲理的句子来概括这种相互关联的关系："站在其他人的肩膀上继续往前看，这就是研究、探索的法则"①。事实上就是如此。

务必要提名表示感谢的，首先是编辑卞卡·拉别兹克（Bianca Labitzke）女士，为了使本书在如此短的时间内能够完满、合格地与读者见面，她付出了大量的心血，也展示了自己的兴趣以及美意和持续工作的韧性。她和她的同事，以及法兰克福汇报出版社（Frankfurter Allgemeinen Zeitung）和法兰克福联合媒体公司（Frankfurter Societät-Medien GmbH）给予我——一名记者，一名用自己的笔，以一本书对一块土地进行解析和展述的爬格子者——的成绩以厚望，尤其是书中所介绍的这个国家的产品，虽然在今日的欧洲几乎每家都可以看见，可真正踏上这块土地的欧洲人却并不多，而且这块土地几乎远在他们8000公里以外的地方。法兰克福汇报出版社的高质、高速工作，使得这本书作为专题解析中共十八届三中全会改革方针政策的著述成为可能。

要深深致谢的还有我的助理阎瑞英（音译）女士，感谢她那孜孜不倦的查阅、翻译和咨询。她的成就力和评判力对于我和这本书来说，都功不

① 参阅沃尔弗拉姆·西曼的《从小联邦到民族国家——德国 1806-1871》，慕尼黑 1995 年版第 5 页。

可没。对于像她这样的年轻人，中国可以放心，前提条件是12点和18点务必准时有饭吃。

我发自内心地感谢我的夫人考杜拉（Cordula）和孩子们，他们是我的最大财富。这本书的成绩和荣誉首先应该属于他们。

导言

一、中国给世界经济一锤定音

2013 年 7 月，二十国集团财长和央行行长会议在莫斯科举行，这个地球上所有经济大国的领导人都汇集到这里。处在这压得人喘不过气、抬不起头、挺不起身的危机时期，人们再一次地期盼着，能从熊熊的大火中抽掉几根柴火。尽管美国、日本，甚至包括欧洲都有一些缓过劲儿的表现，可真正好转的迹象却渺然无迹。因此，身着笔挺黑色西服的财政部长们，把手中的赌注都投向继欧洲和美国之后的世界第三大经济区——中国。可中国在这个领域的负责人财政部长楼继伟却特烦，因为他的外国同僚们不时地把他拉到一边：这些人都试图说服他，再来一个新的刺激经济发展计划。况且，早在 2008 年金融危机之后，这样的刺激发展计划就已经显示过它的奇迹效应。当时，中国政府拿出了大约 5000 亿欧元，作为国家特别支出，给了企业和基本建设，还降低利息并向中国借贷市场投入了约为 8.5 万亿欧元。它以此不仅防止了本国经济的继续恶化，而且也减弱了其他国家的经济塌陷力度。正是在这场金融危机时期，中国不仅超过德国成为世界出口大国，而且超越日本，成为仅次于美国的世界第二经济大国，同时在许多领域发展成为举足轻重的国际市场，也成为汽车工业、机械制造业和化学工业等工业生产关键性领域的救助家。由此之后，无处不在流传这样的说法：中国在这场金融危机中拯救了世界经济。这话也不无道理。

“这条富有成效的路为什么不再走一次呢，尊敬的财政部长阁下？”中国的财政部长就这样在莫斯科不断地被问及。“这不仅是贵国的利益所在，也是我们其他国家的利益所在，难道不是吗？[①]”然而，楼继伟不仅没有给任何游说者以肯定的回答，相反马上摇手谢绝，甚至在公开场合把其他国家政府的代表堵回去。一种少见的情况！他回答说：“我告诉诸位，你们别想！你们的功课需要自己完成。”特别干脆！这似乎就像抽了这些大国一个耳光。要知道，它们几十年一直在大声说，至少表示过，要与老的世界秩序共进退。别忘了，来莫斯科参加这次会议的都是些什么样的国家：“世界 20 个最重要的工业国家和新兴经济实体集团”的成员国，它们构成了世界人口的 60%，世界经济的 90%！

这些富有影响力、权力赫赫的国家和国家联盟向中国请求帮助，这已经不是什么新鲜事儿了。多年来，欧盟以及其他遇到债务危机的国家就一直尝试着，说服中国给欧元危机以豪爽、宽宏大量的金融帮助。说服的成果相当令他们满意，因为中国根本就不考虑，为什么挺好的欧洲货币就倒了牌子，弄成了这么一副模样！可如今，中国不仅对国外捂住了自己的钱袋子，而且对自己家里也实施这个办法。在前往莫斯科出席 20 国会晤前夕，楼继伟曾有意识地做了一个这样的姿态表示：尽管中国国内经济发展很不给力，但中国这次要放弃国家扶助的刺激发展计划。可以想见的是，“一种微调，也就是在不增加财政赤字状况的条件下，对就业和经济增长予以支持”。对着扑面而来的批评声，楼继伟只给了一个回答：“中国不会再

---

① 楼继伟随后把这些问话这样转述给他的同事：“许多国家的财政部长在这次会议上说，他们关注并希望，中国经济尽快地增长起来”。引文出自 2013 年 7 月 21 日新华社消息：“G20 财长和央行行长会议召开　多国希望中国经济增长提速遭拒”。

拿出一个大规模的经济刺激计划[①]”。

保持这种姿态的原因并非由于中国是否有钱。尽管中国也有巨额的债务问题——我将在本书的后面对此做一些介绍和分析，但至少中央政府目前的状态还相当不错。财政赤字以及债务担保仍然处在掌控之中，可以说，中国目前至少能够满足欧元引入时所提出的马斯特里赫特标准。而绝大部分的欧元区国家，现在几乎都无法满足这个标准。此外，中国政府还拥有充足的外汇储备，一个迄今为止没有第二个国家可以汇集存储起来的巨额外汇盈余：价值36600亿美元，或者说3.66万亿美元[②]。这笔十几位数字的存储数额之大，确实令人难以想象，但可以通过对比的方式来理解。这个数目相当于德国一年的国民生产总值。至少，人们可以形成一个印象，一个有关这个国家外汇储存的增长幅度有多么大的印象：这个国家财富增长的水平和度量，每天大约增加20亿美元！这笔钱必须找一个能派上用场的地方，绝大部分用之于购买美国国债。中国由此变成美国最大的外国债权人。

图一：“谁是主导性的经济强国？”

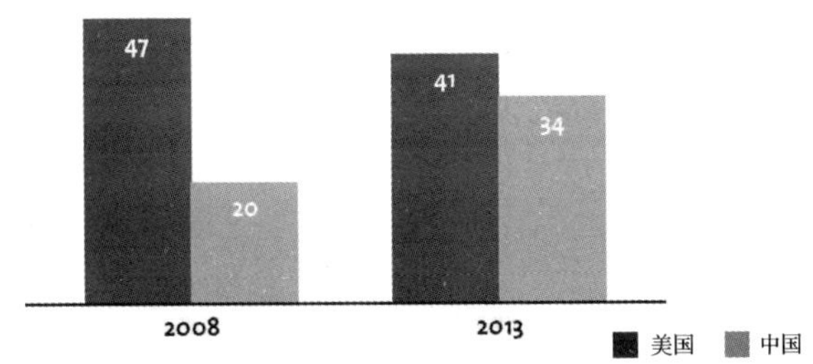

在39个国家对3.8万人所做调查统计中所占的比例。

皮尤研究中心（Pew Research Center）Q29。

---

① 路透社2013年10月14日：“财长排除了大刺激计划”。http：//uk.reuters.com/article/2013/07/17/us-china-economy-comments-idUSBRE96G0EX20130717

② 2013年10月14日中国人民银行：《2013年前三季度金融统计数据报》。

显而易见，随着中国的崛起，世界政治、经济和金融的重心将朝着亚洲移动。这一点不仅楼继伟的外国同行们看到了，即便是普通的老百姓也看到了。这里有一个国际调查，在这次莫斯科 20 国会晤前不久所公开发表的一个民意调查结果，可以被看作这一点的标志。在这份调查中，总部位于华盛顿特区的皮尤研究中心对 39 个国家的 3.8 万人做了专题调查询问，主题就是他们对美国和中国的看法。一如既往，绝大部分的被调查者认为，美国是世界最强大的经济实体，可一个明显的趋势就是，了解和认可中国的人数在迅速增加（参看图一）。由此所揭示出来的趋势，也同样适合于美国的盟友，如加拿大、德国、英国和法国。在这种信服力的变化中，最突出和最明显的当属澳大利亚，这个国家的经济发展有赖于中国的原料需求。甚至在美国，44% 的被调查者都认为，中国更强大，而只有 39% 的被调查者认为美国更强大[①]。

中国的崛起也同时意味着老牌工业国家的衰落。在柏林墙倒塌以及西方占主导地位的新爆破式行业如互联网、信息技术以及新的金融产品迅速发展时，最初进入人们眼帘的，似乎是西方工业国家的发展模式是不可战胜的。一种说法是“历史的完满”，另一种说法是“华盛顿共识”。这两种说法所意味的就是：市场经济、民主政体和法制国家不仅是密不可分的，而且是不可战胜的。然而，到了世纪的转折时期，这种无所不能的幻想就告结束了。它没有把福音带给西方，却把它送给了东方：自从网络泡沫和股市泡沫被吹破以后，自从“9 · 11”恐怖袭击以及那随后所出现的难以承受的战争支出以来，美、欧进入了新一轮的萧条。工业国家进入了一个“失去的十年”，甚至无人知晓这种低谷和萎靡还将持续多久。在巨额债务危机面前，美国和欧洲有可能付出几代人的财富。西方在经济地位上失去得越多，那中国就越加显得强大。在 1990 年到

① 2013 年 7 月 18 日皮尤研究中心：“美国的国际形象略胜中国一筹”。http：//www.pewglobal.org/2013/07/18/americas-global-image-remains-more-positive-than-chinas/

2012 年间，当经济合作与发展组织（简称 OECD，经合组织）成员国家的国民生产总值的现实平均增长率维持在大约每年 2.2% 时，亚洲的新兴经济实体以及发展中国家每年的现实增长率却以 7.9% 的速度持续增加[①]。所谓的现实增长率，也就是扣除了通货膨胀率之后的纯增长率。就在 2001 年欧洲的经济刚刚赢得了 1.8% 的增长率之际，中国却获得了最佳的增长率（10%）。

这是一种偶然的巧合：2001 年，恐怖分子袭击美国的世贸中心；也是在这一年，中国加入世界贸易组织（简称 WTO，世贸组织）。可是，一种明显的趋势就是，由此之后，世界经济的重点就逐渐地从美、欧朝着亚洲的方向移动。在美国和欧洲这两个西方经济区，国民生产总值的年增长率仅仅维持在 1.6% ~ 1.4%，而中国国民经济总产值的年增长率却一直保持在 10.2%。2008 年 9 月，雷曼兄弟投资银行宣告破产，引发了第二次世界大战以来最大的金融危机。尽管它也波及了新兴经济实体，然而对工业国家的打击却似乎更加严重，至少它导致银行就像断了线的风筝似的，一下子卷入债务危机的漩涡中去。在欧洲，经济由此不再增长，与此同时，中国却依然以 9.3% 的增值率持续发展（参见图二）。

图二：东方超越西方

经济区	自两德统一以来	自“9·11”和中国加入世贸组织以来	自 2008 年雷曼兄弟破产以来
全世界	3.4	3.6	2.9
美国	2.4	1.6	0.6

① “关于历史的终结、中西方体制比较以及何以资本主义与市场经济不是一体问题的结束语”，参阅米歇尔·阿利叶特（Michel Aglietta ）、郭柏（音译）：“中国的发展、资本主义与帝国”，阿宾登（Abindon）2013 年版，尤其是第 1-8 页。

经合组织成员国	2.5	1.6	0.6
EU（欧盟）	1.8	1.4	0.0
德国	1.7	1.2	0.7
日本	1.2	0.8	–0.1
亚洲新兴经济实体 / 发展中国家	7.9	8.4	7.9
中国	10.0	10.2	9.3
截止到 2012 年的平均国民经济增长百分比。 资料来源：国际货币基金组织、经济合作与发展组织（OECD）、汤森路透。			

二、加大改革步伐

据此是否可以说，中国把所有的事情都做好了？回答是否定的，因为这个国家在灭火时，把自己的手指也烧伤了。大手笔的金融刺激计划促使地方债务飙升，导致了基础设施建设以及国有企业投资严重过热。廉价贷款政策把通货膨胀推向高峰，加剧了房地产业的投机泡沫，迫使经济要靠不断的新借贷来输血维持，导致了影子银行以及无法控制的投资产品的形成和出现，并且使不良贷款违约以及整个金融界违约的风险令人难以想象地加剧了。2008 年年底中央银行把人民币与美元挂钩，虽然有助于中国出口业的发展，可也促使这个国家所面临的难题继续恶化。这里所迈出的是令进口商品价格更贵些的一步，而中国消费者的购买能力也就相应地下降。与此同时，进出口贸易上的盈余也就继续升高，这无疑是巨额的外汇储备。增长的财富听起来是不错，然而数目到了如此巨大的时候，管理并非一件易事。况且，由于利息的下调和兑换率的下降，也使得这笔财富在工业国家很难找到能赚钱的投资机会。

2008 年到 2011 年这种中国救市政策负面效应的直接后果之一就是：

改革的受阻和延误。按理说，时任党和国家主席胡锦涛和国务院总理温家宝已经表示，要为中国经济崛起的下一步扫清障碍、铺平道路。那么，依赖于（国家）投资以及廉价大宗出口的局面就要扭转，代之以刺激国内市场消费、服务和高价值工业的发展。大型国有企业和国家银行应该引入公平竞争，从而使市场能力以及私有中型企业得以发展和壮大。人们也注意到，首当其冲的就是，建设和发展医疗保险和退休金制度，以及对金融领域进行规范管理。对于强化个人需求和消费来说，所有这些措施——就像所设想的那样——也许都是不错的主意。然而遗憾的是，这些改革措施的绝大部分搁置了下来，因为胡、温觉得，用久经考验的现成设施和方法去应对这场危机当属眼下的要务。因此就要更多地出口；更多地投资；更多地发放贷款；更多的国家行为。一言以蔽之，更多地开展和推行那些原本要限制和停止的政策。

中国的新领导人，也就是自 2012 年 11 月与公众见面的党中央高层，以及自 2013 年 3 月所组成的中央政府，不准备继续这种路线。对于这位在 20 国财长会议上作为中国代表的财政部长楼继伟的行为举止、反应，人们也许必须这样来理解：只要这个国家的人民有足够的工作岗位，而且自身没有感受到这种经济发展的减缓，那么就没有理由去降低利息或者向经济领域注入额外的资金。虽然，输入资金也许会获得某种短期效应，并以此人为地拉动中国的国内需求，但无疑也是其他国家意图之所在。可这同时也就意味着，我们重犯过去的错误，而且有可能以此就把这个世界第二大经济实体那早就该做的改革不知推到何年何月去了。楼先生在他的发言中，选用了俄罗斯东道主的语言词汇“Нет”（不），以此既给了那些期待资金的外国使者一个回答，也给自己国内的改革反对者一个回答。在稍后一段时间，楼先生才透出这种更加明确的说法：唯有当经济增长率下降到 7% 这个点以下时，才考虑对经济实施刺激计划。

在稳定的经济实体中，7% 的增值率太高，可对中国并非如此。自经济开放以来，三十多年间，中国的国民经济总产值以几乎超过 10% 的年增长率持续发展。即便是在一个类似于大灾难的2013年，官方的政府经济增长率目标还维持在7.5%。而现在的经济萎缩也引发了这样的忧虑：这个世界经济最后的安全港有可能会受到冲击。事实上也确实有某些棘手因素存在和出现。2013年6月，中国的国内金融市场，也就是在那些大金融冒险者用钱进行短线投机之处，突然出现了流动资金短缺。利息一下子飙升到顶，传闻说，个别银行已经遇到了失去支付能力的问题。这种不安全性因素充斥货币市场、借贷市场和股票市场，在连续多日间，似乎让人感受到，噩运降临中国，整个世界有可能陷入新的一场金融危机。但这种情况并未发生，因为富有的中国央行鉴于国内外的苦苦哀求，打开了它的货币储存库，从而使这些处在危机中的银行转动了起来，也使市场得以稳定。与此同时，这个中国货币的守护者——它在中国不是独立的，而是属于政府的一部分——对银行采取强硬的态度：今后，银行唯有更好地管理自己的贷款，加强风险意识，把钱更多地投放到安全性比较高的地方去，而不是给予了那些缺乏信任度的客户，才能避免类似于刚刚渡过的被淘汰的危险。

在此有两点值得注意：其一，中国的政治和经济精英，对这种贷款政策以及国家银行所扮演的角色问题，显然有一种截然不同的声音。这种声音现在似乎表现得非常明显。其二，也就是在这年的六月，对于现存的不稳定性，领导层给予认可和接受，这显然是闻所未闻的大胆，实属少有。此外，党和政府领导人所担心的，不外乎仍然是：起伏波动的局势、吃不准的发展、那些不计后果贸然行事的做派。这样的一种允许对敏感的金融市场撒手的做法——这也许是暂时的——属于新情况，也是给银行以及其他方面所有掣肘改革者的一个警示。这种警示也就意味着，现在的执政者说话是认真的，走新路那是毋庸置疑的；他们要不惜一切代价，把老体制的寄生虫剔除掉，这一天不会太远。在此，所谓的寄生虫就是指那些以前在体制中进行投机的国家银行。在此，这无疑属于典型：一家类似于央行这样的机构，非常明确、坚定地反对中国国有经济中的这种“道德风险”

问题，也就是反对金融机构如此轻易地对待货币，而这些金融机构之所以如此草率地对待货币，就是因为对于可能出现的烂账来说，最后埋单的不是它们，而是政府。作为这条新思路的精神领袖，当属那位考虑问题缜密、且在国外享有盛名的央行行长周小川。在中国的高层官员中，他是中央领导层大换班后被允许继续保留原有位置的为数极少的官员之一。

此外，中国的未来发展带有新一代领导的风采。这个国家第一次由这样的一批人来领导，这些人比这个共和国要年轻：从国家主席和中共总书记习近平（1953 年出生）到国务院总理李克强（1955 年出生）。

新一代领导人准备给出新特色。习近平把反腐作为旗帜，而且准备迎接任何特权精英的挑战。他甚至还这样告诫各省大员们：今后他们职务上的升迁将不再像过去那样取决于（所吹起来的）经济增长率，而是要看当地人民生活水平，要看社会福利制度的建设以及环境质量。负责经济的政府首脑李克强也保证说，要告别过时的老一套，真正脚踏实地地开始早已许诺的经济和金融领域的改革开放。个别、具体的改革步伐，如强化国内消费需求已随之付诸实施。假如予以总结概述的话，那就是李克强要创造和形成建设现代的城镇化社会的一个前提条件。这其中生产和消费应该以这样的大范围中层为立足点，这个中层应该是这样的中产阶级：他们无论是教育水平，还是收入水平都要比今天的更高些；技术革新、技术服务以及技术现代化要在生产中得到鼓励和支持；商品的质量、价值、设计造型以及尽可能的环保性要在消费中得到鼓励和支持。

这条路线于 2013 年 11 月在中国共产党中央委员会的经济政策会议上——也就是十八届三中全会上——再一次得到了确认。这次会议的主题就是“深化改革的重大问题”，也就是确认那些在未来几年中作为经济、金融和机构重建的大政方针。这些成功确实被看作党和国家领导人习近平在中共党内以及其他关键领域上消除改革掣肘力的一步高棋。这次全会的公报明确提出，在中国未来的社会主义社会中，市场经济将起

“决定性”作用[①]。迄今为止的 20 多年间（对市场经济），一直使用的是另外一个词，那就是：“基础性”。从字面上令人一眼就能感受到含义上的区别，这也就意味着一种重心轻移，要更多地突出私人企业成分，突出一个这样的社会体制，其中在供求方面，私营企业要超越国家调度而发挥更大的作用。作为这届三中全会的首席主持人，习近平做了这样的概述：“社会主义市场经济，既要发挥市场作用，也要发挥政府作用，但市场作用和政府作用的职能是不同的。”国家应该把自己的职能主要地限制在创造一个稳定的宏观经济环境、提供公共事务服务、确保公平竞争以及纠正市场行为失当上[②]。

如瑞士信贷银行（Bank Credit Suisse）的专业人士就认为：中共十八届三中全会所做出的这个新选择富于“革命性”。它勾画出了“这个人民共和国历史上最全面、最雄心勃勃的改革架构”[③]。英国的金融咨询公司资本经济（Capital Economics）称：“这是我们在本世纪所看到的令人印象最深的改革宏图”[④]。美国彭博（Bloomberg）通讯社从中看到了“20 世纪 90 年代以来经济自由的最大拓展”[⑤]。事实上，这次全会公报的意义不仅在经济上，也在政治上意义深远。作为“再改造”的劳教制度要取消；刑讯逼供被禁止；被判死刑处决的数字要减少；罪犯和被告的权利要保障，法庭有责任不使用非法获取的证据；独生子女政策放宽：只要父母双方中有一人是独生子女，这对夫妇就有权生第二胎。

① 中国共产党中央委员会 2013 年 11 月 12 日：“中国共产党第十八届中央委员会第三次全体会议公报”。

② 新华社 2013 年 11 月 15 日：“习近平的中国改革计划”。

③ 2013 年 11 月 13 日陶冬（Dong Tao）/ 瑞士信贷银行：“习近平的改革理念”。http：//www.creditsuisse.com/researc handanalytics

④ 资本经济公司 2013 年 11 月 15 日：“改革方案超出预期”，https：//www.capitaleconomics.com/china-economics/china-economics-update/reform-package-exceeds-expectations.html

⑤ 彭博社 2013 年 11 月 16 日：“中国声称 90 年代以来经济极大自由发展”。

对公司、金融机构以及投资者也有许多新政策，这些中的绝大部分要到2020年得以实施。譬如，今后将允许建立中小型私人银行。银行监管将改善，针对投资安全建立一种体制，上市的手续要简单化。垄断要解除，国有企业要脱离政治管理。此外，从2020年起，国企必须把它们盈利的30%交到公众的手中。迄今为止最多只缴纳15%，许多国企尽管盈利很高，可一分钱也不向政府交纳[①]。新的鼓励政策是朝着改善资本配置以及打造一个可持续融资的福利保险制度所迈出的最重要一步。国际机构——如世界银行——长期以来就一直呼吁，这些大型国企不要把自己的盈利持续地投放到产能过剩的地方，或者押到变幻不定的房地产投资上去。

相反，养老基金需要资本。在养老基金构成中，现在劳资双方所付的已经超过工资的40%，再增加或者提高他们的支付比例并没有多大可能性。然而，当需要时，这些所存——就像本书随后将继续介绍的那样——却严重不足。正像中国政府现在所计划的那样，这些大型国企要多支付些，以便逐步接近这个目标：为这个超大型的国家建立一个稳定的、财政上可持续的医疗保险和养老保险制度。在这次三中全会的决议中，还有其他类似于此的基本步骤和设想，这些计划如加速人民币的兑换率以及银行利率放开的步伐。按照改革纪要，运输、通信、水、电、燃油以及煤气的价格随后将更多地取决于市场。按照上海新自由贸易区的模本，所有的经济领域——只要不属于受限制的都对私人和外国资本开放。外国企业对中国考虑就专利侵权建立一个法院特别欢迎。这个国家也考虑把退休年龄提高，并且放开户口管理制度，因为这个制度加大了劳动力自由流动的难度，并且使农民工在城市成为二等公民。

那为十八届三中全会所认可的政策——农民有权依据市场价格出售

① 中国共产党中央委员会2013年11月15日：“中共中央关于全面深化改革若干重大问题的决定”。

他们的土地使用权——具有特别重大的意义。迄今为止，农村的土地大都为地方政府所征用，农民在土地征用中所获得的仅仅是极少的一些补偿，而这些补偿的价值远没有真实的地价那么高，也就是无法与地方政府把它们转让出去、卖给房地产开发商所得来的地价相比较。法国兴业银行（Bank Société Générale）认为，这场土地使用权转让改革绝不亚于一场“革命性大转变。此举有可能打碎地方政府在房地产市场上的垄断，并且把农民的土地收入一下子提高上去，从而使农民获得足够的启动资金，以便在城市筹建和开启自己的营生”[①]。这种发展无疑会加速城镇化建设，而城镇化正是新一代领导人看好的推动经济增长的巨大潜力所在。

我随后会接着对许多这样的改革计划进行详细的论述，因为正是它们给中国和世界经济开拓了独特的机会。也正是基于这些富于深远意义的改革计划，令观察家们——如原英国首相戈登 · 布朗（Gordon Brown）——回想起 1978 年的三中全会，在这届全会上，开始了邓小平所领导的经济改革开放；1993 年江泽民领导下的三中全会，在这届全会上，正式宣告了“社会主义市场经济”，从而在中国释放出了令人难以想象的经济增长力[②]。现在，这届领导人的最大目标就是，从“量”的增长要再上一层楼，实现一种“质的增长率”，以免跌入所谓的中等收入陷阱。这里所提及的危险是就此而言：当一个正在崛起的经济实体达到某个确定的繁荣水平时必须松一口气，因为它们的竞争优势已经刷爆了，尤其是当廉价劳动力和其他的低费用优势已经发挥到了极限时。

为了消除弊端、有效疏导，国务院发展研究中心提出了许多改革建

① 姚伟（拼音）：“切勿泛泛论全会”，《兴业》2013 年 11 月 16 日。http：//www.sgresearch.com/r/?id=h993a899，c2d3437，c2d3438&p1=198546&p2=949b5047db6a64995d20f240116c0498

② 2013 年 9 月 12 日戈登 · 布朗：“中国承诺的增长将带动全球经济”。http：//blogs.reuters.com/great-debate/2013/09/12/chinas-commitment-to-growth-will-drive-the-globaleconomy/

议，这些建议大量地出现在这届三中全会的成果中。这份改革报告也称之为“383 报告”——呼吁，要对经济、金融以及福利领域动大手术[①]。主笔之一就是刘鹤，他是党和国家一把手习近平的顾问。另外一位就是李伟——改革总理朱镕基的政治秘书。这些建议当属那备受重视的报告——中国“2030”——的一个延续，而这个著名的报告则是国务院发展研究中心与世界银行联合完成的。

所有这些争取改变的速度和范围特别令人瞩目：银行利率要在三年内放开；到 2018 年，那些最重要的资本流动控制要取消；十年内，人民币要上升为一种国际储备货币；地方可以通过诸如发行“市政收益债”这样的方式来进行融资。这种融资的方式，旨在限制并解决地方政府对赌瘾式的影子财政以及靠出让土地来解决财政来源的问题。国务院发展研究中心希望：放开那些迄今为止一直封闭的国营经济行业，允许个人介入譬如铁路、电力领域；国企的财产虽然应该继续保持在公众的手中，但今后应该按照私有经济的方式进行管理。

实际上，中国迫切地需要引入新的推动力。不仅仅是因为这个人口大国的经济增长远比人们早已习惯了的速度慢，而且国内也对贵得买不起的住房、日渐增长的贫富不均、严重污染的空气、不敢放心的食品以及腐败等颇有怨言。面对所有这些有一点非常清楚，那就是：这样的发展模式——以劳动力、原料和环境的牺牲为代价去赢得快速崛起——显然已经过时了。为了使 13.5 亿人口——世界人口的五分之一——获得满意和平静，必须有新的刺激力。

① 国务院发展研究中心 2013 年 10 月 27 日：“改革方案总报告”。

三、新的经济增长计划是珍贵的藏宝图

摆在您面前的这本书就是要展示，未来的经济增长率从何处来：来自新老驱动力的结合处。因为中国的发展还远远没有达到把潜力全部挖掘出来的程度，在内陆大开发中潜藏着巨大的机遇和潜能。在内陆，在那块两倍于印度的区域，居住和生活着的人口，从数量上远大于整个美国；在那些鲜为人知的百万人口城市，如曲靖市、绵阳市，它们现在的经济增长率远比上海、北京还要高。在全中国，城镇化进程以及在形成一个富裕中层的进程中，在形成最大且富于购买力的消费群体过程中所潜藏的能量之大，是这个世界前所未有的。与此同时，这个国家也在尝试着采用刺激发展的新模式。在上海，现代金融业正在兴起，为的就是要到 2020 年，把这座城市建设成为一个类似于纽约或伦敦这样的国际中心。在保险、老人护理以及旅游业方面，现代化的服务业正在兴起。在重庆和成都——这些西部大开发的尖刀、先锋，电子技术加工企业和网络技术企业已经云集，并且正在使这些地区变成为世界最大的信息技术集合地。现任政府扶持和支持所有这些领域以及其他相关的许多领域，以便使这个国家的崛起能以持续的活力不断向前发展。

图三：中国外贸

中国最重要的贸易伙伴 *

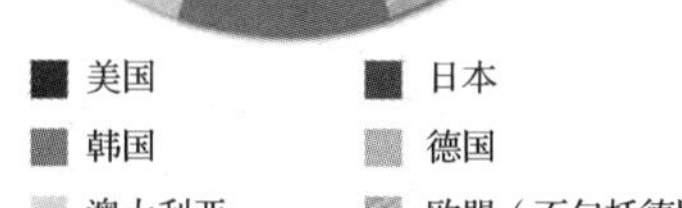

德中贸易 **

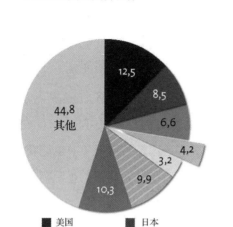

年份	进口	出口
1995	5,5	8,2
2000	9,5	18,6
2001	12,1	19,9
2002	14,6	21,3
2003	18,3,	25,7
2004	21,0	32,8
2005	21,2	40,8
2006	27,5	50,0
2007	29,9	56,4
2008	34,1	60,8
2009	37,3	56,7
2010	53,8	77,3
2011	64,9	79,5
2012	66,6	77,3

*2012 的百分比　** 单位 10 亿欧元

资料来源：中国海关总署、德国联邦统计局。

这场将在中国展示出来的新繁荣，不单有益于这个国家自身，也有利于整个世界。这届三中全会公报就明确地表述，简化涉外企业进入市场的手续，尤其是服务行业。所提到的诸如金融服务业、教育服务业和健康服务、老人护理、运输、贸易以及建筑设计。所有这些的绝大部分都有益于那些能以现代技术、高质量和合理的性能价格关系（简称性价比）满足远东那崛起发展需求的企业。德国工业生产行业显然属于此列，只要它们明智，那势必会捷足先登。实际上，德国从其对亚洲的密切经济关系中的获益，已经在欧洲首屈一指。在欧盟对华贸易中，德国已经占到三分之一。在十年之间，也就是在2002年到2012年间，德中两国贸易就翻了四番（参见图三）。对德国的出口已经成为中国的第五大目的地，中国作为供货国已经位居第二，仅次于荷兰。

在中国政府的眼里，柏林似乎就是欧盟的首府，而联邦总理默克尔则被看作欧盟中唯一的认真谈话对象。这也表现在，中国政府的部长们与其德国同僚每年举行一次政府磋商，而李克强在其 2013 年 5 月的首次正式出访时，仅仅到访了一个欧盟国家，也就是德国，这就更加清楚。他把中德的这种关系描述为“珠联璧合”，翻译成德文的说法就是，“最理想的合作者”，意即两国之间的特殊合作关系是相当的密切[①]。

除了类似于汽车制造业这些已经站住脚的行业之外，还有一些迄今为止介绍得比较少的德国行业，它们从这场远东的新繁荣中也能获益。在中国的环境保护和电力技术领域，德国的那些世界领先企业无疑也能大有一番作为，因为基于灾难性的水、空气质量问题，中国对“绿色经济行业”的投入空前大。近似于此的也包括像中国对德国高质量消费品日渐增加的喜爱。中国的中产阶级甚至喜欢德国的起居。他们用博世－西门子（Bosch-Siemens）的厨房用具和电器，浴盆配置汉斯格雅（Hansgrohe SE）的淋浴器械，烧饭炒菜用菲仕乐（Fissler）的锅勺，洗澡用杜拉维特（Duravit）的浴缸。在高档奢侈品市场上，占绝对地位的品牌多数来自法国、意大利，也有瑞士的产品，在这个世界上说到购买瑞士表，没有哪个地方能像香港和中国大陆这样疯狂。

欧洲企业在正在崛起的中国西部还不怎么出名，但像大众、巴斯夫（BASF）、德国邮政快递货运（简称 DHL，德国邮政快递）公司、瑞克（Herrenknecht）或者科德宝（Freudenberg）这样的前锋，正在这里为在华的下一个成功时期铺路搭桥。这当属聪明之举，因为谁今天就已经知道明天的需求出自何处，那他就能作为“先行者”捷足先登，在竞争拉开帷幕之前就已经从中国人的新繁荣中获益。

在不久的将来，中国将从世界第二经济实体的地位上升为世界第一。

---

① 2013 年 5 月 28 日，中国日报网： 李克强出席中德工商界午餐会，称中德经济是“珠联璧合”。

这本书也将要介绍，我们在此会遇到什么样的问题以及我们怎么样才能从中获益。我将带领读者进行一次探宝旅行。我们将纵、横穿越这个大国的许多地方，去寻找那尚未开发的数目惊人的地下宝藏。中国政府的计划以及中外咨询机构对中国未来经济增长的描述和展望，将作为我们的指南针和导航图。因此，这届三中全会所通过的三个最重要的课题也将分别予以论述。这三个课题就是：内陆；城镇化；国内需求。

当然，中国大陆从地理位置上远离西方工业国家的视野，可中国的产品实际上却比比皆是。几乎所有的墨镜都是中国制造；苹果智能手机更是毋庸置疑，就连速冻草莓，甚至绝大部分的苹果汁都是中国制造。欧洲人和美国人也许因此不得不有这样的一个基本利益要求：这台世界经济的发动机可别熄了火！因为只有中国经济继续增长时，西方的富裕生活才能得到保障。因为只有这时，低价格才能得到保持；也只有这时，大众、西门子等集团公司的员工和股票持有者才能从远东那肥沃的市场上继续保持良好的心态。

把现在中国经济的回落阶段，也就是经济喘息和舒一口气的时间，看作疲软，这也许是走眼了。只要正确地转向、调整，那现存秩序中的不足部分——诸如，对私有经济的分量表现不足、对内陆的落后关照不够、对环境污染重视太少——就已经潜藏了极大的发展机遇。只要很快地把这些沉睡的活力唤醒并释放出来，那中国由此所获得的繁荣将远不止 10 年。由于世界经济一体化的这种合并力，一种“富有理性的繁荣”方式也许给大家都带来益处。中国早已经不再是一个大型加工厂，而更多地属于一个巨大无边的市场。平心而论，我们也许必须把这个国家理解为世界经济和金融秩序的组成部分，在过去的 30 多年间，这个国家不仅从这种秩序中大量地获得了冲力，也同时给这种秩序重重地打上了它的烙印。当然也包括，德中两国以及其他的现代出口经济国家之间走得更近，其程度远比人们所看见的要近。

四、崛起的代价：法制、民主的建设需要时间

中国的改革需要代价。在银行、国企以及党政机构中，许多特权者将失去而且不得不失去他们的特权。老百姓也可能因此要埋单，因为经济增长率要回落，那随后能分配的数量也势必就会减少。如果国企瘦身甚或某些被关闭的话，就会遇到失业问题。与此同时，为了控制地方财政赤字，税收有可能被提高，这势必会使社会负担加重。假如对能源和环保费用的定价更进一步，实施比迄今为止更实际的方法，并同时规定实施节省能源方法，譬如要求采取保暖措施或者更新采用节能型空调，由此也就可能令水、电、燃油以及出租车等价格上涨。

统而言之，中国的新繁荣要付出代价，而且代价不低。这里所指的不仅是物质意义上的，而且包括社会的、生态的、法治的以及政治的代价。数百万计的农民忍受着强制搬迁和规模性财产损失的痛苦，因为在他们的土地上，不断地修建着机场、高速公路、工厂和购物中心等大型建筑。类似于那2.6亿农民工一样，一大批的底层群众以及他们的家庭正在变成为真正的弱势社会群体，他们手中所掌握的土地资源，远比他们几十年前所得到的要少得多。以国家所规定的不公平的低利率，中国储户们——其中有许多是那些不得不为自己未来的养老、医疗健康精打细算的普通老百姓——以银行贷款的方式补贴着富有的国企以及他们的受益者。生态代价在中国剧增问题，随后将以数字的方式量化介绍。它包括由于污染导致过早死亡的123.4万人口，大约占国民生产总值6%——价值约为3600亿欧元的物质负担。

多年来，全球经济增长率的三分之一是中国的贡献，几乎两倍于所有工业国家的总和。这个国家的实际购买力在世界经济构成中达到16%，而且在持续增长。按照世界货币基金组织（IMF）的预测，中国将在2016年超过欧盟，随后再过一年就有可能超过美国（参见图四）。再随后，中国就重新回到了它在19世纪时所处的位置，站到了那个以

其国民人口总数当之无愧的位置上：世界经济的顶峰。

用银行家的话来说，一个像中国这样的国家已经到了“大得不能倒”的地步。对中国经济失控这个话题，这个世界绝对无法（也不敢）想象。这也许是外国政府对就这个国家的阴暗面同中国政府进行谈判比较谨慎的原因所在。

图四：中国整体对世界经济的重要性

几个主要经济实体在世界经济中所占百分比 *					
年份	美国	欧盟	欧元区	工业国家总体	中国
2011	19.0	20.0	14.2	38.4	14.3
2012	18.9	19.4	13.7	37.8	14.9
2013	18.6	18.7	13.2	37.0	15.6
2014	18.4	18.2	12.8	36.4	16.3
2015	18.3	17.8	12.5	35.8	16.9
2016	18.1	17.3	12.2	35.2	17.6
2017	17.9	16.9	11.8	34.5	18.3
2018	17.7	16.5	11.5	33.8	19.0
（几个主要经济实体）在世界经济增长率中所占百分比 **					
1996–2005（世界 3.6%）	0.7	0.6	不详	1.7	0.6
2006–2012（世界 3.5%）	0.2	0.2	不详	0.7	1.3
2013（世界 2.9%）	0.3	0.1	不详	0.6	1.2
* 购买力平价调整后的国民生产总值；按 2011 年估计，** 年平均数。 数据来源：世界货币基金组织、美国经济咨商局（The Conference Board）。					

要想就此勾画出一幅图像，那做一次诸如从北京到上海的旅行就可以了。即便是国内飞行，旅客在机场也必须出示身份证，至少两次。不仅要登记，还要扫描并核实。就连许多火车票和手机卡在内，也同样如此：没有书面的身份证明就不能获得。借助于手机定位器的帮助，北京市得以对170万手机用户就交通堵塞进行通报，以便进行疏导。要想在机场为自己的计算机或者手机获得登录无线网的许可，就必须出示自己的旅行身份证件并进行扫描。在互联网上，用户会发现，有许多网页被屏蔽。其中包括诸如美国彭博通信社、《纽约时报》(New York Times)、推特(Twitter)、Youtube，甚至也包括互联网电影介绍参考数据库（Filmnachschlage Internet Movie Database）这样的网站。大约200万网络警察——通行的名称是"网络观点分析"——监视着网络和用户[①]。对类似于"微信"和其他作为短信性传播的社会媒体，要求是必须有名有姓，谁传播无法验证的内容，谁就要对此负责。

类似于对网络那样，在出入机场的收费站，每辆汽车都被拍照并且留下记录。这在中国的快车道上是司空见惯的，在城市里，也同样有许多固定的交通摄像头。旅客终于进到酒店里，前台接待人员要了客人的身份证件，然后进行复印。要交给警察一份复印件——在这里，每天要接收到一大摞需要检查的资料。

本书的动机是介绍和肯定中国的未来，那何以在此流露出这种不同的声音？有这么两个原因：其一，因为任何一张图像都可能是不完整的、不真实的，有可能掩盖了阴暗面。在国外，对于中国之路不乏崇拜者，而他们所立足的不外乎是，一部分中国精英以激动的心情所看到的那有利的一部分，可对那些潜藏在这个美丽国家中的问题、压力和不利因素，他们却视而不见。其二，在谈到这些不同的声音之际也要谈论这一点，那就是，也许在中国的不自由问题上，同样以矛盾的方式潜藏着巨大的

① 2013年10月3日，新京报网网络舆情分析师：要做的不是删帖。

宝藏。

但是，在我们的中国之旅中，有许多其他惊人的宝藏等待着我们去发现，所有这些都值得挖掘和展示。从中您就可以看见，经济奇迹在远东还远远没有结束。只要我们看准了、做对了，那我们在此还能持续多年寻到一些宝藏。

第一部分

挺进西部：到中国西部去寻宝

迄今为止中国开发力度最大、最集中的地区就是西部。为了突出这个地区的发展，中央政府提出了一个“西部大开发”的计划，这个计划也被称为“挺进大西北”，或者“宣传大西北”。这个计划涉及六省五区以及一个中央政府直辖市。在这个广袤的地域里，居住、生活着中国人口总数的27%，确切地讲是3.67亿人口，占地面积约为全国的71.4%，即685.44万平方公里。这就是说，生活在中国西部的人口要比美国总人口多，而且这个地域面积几乎两倍于印度。

第一节 充满神奇和诱惑力的辽阔大地：人口远比美国的总数还多

01
酥油与冬虫夏草：游牧民的餐桌上

钢钻头已经深深地钻进酥油团中。卖主并不急着打开麻袋。穿过麻袋上的网眼，他把那根手指粗的金属棒扎进那块儿高到他膝盖的酥油团中去。他必须倚靠在手把上，用两只手死劲儿地压，而且要借助于全身的重量。在这样冷的气温下，酥油块儿似乎特别硬。刚刚进入九月，可冬天却早早地降临到青藏高原，昨天甚至还下了雪。当这位男子再次把这根空心管从酥油团子里往回抽的时候，上面沾满了淡黄色的酥油。客人们品尝着、用鼻子闻着、用大拇指和食指轻轻地捏上一星点儿，然后细心地搓着。在与卖主简短地交换了几个词之后，随之在价格上取得了一致：每磅 17 元人民币（大约 2 欧元）。

到泽库（Zeku）做贸易，这动静可不小，因为这个市场位于青海省会西宁以南约四个半小时车程的地方。在一个泥泞的院子里，这些高原牧民摆出他们的产品。以前，他们骑着马到这里来，现在，他们骑着摩托到这里来。有的藏民甚至还全家出动，骑在马背上的人数，有时甚至多到一家四口。这些男人的肤色不仅很深，而且布满皱纹，高高的颧骨是西藏少数民族的特征。这是长期生活在海拔大约 4000 米的高地上而形成的民族的骄傲和自豪，人高马大的男人们裹着典型的民族长袍——那犹如卷起来的毛毡似的长袍看上去是这么个样子：填充得厚厚的，许多接口处都用彩色线收了边，未卷起的长袖一直搭到地面。其中有几个男子还佩带着藏刀，这是少数民族的特权，一般的汉人是不允许佩带的。

这里的绝大部分家庭都是牧民，他们赶着自己家的羊群在草原上放牧。夏天，他们住在帐篷里；冬天，他们住在城里。牦牛供给了一切：牛奶、黄油，牛粪作为烧火的燃料，牛皮做衣服、被褥和帐篷——几乎人们所需要的全部。藏民不愿意宰杀动物，所以把自己所放养的牛羊卖给信奉伊斯兰教的穆斯林。回民也同样地在青海发展了许多年。在泽库的这个市场里，这些留着胡子、戴着白色圆帽子的男人们掌握着肉市场。他们挥动斧头、大刀，砍下牦牛的头、蹄、尾巴，尽管上面经常还流着鲜红的血。

大动物未必一定是大赢家，相反常常是那些特别小的。一个戴着草帽的年轻人手里端着一杆铜秤，秤盘中放了一些干毛毛虫。一只30块钱，大约3.6欧元！这就是中国人所说的冬虫夏草，一种特殊的、奇效的特产，那是这里的草原民族在温暖的月份挖出来的。这种成于西藏的菌种复合体从长度和粗细上就像铅笔，它们属于寄生于高山草甸土中的蝠蛾幼虫。冬天，幼虫身躯僵化；春天，由僵虫头端抽生出长棒状的子座，就这样地出现在海拔3500～5500米的高地上。当地成千上万的牧民采集它们。在传统的藏药和中医里，它们被作为名贵药材，用在诸如秘精益气方面，甚至也大量地作为兴奋剂让运动员服用。冬虫夏草非常贵，以至于它们构成了当地草原牧民的主要收入来源。一位牧民介绍说，他搞冬虫夏草每年收入2万元，相当于2400欧元，占他们一家年收入的三分之二。对于这位牧民来说，一头牦牛在最好的时候也就能获得其四分之一的收入[①]。

从泽库这些既友好又令人感到惊奇的牧民身上，你也许会注意到，西藏已经远远越过了它的自然之名，也就是那东北以青海为邻所界定的地区。如今，藏文化和居住空间已经朝着印度、尼泊尔（Nepal）、不丹（Bhutan）以及中国内陆继续发展和延伸。甘肃、四川、云南以及青海这些省的一部分属于藏东地区，这些地区以前也称为安多（Amdo）、康区（Kham）或者朵甘思（Dokham）。

青海省的面积两倍于德国，而生活在这里的居民却很少，只有560万左右，近似于丹麦，而且其中有220万人生活在省会西宁。当地人的说法是：天高皇帝远！这话适合于这个大国的许多地区，在这里给人以完全不同的情调，甚至有某种异国他乡之感，因为对于这个庞大国家以及世界的其他地方而言，这里似乎是那样的陌生和遥远，甚至有一种被遗忘的感觉。可实际上，这种感受是一种误解，因为中国的发展势能正在持续不断地从沿海的老经济据点朝着内陆这个新基地推进。在青海、四川、内蒙古、新疆或者陕西的纵深处，埋藏着巨额的财富，其价值无人可以预见。从字面上说，这里期待开发的是原料，也就是这块儿土地和这里的人们将奉献出来的。只要——就像已经计划的那样——对他们更好地去进行教育、培养，那么在把整个中国建设成为一个知识社会方面，他们无疑会搭上一把手、添上一把力。作为消费者，他们就是关键的决定因素，也就是靠国内市场带动经济增长率的改革方案能否获得成功的决定者。

① 参阅“西藏人的过去”，《法兰克福汇报》2011年10月25日第9版。

02
牦牛毛和太阳灶上的成就——两名外国年轻人在青海是怎么挣钱并同时帮助当地牧民的

于廉·威尔逊（Julian Wilson）曾作为英国军官服役于北爱尔兰和当年的南斯拉夫。他对牧民的家犬并不怎么害怕。这是青藏高原的清晨，浓郁的迷雾笼罩着这海拔 4000 米的草原。随着一群牦牛，威尔逊进入了漫漫无际的大草原，他现在返回自己的宿营地，一顶由牦牛毛制成的粗糙的帐篷。牧羊狗狂吠着，不时地对他呲牙咧嘴，展开着攻势。威尔逊用石块儿把它降服住了。“这狗就是虚张声势、神经兮兮，”这位英国人说，“我更喜欢牦牛。”①

威尔逊从他在北京的住所来到远离省会西宁的这个偏远地方，为的就是购买牦牛毛。一位牧民解开一个系着口子的旧大米袋子，露出了里边的毛皮。威尔逊一边低头看着袋子里的货物，一边用大拇指和食指搓着毛，检查着它的质量。在这些粗糙的长毛下，显现出细腻的毛绒。“这软得就像克什米尔（Kashimir）山羊绒。”这位企业家介绍说，“我们的样品所需要的就是这种毛绒。”他与卖主经过一番商谈，在价格上取得了一致：14 元人民币（也就是 1.7 欧元）一磅。

威尔逊是香港库努（Khunu）公司的建立者和所有者之一。自 2009 年开始，他用牦牛毛制作冬装、运动衣和休闲服，人们也把这种牦牛称为藏牦牛（Grunzochsen）——一种被驯服并人工放养的牦牛。尽管还有另外的生产商，譬如来自黑森州布茨巴哈（Buztbach）的德国企业赫斯自然（Hess Natur），但库努公司把自己看作第一家只把精力致力于这种山地原料产品的企业。一方面，威尔逊和他的美国合作者——亚伦·帕狄鲁（Aaron Pattillo）——像他们所想象的那样——基于这样的考虑：牦牛

① 参阅“与牦牛同舞”，《法兰克福汇报》2011 年 11 月 28 日第 18 版。

毛要比美利奴细毛羊（Merino）的毛软而且暖和。同时比质量相当的克什米尔羊毛耐折叠、价格低。另一方面，这两位还追求这样的一个社会价值目标：他们想为生活在青藏高原上的牧民们开启一个新的创收的源泉。

就像在从青海到四川的青藏高原上所进行的工作一样，他们也在蒙古草原上历经着类似的奔波。这家公司的名字“库努”来自于中国的邻国，它显示了这个邻国过去的一个王朝，也表示一种流动性自然景色。在蒙古收购牦牛毛比这儿容易些，威尔逊说。此外，中国的牧民积极性并不怎么高，至少不像库努公司所希望的那样。这些放牦牛的牧人收集牦牛毛的方法是，在牦牛蹭毛时，他们把掉下来的毛团收集起来。威尔逊说，这样就降低了牦牛毛的纯度，也就卖不出好价了。要说在高原上继续进行深加工，那是难以想象的。所以，库努公司把这些收集来的牛毛打包，然后把它们运输出高原，在海拔比较低的地方去进行清洗和编织、加工。这家服装生产商在北京找到了一家瑞士工厂。“我们对牦牛毛寄予高产值的创造，”威尔逊介绍说，“但这需要时间。”库努公司——一家慕尼黑投资商以资本介入这家公司——主要是通过公司的网页销售高贵的粗绒毛围巾、夹克或者毛衣。“脸谱网（Facebook）是我们主要的广告平台。”威尔逊说，他们的服装并不便宜。一件带拉链的毛衣售价 125 欧元；一条披肩售价 160 欧元。因为这些产品还都没有上色，所以价格也将会随着所染的不同色而有所变化。譬如，一条难得的乳白色牦牛绒披肩低于 220 欧元绝对拿不下。

在他们挣钱，并以此为善的努力中，公司的这两位创办人配合非常默契。亚伦 · 帕狄鲁，一位来自美国科罗拉多州（Colorado）的滑雪爱好者和自然科学工作者，曾在比尔 · 克林顿（Bill Clinton）的福利基金会工作。威尔逊的情况是：在结束了部队生涯之后，他又在金融企业干了多年。他的任务就是给股市投资人就出市入市、抛还是进等进行咨询。“逐渐地，只谈钱，只给别人出主意，而自己却置身事外，我够了，厌倦了。肯定还有比这更重要的事情。”突然，这机遇就来了，完全是一个偶然的机会。在一次冬季的西藏之行中，威尔逊和帕狄鲁在海拔 5000 米的高地遇到了突然变化的糟糕气候。在逃生中，他们发现了一家牧民。在那里，他们领教了牦牛的抗恶劣气候能力，了解到许多有关这种动物的特性。他们意识到，从牦牛那厚厚的毛绒里，可以创造出价值远远高于那裹在身上的或者作为帐篷撑起来的毯子。“对于自然产品和生态性东西，生活在西方的人们掏钱不吝啬。”威尔逊知道这一点，“我们的想法是，应该从牦牛身上赚钱。”

库努公司既非以纯营利为目的，也不是一个慈善协会，它所尝试的就是，通过富有成果的经济活动去提高这些高原民族的生活水平。这家企业把收益的 2% 用于慈善性活动。取得商业成功的最大一个障碍就是这种长毛动物的形象。绝大多数客户感到惊奇的是，从这种油兮兮、乱哄哄的毛发中去纺线、编织东西。威尔逊介绍说，甚至就连这个名字也许有些怪异：克什米尔听起来异国风味，美利奴（细毛羊）有意大利味儿。

当恶劣天气遭遇和牧民那热情好客的气氛在威尔逊和帕狄鲁那里成为商业念头的导火索时，在斯科特 · 富兰克（Scot Frank）那里，契机却是一只苍蝇。那是几年前，在青海的一个村子里，他瞧着那些烧菜的女士。这些虔诚的佛教徒抱怨说，许多苍蝇死在她们常用的太阳能灶里边。“因为这种灶的热点太集中，”富兰克回忆说，“只要飞虫接近这里，就一下子被烧死了。”因为生活在高原上的藏民族不愿见到任何无故的死亡，所以这个年轻的工程师就考虑着，对这种太阳能灶找出一种替代品。他想取代的这种传统灶有许多不便之处：饭菜放在盆子里烧，炉盘很快就被烧裂了。对于牧民来说，这种抛物镜似的太阳能灶也太重，因为他们必须拖着家当在草原上到处走。90 公斤重的家伙绝对是一个疯狂的魔鬼构造。所以，富兰克要研制一种更轻便、结实的太阳能灶。他的产品“Solsource”放到秤上也就刚刚 20 公斤，折叠起来就像一把雨伞，携带非常方便。[①]

富兰克从密切关注终极消费群体的需求中开创了自己的企业——One

① 参阅“炒锅里的太阳”，《法兰克福汇报》2012 年 11 月 19 日第 16 版。

Earth Designs（OED，www.oneearthdesigns.com）——成功的主要因素所在。这家小企业——也像牦牛毛编织企业库努公司一样在香港注册，在2014年，也就是公司成立6年后，在市场上实现了盈利。这家12名员工的企业，绝大部分革新都是在交流和观察中形成的。当一个村里的小学生都病了的时候——他们都喝的是同一口井里的水，这些居民们一开始不知所措。最后，他们把水煮开喝。可是，海拔4000米的高度使当地居民很难把水烧到100度以上，也正是由于这个原因，就很难把所有的病毒都杀死。OED公司提出了一种快速测试法，它能显示出，那污染的水是带毒的还是带细菌的。这家企业最重要的发明成就当属太阳能灶"Solsource"。看上去像凹镜，它把太阳照射高温聚集到一个锅或者盆子里，类似的东西在中国早就有了。基于健康和生态保护的原因，中国政府扶持它的推广：在中国，每年大约有50万人死于一氧化碳中毒，因为他们在自家的窑洞或者帐篷里烧有机燃料、牲口粪或者木材。

到2015年，在青海省投入使用的太阳能灶应该达到30万台，但到2014年也就只有一半。OED希望能够推销出一万台，富兰克就是这么计划的。依据不同的规格，他们公司的Solsource太阳能灶每台的售价在100到120欧元之间，所以属于颇有竞争力的产品[①]。省政府已经对这些年轻的企业家表示，作为购买扶持，省政府将支付售价的一多半。只要发展顺利的话，他就要从青海向中国的其他地区扩展，然后再向外国推销，譬如向非洲、印度以及拉丁美洲扩展。

波光粼粼的镜片意味着产品的成熟度之高，它们的中美研发人员因此已经获得了多项国际奖，其中包括在荷兰绿色挑战环境奖中获得50万欧元的大奖。这种灶的与众不同就在于这些模块的多样性。通过单个模块的倾斜度来调节温度，从而使锅底不仅可以大面积地受热，而且还能使温度尽可能均匀。富兰克唯一的一次对该设备的美言就是：这种太阳能灶甚至

① 随后将出于阅读方便，把人民币和欧元的数额参照2013年11月的兑换率——100元人民币等于12欧元；100欧元等于830元人民币——予以计算。

还可以生产热能和电能。一个由相变材料制作的储热器——一种类似于热水袋那样的石蜡垫——可以大量地吸收热量，随后把它放在衣服里或者褥子下，就可以持续几小时地释放热量。这种太阳能灶设备不是通过光伏发电，而是借助于塞贝壳（Seebeck）效应，或者珀尔帖（Peltier）效应，也就是通过温差来发电。“如果这里的人们使用我们的设备，那他们就可以少受一点儿冷，甚至还可以用它们在草原上听收音机、使用电灯或者给手机充电。”富兰克说，“这种设备要比其他的太阳能灶在提高生活质量方面更胜一筹。”现在，中国南部已经有十家工厂——它们通常只生产果盆或者塑料管——为 Solsource 太阳能灶生产部件。它的组装工作是在广州完成的。

27 岁的富兰克来自美国犹他州的首府盐湖城（Salt Lake City），可他笑着说，他不是花岗岩。他早就显示出自己的聪明和才智，否则怎么可能在世界著名的工程技术大学——麻省理工学院（MIT）——获得学习机会。他学习电子技术、汉语，也曾在哈佛大学（Harvard）学习过一段时间。上学期间，他就开办了两家信息技术企业，可他很快就对此失去了兴趣。在他作为交换生和教员来到那所位于西宁的大学后，他结识了青藏高原，这块土地和这里的人民吸引了他。从那时起，他和这里建立了感情，愿意为他们而工作。

03
珠穆朗玛峰与太平洋之间断裂的经济区

在我们触及具体、个别的宝藏之前，鸟瞰一下这里的高原山脉，并且对它们进行一番归类，这也是值得的。中国政府把整个国家划分为四个经济发展区。沿着太平洋海岸线形成了中国的沿海地区，也称东南沿海地区。而迄今为止的经济中心就在这里：北部是北京、天津，以及围绕着这两座城市的河北省；中部是江浙流域，包括上海；南部是珠江三角洲和广州、深圳以及位于中国地图南端的唯一的热带岛屿——海南省。它也被看作旅游业和房地产业的重镇。自1978年改革开放以来，那动人的音乐就是在这个大空间演奏出来的，主旋律时而发自这座城市，时而出自那座城市。北京、天津、河北以及另外的两个地区占中国总面积的2.8%，总人口的18%，可这里所创造的经济成就却占中国国民生产总值的36%。[①]

接着的一个大经济区就是东北地区，就是昔日的满洲，中国最后的一个王朝——清朝（1644–1911）——就出自于这里。对于黑龙江、吉林和辽宁三省来说，2003年以来进行着一个名为“振兴东北计划”，旨在对这个老重工业区进行结构调整，从而实现经济模式的转轨变型。这个所谓的钢铁基地在计划经济结束以及随后不景气的大型国企私有化的其间，备受煎熬。在诸如长春和沈阳这些城市，国家对汽车工业进行了扶持，宝马、大众、奥迪在这里生产；在沈阳，2012年，德国正式开了一个总领事馆；位于黑龙江省的大庆油田，那里是中国最重要的石油基地；辽宁省的大连经济特区已经发展成为一个举足轻重的贸易港口和海军基地。2012年，中国第一艘航母在这里下海。中国东北寄希望于同俄罗斯的贸易作为一种发展推动力，与此同时，这个地区还与朝鲜接壤。

作为接着的一个大地区，中国的中部地区由6个省构成：山西、河南、安徽、湖北、湖南和江西，这些省份之间的共性略微少一些。对这一组合型地区，从2004年起开始实施了一个“振兴中部计划”。如武汉、长沙这些省会城市，就为大型私有企业提供了推动力。那家不久前收购了世界水泥搅拌机械领头羊的德国普茨麦斯特（Putzmeister）公司的三一集团——中国一家私营重型机械集团总公司——总部就在长沙。同样，远大——一家在湖南省注册的空调制造商和建筑私营集团公司——

① 2013年6月26日全国人民代表大会：“国务院关于城镇化建设工作情况的报告”。

也把总部设在长沙。远大集团公司计划以 823 米高的建筑，在长沙建造一座目前世界上最高的摩天大厦。在濒临扬子江的武汉，也就是湖北省会，经济发展的速度几乎相当于内陆两倍，就连外商的直接投资也明显要比其他地方高。

迄今为止中国开发力度最大、最集中的地区就是西部。为了突出这个地区的发展，中央政府提出了一个“西部大开发”的计划，这个计划也被称为“挺进大西北”，或者“宣传大西北”。这个计划涉及六省五区以及一个中央政府直辖市。这六个省分别是：甘肃、贵州、青海、陕西、四川和云南；这五个区或者说五个少数民族自治区分别是：广西、内蒙古、宁夏、新疆和西藏。直辖市就是指重庆。在这个广袤的地域里，居住、生活着中国人口总数的 27%，确切地讲是 3.67 亿人口，占地面积约为全国的 71.4%，即 685.44 万平方公里。这就是说，生活在中国西部的人口要比美国总人口多，而且这个地域面积几乎两倍于印度。

西部作为一个统一的标志也有或然性。广西到这一地区中心的距离，与它到这个国家的中部地区山西的距离有一比。内蒙古从地理位置上甚至更多地偏重于东部。这里当然也不是就自成一体的自然和文化空间而言的。广西临海，西藏、云南、四川或者青海位于海拔高达 4000 米的地方，有些甚至可以说高入云天。高达 8848 米的珠穆朗玛峰属于西藏的一部分，有世界屋脊之称。而新疆的一部分甚至低于海平面，而这个自治区的首府乌鲁木齐则属于世界上离海最远的省会级城市。在海边是热带 - 亚热带湿热的气候，在高原是高山高原气候。在新疆、宁夏和内蒙古有广袤的沙漠，其中有著名的戈壁和塔克拉玛干沙漠，从规模上，它仅次于世界上最大的撒哈拉大沙漠，属于世界第二大沙漠。位于新疆境内的火焰山所代表的则是中国一个最高温的地区。青藏高原拥有充足的水资源，在亚洲的十条最主要的河流中，有九条发源于此。长江和黄河——中国最长的两条江河——由此起源，向东流；阿姆河（Amu）、雅鲁藏布江（Brahmaputra）、卡纳里河（Karnali）、印度河（ Indus）、湄公河（ Mekong）向西流；

伊洛瓦底江（Irrawaddy）和萨尔温江（ Salween）则向南流淌。

中国的民族也同样是丰富多彩的。在中国，生活着 55 个少数民族，其中绝大部分生活在西部地区。在西部，有 20% 的人不是汉族。在全中国，少数民族人口占 8%。从面积上，前面所提到的五个少数民族自治区占全国面积的 44%。藏民——包括生活在这一地区之外的藏族人——基本上都是佛教徒。回族则基本上都是穆斯林。蒙古人从种族和语言上都属于其北部，即蒙古共和国人的弟兄。他们使用同样的文字，这种文字与他们邻国的斯拉夫民族文字截然不同。在与越南、老挝接壤的云南省，也生活着一些少数民族，他们多与东南亚的民族群体有着某种历史渊源的内在联系。

西部的人口分布极不平衡。在四川省有超大型城市成都，仅这一座城市就有 1400 万人口，全省居民 8100 万，其数量之多已经相当于整个德国。相反，在面积远远大于四川（相当于三倍）的西藏，却只生活着 300 万人。以每平方公里不到三个人的平均值，西藏自治区成了中国人口密度最低的地区。当然，从绝对人口数来说，澳门的居民则更少。

可以说，中国西部地区的状态是参差不齐、千姿百态，从根本上讲，西部只是对一个不发达的大地区及其扶持项目的一个管理技术性概念。也许可以这么打个比方，当类似于四川、重庆这样的地区已经在摩拳擦掌地进行着热身运动，准备进入中国队的赛场并担负一个重要角色时，而类似于青海或者新疆这样的地区，却还坐在长椅上，等着传他们上场。在给联邦德国经济部提交的一份研究报告中，罗兰 · 贝格国际管理（Roland Berger）咨询公司这么介绍说："典型的说法就是：西部诸省的实质性共同特点就在于，它们无论是在经济还是在福利发展方面，都一定程度地远远落后于东部各省。"[①] 与其他省份做一个直接的对比就可以看到，中国西部还有多么落后，或者用正面的说法，在西部还蕴藏着非常大的发展空

① 联邦德国经济技术部《中国政府的开发大西北战略》，罗兰 • 贝格国际管理咨询公司，汉堡 2009 年版第 30 页。

间，还有那么大的宝藏等待着去开发。

直到今天，这一地区的经济成就还没有达到中国国民生产总值的五分之一，远远小于其地区人口在全国人口总数中所占的比例，充其量也就达到东部发达地区的三分之一。西部人均年产值约3800欧元，而东部发达地区人均年产值6900欧元①。在所谓的社会性产品方面，同样存在有一个大恶补的需求。由于基本教育资源的不足，在15岁以上的群体中，西部文盲比例为7%，而东部发达地区文盲比例则是4%。从接受基础教育的时间上——就平均值而言，东部地区的中国人要比西部的多一年。在西部地区的中国人中，高中毕业生只占11%，知识分子只有5%。这两个数据都远远低于中国的平均值。在每10万居民中，只有1800名大专生，可全国的平均值则几乎达到2200名。西部申报的专利数目仅占全国的10%，而这个数目与科研经费开支也成比例。差距特别突出的当属医疗卫生。在西部，大约10万居民有2100名医务人员；在中国，医务人员与居民比例的平均值，要高于这个比率四倍。

① 中国社会科学院：《西部蓝皮书：中国西部发展报告》。2013年北京版。

第二节 西部开发：国家扶持内陆建设

01
给交通枢纽以数十亿计的投资

在西部，为了缩短与这个国家其他地区的差距，那里的人们已经在忙碌着。前面所提到的青藏高原那个小城市，也就是牧民们进行集市贸易的那个小城，就不像给人的第一印象那么糟。在泽库这里，那些作为人们生活所需要的设施都有：包括高原牧民们的学校、医院、商店、餐馆、银行以及许多社会福利机构。物价便宜是绝对的，因为政府的政策就是：鼓励牧民终年稳定地居住下来。政府也确实努力了，可他们的牧民们却放弃了这些，因为他们待在家里常常没事儿干，也就找不到生活的乐趣。“他们真正的生活是漂泊在草原上，现在却让他们无所事事地待在家里，等着政府的救济。他们变成了城镇化的新下层。”女记者安吉拉·柯克瑞茨（Angela Köckritz）在《时代周刊》上这么写到[①]。

泽库市与青海省的其他地区之间的交通联络将会越来越好。以巨大的投入，青海省的首府西宁通向高原的公路正在被翻新。以光纤缆线质量铺设的通信线路使得手机几乎很少遇到掉线的问题。从西宁到铜仁，中途绕道到泽库，这里的高速公路明年就有可能开通。这条高速的第一段尽管带

① “西藏的经济增长速度比中国其他地区快是买来的幸事吗？”《时代周刊》2013年7月18日第22页。

有大量的隧道工程，可在2011年就已经启动[①]。“一旦我们竣工，旅游大巴和载重货车就能很快地开进山里来了。”山谷桥梁工程队的队长介绍说。说话时，他正在煤气炉上烤馒头，在帐篷后面的地下，躺着下班后正在休息的民工。“我们所做的这些，肯定会给这个地区的发展以推动力。”这位负责人说。

在热贡（Sengeshong）外的山谷以及两座佛教寺院中，住着一些以绘制唐卡为生的宗教画家。除了教徒之外，越来越多的收藏者和买旅游纪念品的人对唐卡感兴趣，这些僧人介绍说：“交通越好，唐卡自然卖得越好。”良好的基本设施多么有益于经济，这些艺术家都已经注意到了——只要他们上网、使用手机。甚至就连这家寺院的僧人，也在自己的紫色长袍兜里插着一只手机，而且苹果智能手机牌子还不少。“现在订购唐卡的人，明显比以前增多。”画家阚祝说。他一年卖三幅大尺寸的唐卡，每幅1200欧元。以此就使他的收入相当于西部地区平均收入的两倍。

青海的道路是由2008年的一揽子经济刺激计划以及国家财政拨款的“西部大开发”计划来修建的。自2000年以来，中国西部地区所获得的中央政府特殊拨款高达几十个亿。到2011年的扶持计划结束，“西部开发项目”涉及140个大型工程。按照现在的兑换率计算，这十年的投资总额达到3500亿欧元。其中的相当大一部分是在2008年到2010年的金融危机岁月投入的，这个比例至少超过政府给这一地区拨款的一半。虽然并不十分清楚的是，哪些款投给了哪些项目，但有一点是毋容置疑的：西部从中央政府反金融危机政策中的获益绝非小打小闹[②]。仅仅2008年那场严重的地震之后，就把5000亿欧元经济复苏一揽子计划的四分之一投到四川的重建中去了。而用之于西部交通运输线路和基本设施建设的，又几乎

---

① “中国农民和银行之忧虑”，《法兰克福汇报》2011年10月15日第14版。

② 安德鲁·巴特森：“中国内陆所感受到的艰难时刻”，《龙洲经讯》2013年8月19日。http://research.gavekal.com/content.php/8861-DG-Hard-Times-In-China’s-Inland-Empire---by-Andrew-Batson

是一笔高达1800亿欧元的巨额投资。

即便是在这个扶持项目结束后，对西部还有另外的一个五年特别计划，这个计划是由国务院下属部门国家发改委负责的。这个计划虽然并没有什么特别的投资数额，也就是并没有标注什么钱数，但是却包含着到2015年的发展目标。尤其是，要加强对服务行业的支持和扶持，以便尽可能为更多的人提供工作位置[①]。在作为全国发展总纲的“五年发展计划”中，对于这个到2015年的西部发展扶持计划也做了陈述。其中的说法就是:“坚持把深入实施西部大开发战略放在区域发展总体战略优先位置，给予特殊政策支持。”[②]基础设施建设要继续进行，这里特别强调和突出的是铁路、公路、民航、水利、电力、石油、燃气、原材料以及生态环境保护。为了保证所有这些目标的实施，中央政府承诺，在西部和中部地区进行大规模投资，与此同时，对这些地区的许多外国投资也放开了。此外，这个计划还明确地提出，要把这一地区的高中毕业生比例从26.5%提升到36%。特别明确量化的计划还有，实施文化惠民工程，应诺在中小城市修建更多的影院等。特别富于意义的经济举措就是把许多对能源、原材料需求量大的大型工业从沿海地区有序地朝内陆和西部转移，也就是朝那些要开发地下能源的地区转移。在这个五年计划中所提到的产业有“钢铁、有色、化工”行业的企业。在前面已经多次提到的2013年11月的“十八届三中全会公告”中，中国政府也同样就扶持西部地区的发展问题做了明确规定。在西部，要加强贸易和投资力度，尤其是要增强和鼓励技术革新。为了改善与西部的交通联系，铁路和航空运输将要成倍增加和扩大。国家主席习近平在讲话中称，这是在兴修一条 “新的丝绸之路”，它将有益于西部的发展和进步。这条路的目的就在于，密切中国与这些邻国之间的经济交往，

---

① 国家发改委：西部大开发“十二五”规划，北京2012年版第7、30页。

② 新华社2011年3月16日授权发布：“中华人民共和国国民经济和社会发展第十二个五年计划纲要”，第五篇、第十八章、第一节。英文翻译和综述刊登在：http://cbi.typepad.com/files/full-translation-5-yr-plan-2011-2015.doc

尤其是密切与地下矿藏资源丰富的中亚地区国家的经济往来。2013 年 11 月，最西部的省区——新疆自治区党委决定，筹建一个跨界的自由贸易区。这个以乌鲁木齐为首府的大型穆斯林自治区，与蒙古共和国、俄罗斯、哈萨克斯坦（Kasachstan）、吉尔吉斯斯坦（Kirgistan）、塔吉克斯坦（Tadschikistan）、阿富汗和巴基斯坦、印度及克什米尔地区（Kashmir）等接壤。

02
在德国东部所错失的趋同进程中，中国取得了成功

国家支持的影响相当大。1999 年，在这些扶持项目启动之前，西部的铁路线总长度只有 2.13 万公里，而现在的铁路总长已经达到 3.63 万公里。按照现在的西部大开发计划，在 2011 年到 2015 年之间，还要修筑 1.5 万公里的铁路线。2013 年 7 月，中国政府宣布，搞一个小规模经济刺激一揽子计划，而且对象就是铁路建设。2013 年启动的铁路大投资无疑还要继续追加 50 亿欧元，从而使总投资达到 820 亿欧元。在 2014 年到 2015 年之间，有可能再额外追加 120 亿欧元。这些钱首先要帮助的就是那些落后的地区，如西部。“要想富，先修路，尤其是铁路”，国务院总理李克强解释说。铁路建设加速城镇化，有助于经济增长和人民生活水平的提高[①]。

类似于铁路行业所取得的进步，也同样地体现在其他交通运输领域。自 1999 年以来，中国西部的公路总长度从 53 万公里增长到 160 万公里。高速公路从 2800 公里延长到（据估计）1.8 万公里。各航空公司在西部的客流总量已经由过去的每年 3000 万人次上升到现在的一亿人次，物资

① 彭博社 2013 年 7 月 25 日消息：“李（克强）承诺，给予从铁路到税额的中国经济支持措施”。

运输几乎增加了三倍，如今达到 150 万吨。机场数量从 49 个增加到现在的 93 个。发电机组容量已经由原来的 710 亿瓦扩大到现在的 3500 亿瓦，十二年间几乎增长了五倍。

所有这些建设项目中，最令人惊奇的当属青藏铁路，这是一条穿越青海、西藏，两天内就可以从北京到达拉萨的铁路线的最后一段。从青海中部的南山口到西藏首府拉萨的最后一段铁路，堪称大师级杰作。在这段长达 1142 公里的铁路线中，大约有四分之一的铁路铺设在终年冰冻的地基上，整个这段的绝大部分都穿越在海拔 4000 多米的高地上。唐古拉山峰甚至还超过 5000 米，从而成为世界上海拔最高的铁路线，而以此山峰为名的火车站，也同时享有世界上海拔最高火车站的盛名。按照 2013 年 12 月的兑换率，这段在 2006 年 7 月 1 日正式通车的铁路线耗资 40 亿欧元。

给沿海地区输送天然气的长输管道——西气东输工程——当属于类似的令人瞠目结舌的项目。这项工程的第一条输送线以 3800 公里的输送管道，把天然气从新疆（塔里木）的轮南输送到上海青浦区（白鹤镇）工业区，这条管道几乎穿越中国省区的三分之一。这项输送工程的第二个管道线同样从新疆出发，朝着上海方向推进，加上其支干线总长约 8700 公里。第三条输送线——该项建设工程于 2012 年年末启动，计划于 2015 年完成，全长超过 7400 公里，要用新疆的天然气解决中国南部省份广东的需求。西气东输这三条管线每年将输送出 770 亿立方米的天然气，工程投资至少在 300 亿欧元以上。

这些项目的国家投资以及随着项目工程建设所带来的迁移给西部发展以巨大的推动力。西部的经济能量虽然还处在低于全国平均水平的程度，但这一地区的增长速度明显加快。对于实现同中国的其他省市地区的趋同来说，也就是：就在未来的某一天实现同步而言，这些是重要的。从平均经济水平来说，中国人均年收入现在是 4600 欧元，而西部地区与前面已经提到的人均 3800 欧元还落后一大段。只要西部的发展继续保持今天这样的速度，那么到 2017 年时，西部就应该达到全国的平均水平。到此为止，

“西部大开发”在这个项目实施17年后也许就可以告一段落。这仅仅是德国进行“东部建设”所用时间的一半。到2019年年底，也就是在两个德国统一30年后，援建东部的一揽子工程将告结束。虽然，这些东部的新联邦州所获得的补充从数目上异常之大，可增长的速度却达不到中国西部所取得的一半。自2010年以来，德国东部地区的增长速度甚至比西部的老联邦地区还要慢[①]。

在中国西部，真正令人感到自信的也包括外贸。这一项的增长速度几乎四倍半于整个中国。基于其在过去几年中的剧烈增加，这个地区的人均固定资产投资几乎已经达到了全国的水平。就外国直接投资在这一地区的实际运作而言，那么可以说，西部在2012年显然第一次超过了整个国家的平均水平：西部的数目是67000欧元（增加了26%），全中国的平均值是61000美元（减少了3.7%）。

换言之，西部正在超越，而且是劲力而超。但这并不意味着，西部的生活水平因此就可以赶上这个国家的其他地区，更不用说赶上沿海地区了。仔细地观察一下，马上就会发现，仍然还有许多期待填补的大窟窿。从所选择的这些消费品的比较中，我们就可以对所提问题一目了然。在西部，每百户平均有66台计算机、14辆小汽车，这是《中国商务年鉴》对2013年所做的统计数据。相对于过去来说，这种家庭电器购置是一个巨大的发展和进步，这种发展显示出，中国的发展有多么快。同样是这本书，在其对2009年所做的报道中显示的数据：每百户人家44台计算机、6辆小汽车，这与发展地区的差距还是比较大的。在沿海地区，这个指标数据已经是：每百户97台计算机、22辆小汽车。可以看出，中国西部与东部和南部省区还有很长一段距离，准确地说，在这些所提及的消费品方面也就达到三

---

① “东部德国经济在2013年处于停滞状态”，德国《哈莱经济研究所通报》2013年7月18日第1页。

分之一的水平[①]。

决定性的因素就在于，中国西部有潜能与东部接轨，这甚至可以像人们所说的那样——保证整个国家免于经济虚脱。国务院总理李克强甚至讲得更明确，“中国西部地区的崛起是整个国家经济再造战略的一个关键性部分”[②]。这就意味着，中国政府用西部的发展来弥补其他地区的增长减缓。一直以来，一些经济学家就警告说，中国有可能陷入前面“导言”中所提到的“中等收入陷阱”——类似于巴西、南非或者某些亚洲小老虎国家曾经遭遇到的问题。一旦陷入这种陷阱，那就会捆绑住这些国家，从而使其无法实现那种赶上类似于工业国家那样高收入的经济崛起。经济学家们计算说，当新兴经济实体的发展水平达到人均每年 1.7 万美元（1.26 万欧元）水平时，这个国家的国民年经济增长率就要减少两个百分点[③]。在目前，就全中国来说，平价调整后的人均购买力仅仅为 9200 美元（6800 欧元），所以说“中等收入”还为时过早，可是在迄今为止的那些类似于上海、北京的高消费城市，却早已经到达了这个水平。

旧金山联邦储备银行（FRBSF）的经济学家伊斯雷尔·马尔金（Israel Malkin）和马克·M. 斯彼格（Mark M. Spiegel）却有另外的看法，他们并不把中国西部的这种落后看作很大的问题。他们的研究报告显示，“中国发达地区的增长速度虽然会逐渐地放缓，可在中国内陆却潜伏着很

---

① 《中国商务书》，2013 年伦敦，第 112 页，以及有关各省区的具体数据。对全国小汽车数量还有其他的官方数据：2007 年每百家 6 辆；2012 年每百家 21.5 辆。温家宝《2013 年政府工作报告》，2013 年北京，第 4 页。

② “李克强在西部播撒中国经济增长的种子”，《中国日报》2013 年 8 月 19 日第 3 版。

③ 巴里·艾肯格林（Barry Eichengreen）、朴东炫（Park Donghyun）、康镐炫（Kwan Hoshin）：“快速发展的经济何时会放缓——国际证据及其对华影响”，美国哥伦比亚大学东亚所《亚洲经济研究》（Asian Economic Papers）第 11 卷，2012 年 2 月第 42-87 页。

大的持续发展空间"[①]。在沿海省份，现实的平均国民生产总值年增长率在 2016 年以后就只有 7%。而对于内陆来说，退回到 7% 的年增长率恐怕要推迟 8 年，也就是到 2024 年之后。这两位美国经济学家总结说："只要这些（西部）省区的经济增长还落后于那些发达省区，那么中国经济的巨大发展力就还能保持一个比较长的时间。"

与此相关的还有一个重要的因素：别忘了，西部自身也并非完全相同。在前面所提到的计算机和汽车平均值中，像类似于甘肃、青海这样的省区就不能与广西、陕西这样的省区相比，后者的发展就稍微快一些。类似于此的差异也表现在人均总产值方面。这个数据或者经济能力表现为：从贵州省的人均年产值 2300 欧元——"中国最贫困省"[②]——到有着大量的地下资源且发展迅速的内蒙古自治区的人均 7600 欧元。即便如此，它们依然有许多的共性，那就是：它们作为拥有丰富的地下资源的优势被认可和证明，而这些资源的绝大多数都尚未开发或者刚刚开掘了极少一部分。这个地下巨宝盆随后将要逐渐地被揭开。

① 伊斯雷尔·马尔金和马克·M·斯彼格："中国的发展速度在放缓吗？"（Is China due for a slowdown?），《美联储经济通讯》第 31 期（2012 年）第 1-5 页，参看第 2 页。

② 德国商会、德国联邦外贸与投资署（Investitionsfördergesellschaft，缩写：GTAI）："中国西部——贸易和投资的机遇"，科隆 2010 年，第 9 页。

第三节　地下资源：暗藏的财富

01
中国难以满足的原料需求

A. 稀土

新跃进和老跃进之间的路是崎岖不平的。自 20 世纪 50 年代这座钢铁城在内蒙古的草原之城包头建立以来，一座数百万人口的大城市已经逐渐形成了。中国煤炭储藏的四分之一就埋藏在这座钢铁城的附近，储藏量当属于世界之最。注册在这座城市的国营钢铁集团公司“包头钢铁公司集团”，也简称为“包钢”，属于中国最大的原料公司之一。这家企业每年生产将近 1000 万吨钢铁以及附属产品，如铁轨、钢管等。很有影响的当属铝生产，以每年大约 14 万吨的产量使其成为中国十大铝生产厂家之一。这一地区一直开采的还有铜、锡、镁，此外每年还开采出大约一顿的黄金。

这座位于北京西部约 600 公里处的城市名称包头是蒙古语“包克图”的谐音，意为“有鹿的地方”，以此令人想起那矗立在一个繁忙的交通圈中的三鹿腾飞雕塑。遗憾的是，在这座灰色的工业城市中，很少能感受到这种野性和自然。假如您离开包头朝北行驶，那情况和感受会逐渐地发生变化。在过了地区界牌之后，您很快就会从这条路面不错的沥青公路拐到一条伴随着尘土飞扬的坑坑洼洼的土路。这里的原野显得特别的贫瘠和凄凉，人烟稀少，就连房舍也很少看见，只有盘旋在草原天空的雄鹰。在驾驶大约 120 公里之后，人类文明就突然再次出现了，仿佛是绿洲沉浸白云鄂博似的。干干净净的街道、修剪齐整的草坪、人行道旁的花池、涂着颜色的房屋，都突然出现在眼前[①]。这座小城隶属于包头，就像不来梅港属于不来梅市一样，它们遵循的都是这样的座右铭：假如老号的买卖忙不过来，那就开个分店，而这分店自然要立足于方便这新机遇的利用。对于这个小城来说，归属于包头则是因为新发现的价值巨大的宝藏：稀土。世界最大的露天铁、稀土矿床就位于白云鄂博北部。现今，这座世界矿藏的一半都已经被包头稀土（集团）高科技股份有限公司从地下开采了出来。在这家公司的驻地，可以看到所有这 17 种贵金属的样品，在公司入口处，欢迎人们的是中国改革者邓小平 1992 年的名言："中东有石油，中国有稀土"[②]。

也像铕（Europium）、钕（Neodym，旧译釹、鋖）或者钪（Scandium，旧译鉰、鐮）一样，这些贵金属元素尽管都带着一个特别复杂的名字，可它们却经常出现在手边的日常生活用品中，譬如用在手机上、手提电脑上、节能灯泡上或者平面显示仪上。为了超导磁体、风力发电设备、太阳能模块、激光或者混合动力汽车的生产，工业需要稀有金属。军工在雷达、定向能武器中也要使用稀有金属，医用红外透视仪也需要稀有金属。按说，稀土在这个地球上的数量并非稀少。但是开采稀土不仅工作量大，而且污染环境，也正是因为这个缘故，工业国家早就逐步从稀土开采业中退了出来。从而使中国在此开出了一条道路，并且成为世界稀土出口贸易的绝对霸主。这个国家拥有世界已知稀土资源的 50%，并且供给着世界需求的 90%——至少在解决西方国家的稀土需求方面是如此。这种份额使得远东在此方面获得了一个特别重大的意义，就像几年前，当中国开始对部分出口实施禁运，确定出口比例和出口关税，并通过某种"战略储备"对此类原料供应

① 参阅"富于内容的反击"，德国《经济周报》2011 年 1 月 17 日，第 56 页。
② 参阅"从上而下的利己主义"，《莱茵之星（周报）》2010 年 2 月 25 日，第 8 版。

量继续缩减时，马上就出现了这样那样的声音。这种稀土——《环球时报》在 2009 年表述说——属于“21 世纪的经济武器”[①]。

图五：没有哪个国家所供应的稀土比中国多

国家名称	2011 年供应量（吨）	2012 年供应量（吨）	已发现的储藏量（吨）
中国	105000	95000	55000000
美国	–	7000	13000000
印度	2800	2800	3100000
澳大利亚	2200	4000	1600000
巴西	250	300	36000
马来西亚	280	350	30000
其他国家	不详	不详	41000000
世界（大约）	111000	110000	110000000
资料来源：美国地质调查局《矿产品摘要 2013》第 129 页，弗吉尼亚州雷斯顿，2013。			

那些依赖于中国稀土的贸易伙伴——如日本、美国和欧盟——觉得受到勒索，提出抗议，有的甚至诉诸世贸组织。与此同时，工业国家重新启动了自己的旧矿井，或者在譬如像美洲和澳大利亚寻找新的稀土矿源。由此之后，围绕着稀土的紧缺及其所引发的争吵得以缓解。可这件事例就显示，中国如何来处理它们的原料储藏问题，绝不仅仅是其自己国内的问题，而是一个世界问题，并且涉及西方国家在原料保障问题上采取什么态度的问题。

概括来说：谁提到这个财宝，无疑就想到这个地下潜藏的宝藏，以此他势必看重中国内陆。这个国家的大部分矿资源和电力资源，如石油、煤炭、天然气、盐、矿石，都在西部地区。自 2008 年以来，中国甚至还在

① “稀土成为稀罕物”，《环球时报》2009 年 9 月 11 日。

这一地区发现了它们最大的金矿，每年开采大约 370 吨，几乎超过其后面的澳大利亚的 50% 还多[①]。但也必须坦诚地说：即便是西部也无法平息这个正在崛起的国家的原料饥荒，可假如没有西部的巨额潜藏资源的话，那中国对原料进口的依赖势必就远比现在所面临的压力要大得多。

B．持续增长的能源和矿石原料饥荒

中国对能源和原材料的需求之大是难以计数的，因为这种需求及其增长的百分比实在让人发晕。从 2010 年始，中国已超过美国，成为世界上最主要的能源用户。2012 年，中国的能源需求增加 7.5%，达到 27 亿吨油当量[②]。请注意：这个计量单位是国际通用，旨在便于能量计算的比较和理解。该单位所表示的是，从理论上讲，一吨原油在燃烧时所释放出来的热量：42.62 千兆焦耳或者 11.6 兆瓦小时。世界还没有哪个大国的能源需求增长像中国这样呈遽然爬升趋势。自 2008 年以来，中国几乎是以 40% 的比例在增长[③]。之所以形成这种发展，其主要原因就在于，中国经济在过去的 30 多年间一直以 10% 的年增长率在发展。这种发展的速度之快，在所有的大国中都史无前例。也正是由于这种高速发展，从而也把其对石油的需求量推到了一个极高点。在很长的一段时间里，这还不会构成太大问题，因为就在陆、海上所拥有的石油储存量而言，在亚太地区，中国仍然是遥遥领先，目前大约为 24 亿吨。虽然只有世界石油藏量的 1%，但也从国际排名列表上位居 14，先于像墨西哥、巴西、阿尔及利亚或者阿曼这样的国家。在石油生产方面的数据则更令人印象深刻：从开采的石油数量上，世界上只有沙特阿拉伯、俄罗斯和美国这三个国家比中国还多。中国每天从地下开采出大约 420 万桶石油，也就是 6.61 亿升，从而明显

① 美国地质调查局：《矿产品摘要 2013》，2013 年弗吉尼亚州雷斯顿版第 67 页。
② 油当量，又称标准油，是一种热量换算单位。（译者注）
③ 英国石油公司（BP）：《BP 世界能源统计年鉴 2013 年 6 月》，伦敦 2013，第 40 页。

地比诸如伊朗、伊拉克、阿拉伯联合酋长国、科威特或者委内瑞拉这样的石油国的开采量还要大。

因此可以说，中国石油需求的四分之三必须进口。目前，中国已经是仅次于美国的世界最大的石油消耗国，它的石油消耗已经占到世界石油总需求的12%。这个数目与其占世界人口20%的比例还远不相称，因此也可以想见，中国的石油饥荒问题还会继续发展。2012年，中国的石油需求增长了5%，达到4.84亿吨。仅仅2007年以来的增加部分就超过了德国每年的总需求量。这种需求的推动力首先在于小汽车量的增加。自2009年以来，中国已经成为世界上最大的新车市场。尽管中国政府努力着，用财政补贴和其他的刺激办法去促进和推广其他的代步工具，尤其是刺激电动车的推广。可即便是实现了从柴油和汽油的使用到电动力的使用，却既没有解决排气量的问题，也没有解决市场需求的问题。因为替代这大数目车辆所需石油的是电力，而电力在中国绝大部分是由固态燃料生产的，准确地说就是煤炭。

煤炭属于中国最重要的发电原料，火电在中国电力总量中占到68%。每年中国烧掉大约40亿吨的煤炭，2012年第一次超过世界煤炭使用量的50%[①]。增加的原因很简单：2000年以来，中国的发电量扩大了三倍。就像在石油领域所表现的那样，在2009年，中国的煤炭的进口量第一次超过了其在国内所开采的总量。尽管国内有1145亿吨煤炭资源的储藏量，使中国在世界煤炭储藏总量的占有份额达到13%，仅仅次于美国和俄罗斯，可正像与此密切相关的电力需求以及原料消耗所显示的那样，事实上中国几乎每周都有一个新的火力电厂机组入网；每个月的额外装机容量大约4.2万千瓦。与此同时，中国也关闭一些小电站，尤其是关闭那些污染严重的小电站。中国政府的资料显示，每年关掉大约22万千瓦的火电机组。

---

① 美国能源情报署（EIA）：《国际能源统计》。http: //www.eia.gov/cfapps/ipdbproject/ iedindex3.cfm?tid=1&pid=1&aid= 2&cid=CH,&syid=2008&eyid=2012&unit=TST

自2007年以来，在天然气方面，中国胃口的增大速度远比它靠自己力量能够解决的要快得多。在此也同样遇到这个话题：中国自身有大宗的地下藏量——资料证明为3.1万亿立方米。以此，中国的天然气储藏量在世界名列前茅，位居第14名。在亚太地区，唯有澳大利亚的储藏量大于中国。2012年，中国开采了1070亿立方米的天然气，而实际使用的天然气则为1440亿立方米。世界上，仅有美国、俄罗斯和伊朗如此大量地利用天然气，从排列名次上，中国当属第六位。

C．中国所需要的钢铁是世界总量的一半

中国工业生产和基本设施建设增长的原料需求饥渴可以从手头的资料上一目了然。至少在八个重要的原料需求方面，中国属于世界最重要的消费者，这八种原材料是：铝、铜、镍、铬、铅、锌、金以及铁矿石。对于它们的楼房、铁路、船舶、机械或者汽车工业，中国所需要的钢材量约为世界总需求量的一半，每年大约为7.17亿吨。这个需求量要比日本、美国、印度、俄罗斯及其随后的18个国家的需求量之总和还要大[①]。

钢铁需求量令人眼热的不仅在于绝对数字上，而且也在于人均数字上。平均每名中国人每年大约耗费480公斤的成品钢铁（加工成型的钢铁），这个数量远远超过世界平均数字的两倍，甚至还超过了类似于德国这样的发达国家。世界上只有五个国家在人均钢铁使用量上超过中国。联合国环境保护署的数据清楚地显示，在许多消耗性产品方面，中国的人均需求量都达到了工业国家的水平，甚或某些还有过之而无不及。其中的根本原因未必一定在于，中国为世界市场生产了那么多的终极消费品，也就是说，未必一定是为自己消费而生产的[②]。要满足这个需求，中国每年需要全世界所开采的铁矿石总量的一半，大约10亿吨。其中三分之一可以来自于

① 世界钢铁协会：《2013世界钢管数据》，2013年版布鲁塞尔第9页。
② 詹姆斯·韦斯特等 / 联合国环境署："资源利用效率——中国经济展望"，2013年曼谷版第1页。

国内的矿井。因此，中国也属于仅次于澳大利亚和巴西的世界大型地下矿藏开采国家。

其中，铜的增长也是令人相当眼晕的，而这主要用于建筑业和电线生产。在 2001 年到 2011 年的 10 年间，中国对铜的需求量增大了三倍，几乎达到 800 万吨。到 2014 年，需求量已经变成为 970 万吨。2002 年，中国第一次在铜需求方面超过美国，而成为世界上最重要的市场。而今，全世界精炼铜的 40% 都消化在中国。与此同时，供方市场也在变化，智利这个昔日世界著名的大铜矿国，现在也远远地落在了中国的后面。由于铜矿石和铜废品的进口以及把它们加工、提炼成新材料的产业发展，从而使中国现在已经成为世界最大的精铜生产国。世界上大约三分之一的炼铜炉都矗立在中国[①]。

对进口的依赖性虽然与日俱增，可也不能忽视这样的现实发展：中国既是世界上地下资源最丰富的国家之一，也是世界上地下资源开采量最大的国家之一。这一条实际上也以多种方式方法表现在经济方面。它首先表现为，假如中国的经济增长出现倒退，那势必会影响到许多产品的价格。引发这种互动的可能性之大，那是其他任何国家都不可能同日而语的。其结果也许只能是，要么给西方国家以及投资人以收益，要么就是亏损，绝对不会与己无关。其二是，中国的环境效应问题可能会持续发展，因为每个新的火力发电厂、新的炼铁厂以及新增的百万辆汽车都在加大对世界气候的改变力度。其三是，对于中国产品能否顺利地进到世界市场来说，能源以及原材料可支配性和可购买性是一个决定性的前提条件，而这一点也同样适用于在华外国企业的生存和发展。

一旦这个国家自己没有那么多的地下煤炭、石油和铁矿储藏，那中国生产廉价机械、设备、电视、手机这些廉价的产品——都是令全世界用户感到高兴的物件——的成本就会增大。与此同时，在华的国际生产商——

① 国际铜研究组（ICSG）：“世界铜概况 2012 年”，2012 年里斯本版第 10、17 页。

譬如，德国的汽车工业的生产成本也无疑会相应地增加。近年来，德国汽车生产商在华生产和销售的数量远比在其他任何外国市场的都要多，而且在华每台车的盈利也因为这里的低成本而明显要高出许多。

02
朝着地下方向：中国西部的重大意义

A．柴达木盆地——介于沙漠和盐海之间的中国“聚宝盆”

在获得原料方面，中国的边缘地区扮演着一个重要的角色。譬如在东北，就有一个大油田，那就是大庆，一个位于黑龙江省的中国最大油田，尽管这是一个在国外鲜为人知的百万人口城市。而中国西部的分量则更重：就33种最重要的地下矿藏来说，这一地区所拥有的藏量已经达到全国储藏量的半数以上，其中如煤炭储藏量占全国的53%。在陕西、新疆和青海，储藏的地下天然气占全国的三分之二。从西部省区中喷出来的石油占国内的五分之一。有些地下矿藏只有这一地区才有，譬如中国钾盐的90%在此；镍矿石的97%在此；锡的80%在此；锰的65%在此。

地处青海（西北部）的柴达木盆地也可以作为青藏高原的一个例子。初看上去，这里荒芜、贫瘠，而且给人以凄凉的感觉。以其25.7768万平方公里的面积，使它的地域大小可与朝鲜有一比。这一地区的三分之一是沙漠，四分之一是盐海。而且只要这块儿地区的地下宝藏还没有开始被开采，那这个中国的“聚宝盆”就依然被看作为不毛之地。在这里已经发现了30处石油和天然气田，同样也发现了储量巨大的金矿、铁矿、煤矿、石膏、石棉和硼砂。而且最后的一种矿藏，在世界上只有60处地下储藏。钾、钠、镁、锂诸矿的储藏量之多，也是中国的任何一个地方都无法比拟的。从理论上讲，这里可以开采600亿吨盐，以此可以满足整个世界两千年的需求[①]。人们从柴达木盆地已经看到，西部的交通建设有多么重要。自从西宁到格尔木的拉萨铁路横穿这个盆地以来，这里地下宝藏的出运显然已经比过去方便多了。到 2017 年，另外的一条铁路货运线应该开通，这条铁路线的建设工程已经于 2012 年年末正式开始。以此应该使对肥料生产商非常重要的钾盐从柴达木盆地——中国最重要的两个钾盐储藏地之一——很快地运达目的地。

云南省位于柴达木盆地以南大约 1000 公里处。类似于其邻省广西的是，云南省从地理上像一个犄角，直插入东南亚地区，属于中国连接这些周边国家的点，尽管在此首当其冲的并非原材料问题。云南与越南、老挝直接接壤，距泰国、柬埔寨也不远。这些国家都属于东南亚国家联盟的成员国。自 2010 年以来，中国已经与这些国家通过世界上最重要的一个自由贸易协议而连接在一起。对于中国来说，一个开放的柬埔寨具有多方面的战略意义。因为这可能使得这个大邻国得以获取进入印度洋的通道，而此所实施的正是中国政府的“两洋战略”[②]。这无疑也便利了云南省以及西部其他省区产品的出口，譬如向印度以及非洲的出口。与此同时，这也有助于反向把那些廉价的原料尽快地进口到中国。在此，尤其是近东的石油、柬埔寨的地下矿产以及海底资源。也正是出于这个原因，中国的国家石油化工集团公司——中石化（CNPC）——以 11 亿欧元的代价，修筑了一条从缅甸深港皎漂（Kyaukphyu）到昆明的长达 1200 公里多的输油管道线。与此并行的还有一条价值 7.7 亿欧元的天然气输送管道线，这条总长超过 2800 公里的管线从昆明继续把天然气朝广东省和广西省输送。这条管线每年输送的天然气最高可达 120 亿立方米，而油管道的输送量可以达到 2200 万吨。

这些项目不仅减少了中国对其他原料供应商的依赖程度、缩短了运输

① “柴达木盆地将经历一场淘金热”，《人民日报》2000 年 11 月 30 日。
② 郝剑飞（Achim Haug）：“聚焦中国西部”，柏林 2013 年版，第 22 页。

的路径，而且也增强了运输的安全性程度。迄今为止，大型运输船只被迫穿过介于马来西亚／新加坡和印度尼西亚苏门答腊岛之间的马六甲海峡。这个针眼孔有可能由于事故、堵塞以及地域冲突而受阻。此外，海盗也使这里的海运陷于一个不确定的境地。据估计，世界贸易的 20% 到 25% 都要经过这个海上颈口，而这个颈口的最狭仄处只有 2.8 公里宽。对于这个地球上的世界贸易大国和最大的原料使用者——中国——来说，这条“印度－太平洋地区的动脉”尤其的重要。

可实际上，中国的地下财富不仅尚未完全发现，即便是那些已经发现具有丰富价值的地下储藏，其中也不乏未知的。绝大部分情况下，这些财宝的勘探者就深层潜藏资源所能说的都是：潜藏着石油、天然气，尤其是那些被表述为“非常规的地下宝藏”。之所以这样说，就是因为，这些资源不能用现在的常规办法进行开采。它们更多地被困在不透水的岩石之中，也就是所谓的页岩，因此被称为页岩气或者页岩油。为了开采，石油企业采用所谓的“水力压裂法”（hydraulic fracturing）。把压裂液——水和化学物合成品——以高压的方式打入页岩中，以此使页岩断裂并且使石油或者天然气流向钻孔。作为一个理想的开采方法，水平井钻井是必不可少的，尽管这是一种高技术、高投资含量的要求和挑战。这种以“压裂”而闻名的开采方法由于地震和环境影响因素而一直属于争议性话题。但这种方法确实给美国带来了奇迹，它不仅提高了新油田的产量，而且使某些迄今为止的贫井焕发了青春。美国（石油）由此也减少了对进口的依赖性，并且使供应的安全保障延长了几十年，天然气的价格因此而戏剧性地下跌。2012 年，美国 29% 的石油和 40% 的天然气就是借助于这种压裂法获得的[①]。

B．中国的页岩气——200 年的供应安全保障

类似于美国所取得的革命性成果，在中国是可以预见的，也同样是

① 美国能源信息署（EIA）2013 年 6 月：“页岩油、气资源从技术上可开采”（综述）。http：//www.eia.gov/analysis/ studies/worldshalegas/

必须的，因为中国基于其快速增长的需求，在 2013 年 9 月已经超越美国而成为世界上最大的原油及其附属品进口国。就在这个月，中国从国外所进口的数量达到每天 630 万桶或者说 10 亿升。到 2020 年，如果中国在国内不能继续打出新井，那进口数量就将变成为 920 万桶，比美国多出三分之一。在天然气方面，一个类似的发展是可以预见的，那就是：中国每天必须进口 1.16 亿立方米的天然气。这个数字还不足美国的一半，可在未来，在天然气进口量的名次排列上，这两个国家迟早要调换位置的。

未来有望对这两种石化燃料的压力获得缓解，在中国的纵深处潜藏着世界上最大的页岩气，其数量之大有可能达到世界储存总量的 15%。中国的页岩油以 9% 的藏量位居世界第三。尽管自上一次的 2011 年调查之后，美国能源署把储藏数量向下做了修正，然而中国的非常规天然气以 1115 万亿立方英尺或者 32 万亿立方米的技术性储存量在世界上绝对领先。阿根廷以 30% 的储量位居世界第二。随后是美国和加拿大的储量，并以两国之和可以与中国一比。但中国拥有的页岩油储量只有 320 亿桶，或者 5 万亿升，这大约相当于美国储量的一半（参阅图六的统计表）。

图六：世界控制可采页岩气 / 油大国前十名

名次	国家	页岩气（10 亿立方米）	国家	页岩油（10 亿桶）
1	中国	31600	俄罗斯	75
2	阿根廷	22700	美国	58
3	阿尔及利亚	20000	中国	32
4	美国	18800	阿根廷	27
5	加拿大	16200	利比亚	26
6	墨西哥	15400	澳大利亚	18
7	澳大利亚	12400	委内瑞纳	13

8	南美	11000	墨西哥	13
9	俄罗斯	8000	巴基斯坦	9
10	巴西	6900	加拿大	9
	全世界	206700	全世界	345
资料来源：美国能源信息署				

这些几年前还鲜为人知的财富现在是贵比金山。中国的页岩气储量几乎十倍于它的天然气储量那么多。这些储量足以满足中国200多年的天然气需求量。在已经探明的七个页岩气田中，有四处储量挺可观的气田位于偏远地区，这几个需要巨额投资的是：位于东北的围绕着中国石油重镇大庆油田的松辽（这里已经勘探出，有4530亿立方米的页岩气）；西宁的准噶尔盆地（Junggar）和塔里木（Tarim）（储量分别为1万亿立方米和6.2万亿立方米）以及位于四川那个中国最大的页岩气储藏量地（17.7万亿立方米）。估计其他几个已经勘探明确的页岩气储藏地分别位于内蒙古的鄂尔多斯（Ordos）、新疆的吐鲁番（Turpan）以及前面已经提到的青海的柴达木盆地。在松辽、准噶尔以及塔里木，巨额的页岩气地下储藏量已经为勘探数据所证实[①]。

不同于美国的是，这种压裂开采页岩气的技术方法在美国是20世纪40年代发现的，可这种技术在中国还处在起步阶段。也正是因此，中国拥有非常大的潜力。国家能源局（NEA）决定，从2015年开始，每年至少要开采出2300亿立方英尺（约合65亿立方米）的页岩气，到2020年时，开采量扩大十倍。至此，开采量也就大约为美国的四分之一。2013年10月末，国家能源局就非常规地下宝藏的开采发布了一个五年计划（修订版）。其中表示，要对这类高投资项目进行国家支持，并且对参与这些项目的企业予以税收优惠。确切地说就是，欢迎个人和外资在这个新经济领域进行

① 美国能源信息署/新能源国际公司（ARI）：《世界页岩气和页岩油资源评估》第20卷第2页，华盛顿2013年版。

投资[①]。

美国能源署评述说，中国政府的目标“高得太过，可能极难兑现”。但美国人并不怀疑，这些新技术对于中国从整体上都提供了新的机遇，对于中国西部地区尤其如此。在四川，在鄂尔多斯以及其他地区，第一眼试验样井已经开钻，那是通过中国国企中石油和中石化集团公司，但也有通过与西方的集团公司——譬如壳牌集团（Shell）和雪佛龙集团（Chevron）——建立合资公司开钻的。由此也可以清楚地看到，这里埋的是一颗颗大元宝，可捞起来并不那么容易。在新疆的干旱地区，严重的缺水；在四川尽管有足够的水，而且天然气管道以及其他的基本设施网络也有，可这个省有地震的危险，就像过去几年所显示的那样，尤其是2008年那场可怕的地震，甚至有可能发生大震。

此外，在这一技术的熟练程度和专业化方面，中国还有些欠缺。譬如打一眼水平井，中国石油界需要11个月，可是在北美也就是两个星期的事情。为了加速发展，中国政府及其国有企业集团把国际大公司作为合资者，并且额外地从国外购买技术。正是出于这些方面的考虑，中石油在2012年以9亿美元入股美国戴丰（Devon）能源集团公司的页岩油气资产权益。随后在2013年，中国人又以10亿美元收购了美国切萨皮克（Chesapeake） 能源公司的密西西比灰岩（Mississippi Lime）油气资产50%的权益。在同一年，中石化以22亿美元在加拿大购买了页岩气田。中国第三大原材料国企——中国海洋石油集团公司（CNOOC）——甚至投资150亿美元，以收购加拿大能源公司尼克森（Nexen-Gruppe）集团，这家企业同样的是开采非常规原料大油气田的。

为了赶上压裂开采页岩油、气的这趟车，外国的大型集团公司都在中国排长队。除了壳牌、雪佛龙之外，英国石油公司（BP）、赫斯（Hess）、康菲石油公司（Conoco Philips）、挪威国家石油公司（Statoil）和法国

① 中国国家能源局：“页岩气产业政策”，北京2013年10月22日。

的道达尔（Total）都云集到中国西部四川。各集团公司对这里的页岩油气田特别感兴趣。美国能源信息署评述说："一旦那些明显的地理和操作难题得到解决，中国的四川就会成为最重要的页岩气田。那么在未来的20年间，每天就可以开采出几十亿立方英尺的气。"[①]在参观了壳牌和中石化在四川的样井之后，美国记者布赖恩·杜迈因（Brian Dumaine）对中国西部的发现欣喜若狂。"淘金开始了"，他在美国杂志《财富》中就这里的压裂开采页岩气这样写道："只要这里像人们所说的那样，藏有页岩气，那它对中国而言，就可能是一个改变游戏的机会，一个全面的新开始。"一方面，中国对煤炭和进口的依赖性将减弱；另一方面，那令中国人——也包括世界气候——受到危害的空气污染将减少。"中国开始的时间越早——相当大一部分电力将由页岩气生成，而相对于煤炭来说，页岩气在转换成同样数量的电力的情况下，其所释放出来的二氧化碳只有煤炭发电的一半——那么对整个世界越好。"杜迈因就这样地评价道[②]。

① 美国能源信息署/新能源国际公司：《世界页岩气和页岩油资源评估》第7页，华盛顿2013年版。

② "水力压裂技术来到中国"，《财富》2013年4月29日第56页。

第四节　西部的优势：丰富的资源

01
一望无垠的土地和数不尽的人群：巨大的市场

西部中国居住人口比美国多，但没有看见德国的小熊糖（Havibo）。对于许多德国企业来说，西部是一块儿处女地，一个陌生的地方。毫不奇怪，人们也许会说，那里的人们贫穷，销售渠道并不怎么畅通。可实际上，这两种因素都在逐渐地减少。正像许多地方的基础设施在改善一样，这里的经济发展也在明显地提速、加快。对于消费品制造商来说，决定性的首先就在于，城镇化的进程被推进得到底有多快。因为在一线的那些卫星城——外国商品已经在这些城市被接受，诸如大众汽车、妮维娅（Nivea）面霜、摩泽尔（Mosel）葡萄酒或者狼爪牌（Jack Wolfskin）冬季夹克已经司空见惯。

有关城镇化的题目将在另外一处详尽介绍，但一个特别的观点却需要在此予以说明，那就是：西部的卫星城。在中国 100 个人口大爆炸的城镇化地区中，有 15 个位于西部，其中位居第一的当属重庆，它的居民人口是 2900 万。实际上，在这个中央直辖的大市里，人口总数高达 1.22 亿。在整个西部，只有三分之一的人居住在百万人口的城市中，与中国的其他地区比，尤其是与沿海地区相比，比例还是比较低。总体上讲，中国西部的人口相对比较稀少，除了稀稀落落的农村之外，更多地给人以中小城市居民区的印象。当然，这也是相对而言，尤其是假如您想一想，这里终究还有 77 座城市，每一座的人口都在百万以上。

中国西部的人口超级大城市远比其他地区少，但是西部城市人口数量增长的速度却要比中国其他地区的大城市快。“经济学人智库”[①] 预计：到 2020 年，在中国将会形成并出现 13 个千万人口大都市区[②]，其中 7 座老的和 6 座新的。“所有新的大都市区都将在这十余年间形成，并且集中在中部和西部的省区[③]。”尽管这些大都市区比现在还要贫穷，但它们却提供了巨大的发展机遇。譬如在河南省会郑州市，年龄低于 30 岁的年轻人几乎占其整个人口的三分之一，可是在南部工业重镇广州，同样在这个时期，这个年龄段的年轻人只有四分之一。

这份调查报告得出了对中国经济增长率的准确展望。中国已经确认的常住人口超过一百万的城市有 287 座，所有这些作为市级单位都隶属于省政府管理。在这些城市中，2012 年的国民经济增长率平均值是 7.9%。尽管从绝对值上看，这些地区超过了整个中国经济增长的平均值，可明显地要比中国内陆的大城市差一些。我们前面刚刚提到的西部那 15 所超过百万人口的大城数，2012 年经济增长率的平均值几乎达到 14%。反过来

① 经济学人智库（Economist Intelligence Unit），又译为经济学人信息社、经济学人情报社：经济学人团的一部分。这是一个研究和咨询公司，提供国家、行业和管理分析。它还以国情简介、每月的国别报告、5 年国家的经济预测、国家风险报告和行业报告服务闻名，且每年发表世界最佳居住城市和生活质量指数报告。（译者注）

② 大都市区（Megalcity-Regione），又译为大都市带，是指多个在地理上较为接近的大都市连成一片。大都市区作为一个概念，最早出现在德国哲学家斯宾格勒 1918 年出版的《西方的没落》以及芒福德 1938 年出版的《城市文化》，意指城市过度发展的第一阶段。后来，法国地理学家简·戈特曼于 1957 年再次使用此概念，以说明美国东海岸的大都市区，它从马萨诸塞州的波士顿起，经纽约、费城、巴尔的摩，直至华盛顿特区。大都市区在政治、经济和文化诸方面都显然比大都市具有更重要的地位。世界主要的大都市区有美国的波士顿－华盛顿区；芝加哥－匹兹堡区以及日本的首都圈、京坂神区等。（译者注）

③ 经济学人智库：“超大型城市——中国的 13 个大都市区”，伦敦 2012 年版，第 1 页。居民人口计算不同于中国的计算方法。研究报告仅注意人口密集地区的数字，因此这个数字与中国的统计数字略有出入。

看一看过去的经济发展领头羊，如上海、北京和广州，却显得特别疲惫不堪：它们的平均增长率为8.6%。支撑着这些东部和南部老牌发展重镇的不仅仅是西部的那几个一直作为领头羊的经济中心，还有其他的百万人口城市，如川北的绵阳（460万常住人口）；位于丝绸之路北段的甘肃省的天水（320万人口），这些城市的经济增长率远比上海、北京和广州快，甚至比经济特区深圳的增长率还要高。①

当然，这个高增长率与发展水平有限密切相关，而这正是后来者的起点。几十年来持续创造高发展速度的沿海地区已经感受到，很难继续保持这种高速度，更无法与那些刚刚从睡梦中醒来的地区在速度上较量。而恰恰就是在这一点上，西部会带来特别的成绩。依然沿着格林童话——玫瑰公主的描述走：玫瑰公主及其宫廷侍从们在经历了百年的沉睡之后，此刻已经极度的饥饿和干渴，她们需要新衣服、新马车、房屋和床，她们愿意工作、接受教育、举行欢庆的婚礼。涉及中国西部，那就是：这种在城镇化中作为落后的状态属于一种重大的优势，尤其是在一个这样的时期，在这个时期，政府把城镇化定义为重要的经济增长率推动力之一。在多次被提及的五年计划中，这个目标甚至被郑重地作为一个独立的章节。在这一章中，明确无误地把积极稳妥地推进城镇化确定为“促进经济增长和市场空间由东向西、由南向北拓展”。为了实现促进经济增长和市场空间的扩展，就要“在中西部有条件的地区培育壮大若干城市群”。②

顺着这个说法往下推演就是，对外国供应商来说，中国西部作为销售地也同样变得越来越富于吸引力。为什么？因为住在这里的消费者从人数上绝不比地球上其他类似的地方少；因为这里的消费将更加城镇化，其消费水平也将不断地向上走；因为这里的市场——完全不同于中国东部地区的是——还远远没有饱和。可以这么说，中国西部地区现在所给予的“就

---

① 中国国家统计局（NBS）：《中国经济数据库（CEIC）信息》

② 新华社2011年3月16日授权发布：“中华人民共和国国民经济和社会发展第十二个五年规划纲要”， 第5章第20节第一段。

类似于上海和其他沿海城市在20多年前所给予的机遇”，德国商会（AHK）驻广州代表这么写道。[①]

第一个发现并唤醒了这位沉睡已久的巨人的是汽车工业。在中国东部那些已经发展起来的经济中心区，几乎所有的德国生产商都明显地感到，现在的市场比以往要疲软。这与市场的饱和有关；与不断增加的竞争有关；与疲惫了的富裕水平的增长速度有关；与人口大爆炸的大型城市那严重堵塞的路面交通以及汽车牌照限制的政策措施有关。相反，这样的问题在中部和西部地区根本就不存在。作为第一家汽车制造商，大众汽车公司2013年在乌鲁木齐这个大西北的新疆自治区首府开始生产自己的汽车。奥迪随之也在那里为自己的第一家销售中心揭幕。“在中国西部省区中，经济增长率在今后的数年中将保持在超过中国平均水平的程度”，奥迪中国部负责人迪特马尔·冯柯锐（Dietmar Voggenreiten）解释说，“这种增长的趋势和潜在能力也给高级轿车创造了广阔的销售空间”。其他的汽车制造商也表现出了类似的挺进西部地区的欢欣鼓舞。保时捷（Porsche）在甘肃省会兰州销售新车，这个地理位置可是衔接青藏和内蒙古之间的交通要道。自20世纪80年代以来，对于德国工业在华的发展来说，德国汽车工业绝对地起到了一个先头部队的作用。而今，对于挺进中国西部、开拓世界上最大、增长最快的市场来说，德国汽车工业也将再一次扮演同样的角色。

02
低成本与充足的劳动力

除了庞大的市场需求之外，中国的中部和西部地区还能有什么其他经济吸引力吗？当然，这里就有两个重要的地区优势，它们令这些地区从根

① 德国商会、德国联邦外贸与投资署：“中国西部——贸易和投资的机遇”，科隆2010年版，第17页。

本上有别于沿海地区。那就是：低工资和充足的劳动力。在国外，中国是公认的廉价劳动力国家。相对于工业国家确实如此，只要我们把工资水平与过去相比，与其他新兴经济实体及其生产力发展相比。即便是台湾地区，那里的工资也至少两倍于大陆，法定的最低工资——此以省区为单位并基于各个省区的实际——就是发展水平的最好标志。在过去的6年间，最低工资几乎增长了三倍。在2009年金融危机所带来的裁员风潮中，工资界限冻结，可随后却一路疯长。2013年，月工资名义收入增加的平均值高达18%，这甚至超过了现行的五年计划所提出的工资增长率——13%。在一个每年的消费价格膨胀率约为3%的国家里，这样的工资增长率不能不属于高得惊人。

尽管扣除了低工资的地区差异因素，简单劳动力的最低收入在西部地区仍然要比在沿海地区低大约15%（参见图七：西部的工资优势）。相对而言，这一点也同样适合于中部地区。在实际的工资支付中，差距经常比这个比例要大得多，因为在建立起来的工业园地中，受过良好教育的、高质量的劳动力仍然是很难找到，也正是因此而使这一部分的人工费更高一些。在南部省份如广东，私人企业支付给公司员工的月工资平均约为220欧元，这高于内陆省份如河南的28%。如果我们把各行各业的工资收入都计算在内，其中包括高工资的信息、技术服务行业等，那么东部和西部地区平均工资之差距大约为20%。在东部沿海地区，一名工作人员在2011年时月收入约为490欧元，在内陆要比这个数字低100欧元。在一份调查报告中，德国欧亚国际咨询公司（EAC）把西部地区相对于东部沿海地区在劳动力费用方面的节省程度数字化为30%到40%，在个别情况下甚至有可能使工资节省达到45%。[①]

① 德国欧亚国际咨询公司："中国西部地区——德国企业的增长市场和低劳动力成本生产地"，慕尼黑/上海2013年，第6、22页。

图七：西部的工资优势

中国的最低月工资（单位：欧元）*					
年份	西部省区	与上年相比	沿海省区	与上年相比	西部相对于沿海
2005	41.6	–	55.4	–	– 25%
2006	57.1	37.3%	73.1	32.0%	– 22%
2007	64.9	13.7%	85.0	16.3%	– 24%
2008	80.8	24.5%	99.7	17.3%	– 19%
2009	80.8	0.0%	99.7	0.0%	– 19%
2010	100.2	24.0%	118.1	18.5%	– 15%
2011	112.5	12.3%	140.6	19.1%	– 20%
2012	132.9	18.1%	156.3	11.2%	– 15%

*160 工作小时；名义工资；2013 年兑换率：1 欧元 =8.23 元（人民币），1 元（人民币）=0.12 欧元

资料来源：中华人民共和国劳动和社会保障部。

中国的平均月工资（单位：欧元）*					
年份	西部省区	与上年相比	沿海省区	与上年相比	西部相对于沿海
2005	166.4	–	222.8	–	– 25.3%
2006	192.4	15.6%	253.4	13.74%	– 24.1%
2007	236.7	23.0%	295.8	16.73%	– 20.0%
2008	272.8	15.3%	344.0	16.3%	– 20.7%
2009	303.9	11.4%	378.6	10.07%	– 19.7%
2010	342.1	12.5%	431.5	13.96%	– 20.7%
2011	385.9	12.8%	490.2	13.61%	– 21.3%

* 综合所有行业；名义（nominale）值；2013 年兑换率：1 欧元 =8.23 元（人民币），1 元（人民币）=0.12 欧元

资料来源：中国国家统计局、中国统计黄皮书。

德意志银行的调查发现，中国自 2001 年加入世贸组织以来，加工业的成本支出实际上增长了 3 倍[①]。在华的德国企业也明显地感受到这种劳动力费用增长的压力。在京的德国商会的一项调查显示，工人工资年增长率约为 10%，职员工资年增长率则保持在 9% 左右[②]。渣打银行（Bank Standard Chartered）2013 年名义工资的平均增长率为 9.2%，而上年度为 7.6%[③]。按理说，这样的发展当属一件值得庆幸的事情，可遗憾的是，这里只考虑到低工资，并以此在工资水平问题上只考虑到政治因素，而没有考虑到它真正应该依据的出发点，也就是通货膨胀以及刺激和提高企业中的员工劳动积极性的问题。生产力的增长——参照劳动者人均国民生产总值——多年来一直远远地落后于工资水平的增长幅度：2012 年生产力的增长幅度之小当属于 1999 年以来从未有过的。由此就可以清楚地看到，每个劳动者所创造的劳动价值的增长与其工资所得的增长并不同步，确切地说，人力成本支出的增长幅度比劳动成就增长的幅度大。

要想避免这种人力成本大爆炸，有不同的方式方法可供选择。一种是，借助于提高工作人员技能、水平去增强生产能力。另外的一种是，提高自动化水平。这种趋势有益于外国机械制造商，尤其是德国的机械制造商。德国机械设备联合会（VDMA）预计，中国对自动化以及机器人的需求将迅猛增长。在这个市场上，外国生产商以 90% 的市场份额而占有绝对统治地位和供货能力。机器人的需求量在过去的 5 年间增长了 30%，可它以 6.3 亿欧元的进口价值，在现在的中国工具机进口总额（120 亿欧元）中

---

① 《德意志银行研究》2013 年 3 月 7 日：“机遇与挑战——中国的劳动力费用在攀升”。http://www.dbresearch.com/ servlet/reweb2.ReWEB; jsessionid=A149628DD84C3DD0AEA8B44A783EC506.srv-locdbr-com?rwsite=DBR_INTERNET_EN-PROD&rwobj=ReDisplay.Start.class&document=PROD0000000000302673

② 德国商会驻京分会 2013 年 3 月 12 日：“工资趋势突击调查”，第 1 页。

③ 《渣打银行研究报告》2013 年 3 月 14 日：“中国——300 多家客户谈珠江三角洲的工资”。https://research.standardchartered. com/ResearchDocuments/Pages/ResearchArticle.aspx?R=103759

仅仅占到大约6%的比例[①]。那么可以说，德国的供应商在此也许有大把的钱赚，因为随着未来劳动力的继续紧缺以及对劳动者技术、能力要求的不断提高，自动化的必要性无疑将有增无减、继续攀高。

03
德国模式——中国希望怎么样来改善自己员工的质量、技术水平

对于到城市里来的打工者，大陆人有一个专用词“农民工”。所有那些来自农村的城市打工族都归属于这个名词之下。这个打工族的特点就是：要么已经离开自己家乡的田野超过半年以上，要么早已不再作为农民去耕作自己家乡的田园。这里的第一个群体，也就是离开自己家乡和土地的人群，其人口数约为1.63亿；第二个群体的人口数量大约为1亿。按照中国国家统计局的统计，农民工总数在2008年到2012年之间增加了17%，从而达到2.63亿人口的数量[②]。一个难以预见的大数目：仅仅这几年增加的这3800万人口，就相当于波兰的全国人口总数。按照常理，农民工所从事的是简单劳动，所承担的诸如在工业生产线上、在建筑工地上的工作，或者在城市的服务行业作为运输工、门卫、园林工、环卫工。在未来，诸如此类的工作需要大约几百万来自农村的流动劳动力来承担。但中国越是朝着技术服务性社会和高价值创造的科技型经济方面发展，那这个国家对高技术人才的需求就越大、越迫切。

农民工还不能满足现在的劳动力需求。尽管高中毕业生或者获得某种技术培训结业证的可能已经达到18%，可其中真正地接受过职业教育或

① “借助于技术飞跃”，德国《商报》2013年5月13日第14版。
② 中国国家统计局：“2012年全国农民工监测调查报告”，2013年5月27日。

者继续培养训练的却未必能达到6%。在30岁以下的年龄群体中，情况明显地要好一些。在此所显示的是，至少获得高中毕业水平的几乎占29%，获取某种职业教育或者有类似履历的大约有13%。可实际上，这种书面的技术水平和人才质量证明所叙说的只是过去，所以常常很难保持这种水平。譬如，中国最大的汽车生产商大众汽车集团公司，它们的生产和安装过程就越来越复杂，以至于它们不得不对工人再一次进行全面的培训。因为获得合适的员工越来越明显地成为一大难题，所以企业不得不自己来着手解决职业教育，尽管这对它们是一个新课题，而且完全按照公司本土德国的做法。“我们把双轨制——理论知识教育和实践能力培养并进——这种异常重要的教育方式方法带到我们的中国生产基地”，大众集团公司中国部负责人约恒·海茨曼（Jochem Heinzmann）说。这家集团公司因此特意招聘自己的职业培训负责人，让他们组织中国的职业培训教员进行培训。其目的就是打破中国传统的课堂教育，把更多的实践能力授予学生。大众集团公司驻京公关部负责人克利斯朵夫·路德维希（Christoph Ludewig）介绍说：“今后，学员不仅能够用嘴说，怎么样怎么样地换一个刹车片，还要能够自己动手去换。”[①]

德国商会也同样地在努力着，把这种职业教育体制搬到中国去，因为它们的会员们经常抱怨说，缺乏足够的合格员工来源。为了改善汽车行业的职业教育状况，联邦德国的官方国际合作机构（GIZ）还搞了一个项目。这是一个由德国汽车制造业与中华人民共和国教育部联合开展的项目。这个动议的目的就在于，要培养可靠的机电一体化技术人员和汽车修理工，从而加强汽车销售网点和合同委托维修厂的技术力量。因为即便是那些在中国生产和组装起来的奥迪、奔驰或者宝马，应该从价值和质量上与在原产地德国所生产和完成的一样高，可保养和维修却一

① 参阅“大众集团公司在中国的创记录报告”，《法兰克福汇报》2013年7月13日第19版。

直达不到德国的水平。①

“我们可以从德国职业教育体制中学习到许多东西”，海南大学的“职业教育”专家张长治（拼音）说。作为可以借鉴的譬如：联邦政府、企业和教育培训机构在职业学校的教育和建设中实施教育经费共同均摊的方法②。在北京东南约120公里的人口大城市天津，德中两国政府联合筹建了一家中德职业技术学院。学院以双轨制的形式，集中于技术、语言和企业管理教育：在学校学习书本知识，在企业接受实践能力训练。“这种体制的着重点就立足于企业要求和用人单位真正所需要的。”学院的院长张兴会肯定地说，并且用博世企业毕业生的成就予以证明。

中国的工业生产将不断地高价值化并且以技术为基点，从而也就需要特殊技能，并由此而创造全新的职业。对这一点，教育学家非常清楚。通过与企业的密切合作，职业学校有可能加快完成这种转换。譬如几年来，职业技术学院就基于这个原则而有针对性地设置了飞机机械师的教育和培养课程，随之中国方面还投入了许多人力和物力，打造自己的航空工业。在教学内容方面，欧洲的专家学者提供了帮助，这并不奇怪，因为真家伙并不在学校的课堂上。欧洲飞机制造商空中客车在天津已经建立了自己的生产基地，而且是欧洲以外唯一的一家生产地。

由此可以清楚地看到，以西方的知识和银子所扶持起来的职业教育有可能就是一柄双刃剑。可以想见，如果说中国竞争者在一定程度上从中获益，从而使工业国家相对地失却其现在的竞争优势之一——专业劳动者的素质。实际上，亚洲人已经出于同欧、美竞争的需要，而以极大的兴趣开发出了名为C919的大型客机。这架飞机的专利生产商就是中国商用飞机有限责任公司（简称中国商飞，Comac）——中国国家航空工业集团公司下属的一家企业。这家公司也拥有空中客车组装公司的股份。它以此就对

① 参阅“中国的维修厂应该德国化”，《法兰克福汇报》2013年8月3日第C1版。
② “劳动力是关节点”，《中国日报亚洲周刊》2013年7月19日第20版。

外国优势在未来拥有两种介入的权力：一是借助于参与天津组装，二是借助于在欧洲帮助下给天津组装所培养的专业技术人员。这款C919客机应该在2016年交付使用，而且是明确地作为波音737和空客A320的竞争对手。现在，也是最重要的一点：C919也是在天津生产的。

工资问题与劳动力的供求数量关系密切相关，因为可供挑选或者准备去接受工作的人数越少，这些劳动者的要价就可能越高。2012年，中国15到59岁的劳动群体自20世纪70年代以来，第一次减少了大约350万人。这种劳动力数量的戏剧性萎缩大约将持续到2020年，这首先是独生子女政策的一个直接后果。也正是因此而使得人工费用迅速攀升。德国商会在调查中发现，在中国的老牌工业重镇，由于合格的员工太紧缺，以至于员工换一家企业就能使自己的工资大幅度上调，最高可以达到40%[①]。高盛投资银行（Goldman Sachs）也以类似的词句就此现状做了描述："员工们所拥有的是讨价还价的强势"[②]。德国商会这份调查报告的引人注目之处还在于，它更进一步展示，中国员工的相当大一部分受到剥削，属于弱势群体、受到不公平待遇。

造成人工成本高攀现状的还有另外的原因，那就是工资附加费用。用人单位在五项社会福利方面的开支已经达到员工个人工资收入的40%。这一条尽管早就开始实行了，可中国职能部门现在对这些规定执行的力度要比以前严格，尤其是在东部地区中国的企业以及外企中。基于这种发展趋势，高盛投资银行得出了这样的结论，在中国，未来的"人工费用开支将很难控制"。只要现实的人工支出的小时工资增长大约一美元，那企业投资的资本红利就减少一大块儿。譬如在汽车、水泥、钢铁以及能源行业，红利减少大约12%。这也就意味着，在中国那些已经建立并稳定了的工业区，能赚到手的钱将越来越少。

---

① 德国商会驻京办2013年3月12日："工资趋势突击调查"，第3页。

② 理查德·曼利等："中国的烦恼在增加"，《高盛证券研究报告》香港2013年第29页。

所有这些当然也有其值得肯定的一面。对于企业来说，异常简单的就是，劳动密集型产业就不再有吸引力了。这也有可能并且应该形成这样的局面：国家和经济界今后要对年轻人进行更好的培养，以便使他们拥有创造高价值的能力，并使自己发展成为企业需要的愿意支付更好人工费用的劳动者。如果企业没有在劳动力方面增大投资的思想准备，却还想保障盈利的话，那么就只有这样的选择：为搬迁、转厂投资。

04
向西部进军：搬迁、转厂

A．不想去周边国家就向西部转移

假如提高效率的所有可能性都用尽，那么在华的企业就只剩下了这么一种选择：转厂搬迁。首先考虑的去处是中国的邻国。2011 年和 2012 年期间，东南亚国家联盟诸国的工资增长水平明显地低于中国大陆，故此这一地区的国家无疑作为一种选择是可以考虑的。无论是泰国还是马来西亚，生产力增长的速度都要比中国大陆快。东盟诸国作为生产地之所以如此具有吸引力，还有其另外的一个原因，那就是：自 2010 年起，中国与东盟之间签署了一个自由贸易区协议，从而使人们可以从东南亚地区向中国这个大市场供应货物。

增长的人工费用首先冲击到中国东南沿海地区工业重镇的加工工业。渣打银行的一项调查显示，在围绕广州的珠江三角洲流域，9% 的企业计划离开这里。他们的国外第一选择地是柬埔寨（Kambodscha），那里的工资大约低 10% 到 30%；随后的选择就是孟加拉国（Bangladesch）和越南（Vietnam）。柬埔寨和越南属于东盟成员国。按照联邦外贸与投资署的说法，工资低的程度在东盟地区尽管以国家的不同而有所不同，但从总体上讲，它们也就是各家企业在中国南部省份广东所必需支付的四分之一到一半[①]。更引人瞩目的是这个数字：30%的企业表示，愿意搬迁到中国大陆内陆那些人工费用比较低的地区去，也就是去中、西部地区。在前些年，有这种思想准备的恐怕还不到这个数字的一半[②]。

如果不是因为工作位置不足，而是因为劳动力不足的话，说句实在话，企业就只能挪地方，而且要从沿海地区向内陆转移。这反过来也就意味着，几百万人作为农民工不需要横穿一个个的省份去漂泊，而可以在他们家乡就近找到一份工作。“沿着价值创造链有一种动力的推延，而且是穿越省区往前走”，德意志银行的韩纳·雷文格（Hannah Levinger）总结说，“在中国增长模式中，就推进发展的意义来讲，这是积极、正面的”[③]。由此也就形成了一种制动力，那就是：中国政府当然清楚地知道，这会吓坏许多投资者，因为中国政府把工资和社会福利支出提高了。但中国政府对此并不特别担心，因为它们对许多类似的老工业原本就没有多大的兴趣。这种预设的潜台词就是：谁不能承受高成本——因为他基于廉价劳动力因素和大批量因素而生产，那他最好离开这里。最佳选择是去廉价的西部地区，在那里有他所需要的简单劳动力，实在不行也可以去外国。

对于一部分行业来说，譬如对鞋、服装制造业而言，在中国的东南部地区进行生产已经不怎么太值得了。尽管对于中国的生产、出口和就业来说，沿海地区依然属于最重要的中心，可就像中国纺织工业联合会（CNTAC）所报道的那样，东部与西部地区的差距正在迅速地缩短。2005年到2012年间，在中国西部的投资年增长率比在东部的要胜出40%，而在中国中部省份的投资年增长率甚至高出东部地区80%。在内陆

① 郝剑飞：《透视中国西部》，柏林2013年版，第21页。

② “中国——300多家客户谈珠江三角洲的工资”，《渣打银行研究报告》2013年3月14日。https://research.standardchartered.com/ResearchDocuments/Pages/ResearchArticle.aspx?R=103759

③ “机遇与挑战——中国的劳动力费用在攀升”，《德意志银行研究》2013年3月7日号。http://www.dbresearch.com/servlet/reweb2.ReWEB;jsessionid=A149628DD84C3DD0AEA8B44A783EC506.srv-locdbr-com?rwsite=DBR_INTERNET_EN-PROD&rwobj=ReDisplay.Start.class&document=PROD0000000000302673

省份的产量增长速度也相应地要比老牌的经济发展地区快得多[①]。

造成企业搬迁还有一个原因，那就是：内陆需求的增长。欧美市场危机所带来的需求疲软也同时使世界市场上的廉价商品竞争更加严酷，这些将势必使接近出口港作为一种特别优势已经在名次上失却了其昔日的地位。“出口将从长期上对（服装）行业不再具有支撑作用，相反，我国国内的市场需求，尤其是农村市场具有很大的潜力”，中纺联这样断言。在这种情况下，企业的搬迁也就表现为一种这样的选择：“企业转迁到中、西部地区，实际上拉近了（自己）与未来大市场之间的距离”。而人工费用也提供了类似于此的优势。在内陆，从平均收入上讲，一名纺织工人的年工资不超过3400欧元，这比珠江三角洲或者长江三角洲都要低，其低的程度至少在6.3%。基于故乡的生活支出低的缘故，也使得当地的低工资与他乡高一些的工资在实际差距上并不十分突出，以至于当地农民并不愿意因此而远离家人和朋友去漂泊。仅仅充足的低工资劳动力这一条，就足已令生产厂家们做出搬迁决定，况且还有其他的有助于降低生产成本的因素，诸如电力、能源、水以及地皮等。譬如厂地租赁，同样面积的租金在长江三角洲就几乎是武汉的2.5倍，尽管后者还是湖北省这个中国中部地区的省会。如果把厂房放在西安，以此取代深圳或者上海的厂房话，那么仅仅地皮租赁一项就可能使成本降低一半。“无论是对于企业来说，还是对于工作人员而言，东部沿海地区原来的优势都在逐渐减弱，”中纺联总结说。

也许，人们可以把这种变化称为革命性的变迁。持续30年的中国出口工业繁荣，也因此而持续了30年的数亿农民工从内陆省份向沿海城市的大漂流。在沿海地区有许多的工作位置和机遇，但那里的求职者却更多，因此给农民工的工资以及其他的福利非常有限。可如今却出现了一种逆转，农民工的工资和福利逐渐地得到应有的保障。出口工业的地位和作用在下

① 梁晓辉等：“中国制造业的区域转移及其对社会责任的影响”，《中国纺织工业联合会与瑞典驻华使馆联合调查》，北京2013年版第23页。

降，国内市场需求在增加，尤其是内陆的市场还远远没有得到足够的重视。在东部的经济重镇，劳动力贫乏，而且人力贵了许多，对于许多企业来说，在那里进行生产已经不值得了。他们因此就开始搬迁，朝着劳动力和新市场的所在地转移：向西部挺进。正像摩根斯丹利（Morgan Stanley）投资银行的王青（拼音）等所归纳的那样：“整个劳动力市场显然掉了一个头：过去是为了获得一份更好的工作，劳动者不远万里奔着企业去；现在却正好相反。”①

B．电力和原料需求量大的就更喜欢西部

就告别东部沿海地区来说，纺织工业绝非唯一的一个行业。所有能源密集型生产都在西部看到了生产成本上的优势，并因此而朝那里转厂搬迁。类似于此的也包括那些对环境影响比较大的工厂，尤其是那些已经被确认并点名的行业和企业。政府已经有针对性地要求这类企业离开东部的大型城市，向西部接近能源和原料的地区迁移。其中的一个例子就是铝冶炼厂。2010 年时，新疆——这个中国人口最稀薄的省区——在铝冶炼行业的最大生产能力也就是大约 6.5 万吨，是中国总产量的 0.4%。专业人士的期望值是，到 2015 年，新疆的产量要达到 1000 万吨，达到中国总产量的 30%。这种大幅度的增长就是基于快速增长的需求，尤其是基于冶炼厂从东部那些电费猛涨、政府又对这类产业进行限制的地方向这里的搬迁。当然，走挺进西部这条路的问题和障碍也不少：运输路径不畅通；合格的员工太少；缺水，等等。但存在这些问题的同时，也要看到，铝制品生产商在新疆生产成本至少比在沿海地区降低了四分之一。这就是澳大利亚原料专家迈克尔·科米萨洛夫（Micheal Komesaroff）的预算。科米萨洛夫关注着这个行业所发生的这场彻底的“生产基地”大转移，也就是从滨临江湖的三角洲朝着煤炭和液化气充足的西北部省区转移。“人们所期待是，

① 王青、史蒂芬·张、欧内斯特·何：《中国档案——2020 年前的中国经济》，香港 2010 年版第 20 页。

新疆成为中国整个铝工业的热点，就像内蒙古和山西成为中国煤炭的霸主一样”。①

接近市场和原料的思路也令德国的巴斯夫（BASF）集团公司心动了。与一家私人企业新疆美克化工股份有限公司（MarkorChem）一起，这家世界上最大的化学制品生产商在新疆的库尔勒(Korla)建了两家合资企业。据当地政府介绍，这两家合作者在此已经投资16亿欧元。这座生产塑料预制品的基地计划在2015年投入运营，并且将受益于这个省区那储量丰富、价格便宜的天然气②。类似于此的还有巴斯夫在重庆这个位于长江边上的西部大都市的举动。这些普法尔茨人③准备在2014年年末，让世界上最大的MDI，也就是二苯基甲烷二异氰酸酯（MDI;Diphenyl-methane-diisocyanate）的生产基地正式投产。对这个大型项目，巴斯夫集团公司几乎投入了10亿欧元的资本。类似于此的大手笔投资，它们也就只有在集团公司总部所在地——德国的路德维希港——才有。这个生产地基的优势就在于，作为生产必不可少的天然气可以就近直接从重庆北部开掘。尤其是，这里的天然气供应可以持续百年以上。在自贡地区，探寻并且从地下挖掘盐的事情已经有2000多年的历史，巴斯夫重庆部的负责人汤国泰(Christian Tragut)一边说，一边调出一组图片。从这些图片上可以看到，那由竹子搭起来的矿井洞，这就是当年人们挖掘的方式方法。“以此就下到1000米深的地下，这简直不可思议。”巴斯夫的这位经理显示出敬佩的神色。④

---

① 迈克尔·科米萨洛夫：“开向荒漠草原”，《中国经济》季刊2011年第四期第10页。

② 《法兰克福汇报在线》2013年5月24日：“李克强在德国——德国汽车制造商在中国又新开一家工厂”。 http：//www.faz.net/ aktuell/wirtschaft/unternehmen/li-keqiang-in-deutschland-deutsche-autobauer-errichten-schon-wieder-neue-werke-in-china-12194181.html

③ 普法尔茨（ Pfalz） 是德国西南部的一个地区，普法尔茨人也像我们说的四川人、东北人一样，指生活在这里的人们，因为巴斯夫总部在此，故作者以普法尔茨人作为巴斯夫管理层的另一种说法。（译者注）

④ 参阅“巴斯夫加快进入中国的速度”，《法兰克福汇报》2013年6月5日第13版。

MDI，全名为二苯基甲烷二异氰酸酯，是生产硬发泡材料及热塑性聚氨酯的重要原材料，从而用之于冰箱、汽车座、家具、透析过滤器、冲浪板等。这种材料也用在布料方面，所以对巴斯夫而言，纺织工业也属于它的大客户。由于许多企业西迁，所以从地理位置上讲，重庆对巴斯夫是一个理想的位置。汤国泰接着说："它们需要MDI，而我们是中国西部唯一的一家生产厂家。"还有鞋厂，也就是那些由于同样原因而离开中国东、南部地区的生产厂家，也需要这种独家生产的纯MDI。MDI作为原料必须以零下42度的强冰冷温度进行运送，并且以这种低温进行加工。在重庆，巴斯夫公司就准备向客户们这样进行生产和供货。

实施生产线转移战略的迹象也同样表现在中国现代通信和电子信息企业身上。作为这个行业最典型例子的就是台湾富士康（Foxconn）集团公司。这家企业属于世界最大的电子产品生产企业之一，而且在华电子出口行业中属于龙头企业。以计件工资的方式，这家公司的工人们为苹果机组装智能手机（iPhone）和平板电脑（iPad）；为戴尔（Dell）和惠普（HP）组装手提电脑；为亚马逊网站（Amazon）制作电子书阅读器；为任天堂(Nintendo)株式会社生产游戏主机(Wiis)；为微软生产游戏主机(Xbox)；为索尼生产游戏主机；为英特尔（Intel）生产主板。在这个世界上，在这类电子产品中，大约有40%出自在于富士康，尤其是出自于在华的生产线[①]。在那里，就业人员多达120万，其中绝大部分是农民工。其中三分之一的人就常年工作和生活在一个地方，确切地说，就在中国的南方城市深圳。然而，自2010年以来，富士康及其总公司鸿海精密工业股份公司显然为那持续增长的社会问题所困扰，而且似乎这些难题已经发展到了极点，以至于发生了一连串的员工跳楼事件。

在接二连三地发生了这样的事件之后，这家集团公司不仅不得不提高工资、改善工作条件，而且把生产线的一部分迁往内陆。新的大工厂先后

---

① 德勤中国服务集团公司（Deloitte Chinese Services Group）："中国发展的新趋势——在华投资的新地点"，法兰克福2013年，第2页。

在郑州、重庆以及成都奠基、启动。小型的生产线也先后在太原、武汉修建。自此，仅仅在成都就有 30 万工人为富士康公司工作，他们每天组装完成 50 万台智能手机。围绕着这个生产基地就有 100 多家零部件供货商。生产线朝这里以及其他内陆地区转移，或者说在内陆出现一系列新企业，引发了这样的变化：为了寻找工作而不得不离开河南，前往其他省份的农民工数量迅速下降。在 2011 年时，他们中的绝大部分人第一次感觉到，在自己的故乡河南省找一份工作要比去外省容易些。①

库尔勒、郑州、重庆、成都，这些城市之间不仅从空间上彼此相距甚远——千里之遥，而且从时间上拉开距离——几十年的发展。在发展速度上的不同所带来的正面因素就是，稍微发达一点儿的地区给其他的后来者提供了一个样板和参照，那就是：其他地区如何借鉴这些经验来规划本地区的未来发展前景。为有助于理解明天中国西部的面貌，我们现在不妨进入成都 - 重庆这个西部的最大地区。寻找宝藏的使命在那里将进入中国最富有活力的一个地区，尽管这并不意味着整个世界。

① 汤姆·米勒（Tom Miller）：“富士康西游记”，《龙洲经讯》（Dragonomics）2012 年 4 月 19 日。http：//research.gavekal. com /content.php/6804-DG-Foxconn-s-Journey-to-the-West-by-Tom-Miller

第五节　明天的中国：让西部走到前面来

01
“西部大开发 2.0”：新、老工业之间的结构调整和转轨变型

从 5 岁开始，唐纪强就开始学书法。可是在这个年龄，其他的中国孩子通常都是刚开始学习汉语拼音。中国孩子们开始认识那些比较复杂的汉字——作为一种拼音文字——之前，他们必须掌握这种拼音。然而，年幼的唐纪强却同时拿起了毛笔，尝试着以磅礴的气势，攀登书法境界。在中国，长于书法所享有的美名，绝不亚于拥有其他艺术能力的声望，譬如绘画等。谁拥有这样的能力，也就作为一种标志、显现为一种良好的教育，从而使其获得比较高的声望。如今，作为一个步入不惑之年的人，唐纪强博士在自己的办公室也为自己的个人爱好放了一张大工作台。这张作为业余爱好的台子可比他挨着计算机和室内花草的办公桌所占的地儿要大多了。唐先生转动了一下挂满毛笔的立柱，慢慢地研着墨，然后展开了一张手绢大的宣纸。他一挥臂，在那娴熟的动作之下，便给洁白的宣纸上留下了浑厚的笔迹。那是传统的繁体字，不是大陆 20 世纪 50 年代以来所推广、流行的简体字。一组欢迎来客的热情问候跃然纸上，那对称的排列、协调似乎就是他手腕那么不经意的一甩间偶然形成的。黑墨落在白纸上，一种对比多么协调的美的享受。

每每面对那洁白如初的宣纸，他都怀着极其敬畏的心情，因为任何情况都可能发生，有美的诞生，但也可能出现败笔。这位经济学博士介绍说。对书法，您不可能也无法修改，“落（笔）下去就一锤定音。”这位戴着方框金边眼镜的先生笑着继续说：“这一点就像在我的工作中一样。”唐先生是一家坐落在四川省成都市高技术开发区的战略发展研究室的负责人。在这个比较长的名称——它甚至都很难用娴熟的书法展现出来——后面，蕴含着政府行政管理部门所交付的那些棘手工作的一部分，那就是：他要让成都变成为一个现代经济区，或许要成为中国最现代化的经济区。不同于沿海地区把注意力放在低技术含量产品生产上的是，内陆的生产建设当立足于新技术、围绕互联网的技术服务以及软件更新、研究与开发。在唐纪强看来，东部和南部地区那种基于廉价劳动力和量化出口的成功模式逐渐走到头了。“为了比别人跑得更快、更远，我们现在要接过这根接力棒。”

这段引人注目的话绝非空穴来风。实际上，这一地区正在发展成为中国又一场新繁荣的起点。挨着重庆这座特大型城市的就是成都，一座有1400万人口的中国西部地区经济最发达的都市。以这两座城市以及陕西的西安和河南的郑州为基点，要令西部纵深的省区如新疆、甘肃、青海、宁夏以及西南地区的贵州得到充分发展。就这一点而言，这四座大型省会城市在某种程度上作为连接中国内陆的基本环节。一个例子就是，修建进入这些纵深地区的交通枢纽线，而重庆与甘肃之间的铁路新干线就属于此。

此外，中国政府还想在这个大型城市进行新发展阶段的尝试，并且把它发展成为样板。确切地说：他们筹建创造高附加值的生产、内需消费、技术服务产业。对于新技术产业，尤其是对于信息和通信电子产业，中国政府给予特别的重视，希望把内陆建设成为中国通信、信息技术产业的先锋。也正是由于这个原因，所以现代西部开发的这个新阶段也被称为“西部大开发 2.0”[①]。围绕着这个目标，中国选用了这样的处方：以工业国家为样板，建立拥有更好的教育和更好的收入的现代科技社会。但是，中国人也要超越西方工业国家，至少在发展速度上。“为了开发西部，美国用了大约 200 年，”唐先生一边说，一边擦掉粘在手上的小墨点，“但我们会在很短的时间内实现这个目标。”

这个地区是以令人难以置信的高速度进行着经济发展上的追赶。四川省的人口正好与德国相当，可这个省的实际增长在 2012 年几乎达到 13%，而前一年甚至达到 15%。其发展速度之快，几乎是全国的两倍！这个省现在所创造的经济成就甚至比整个泰国一个国家还要大[②]。尽管从人均产值角度讲，这个省还落后于全国平均水平，但这个省的增长速度却远比中国的其他省区要快得多。四川省的出口在高速发展：2012 年比 2011 年增长了三分之一。其中最富有成绩的当属这个省的省会成都，不仅该省五分之四的出口来自于这座城市，而且外国在四川那年 80 亿欧元的直接投资也集中于这座城市。值得一提的是，外国直接投资数额自 2007 年以来扩大了 5 倍。这个省及其省会不仅在工业生产方面显示了它们的强势，而且在个人消费方面也显示出了它们的强势：零售业的年增长率达到 16%。成都市的人均国民生产总值约为 6760 欧元，两倍于四川省全省的平均值，而且超过中国人均产值的名义值的三分之一。尽管几百年来，这座城市一直打着农业生产的烙印。成都平原以其富饶的沃土久负“天府之国”的盛名，从中可以想见其富饶、资源丰富之程度。

有关四川高增长率的官方资料，也像在中国经常遇到的情况那样，您要对它们细致、谨慎地品读，这不仅涉及这些数据的可信度，也包括其内容的寓意所在。反对者说得也没有错，因为国家对西部的投入令这些增长

---

① 丹尼尔·艾伦（Daniel Allen）：“西部开拓史”，《丝绸之路咨询公司刊物》2012 年 7 月，第 40-45，引文出自第 42 页。

② 2013 年 2 月 28 日四川省统计局：“国家统计局四川调查总队关于 2012 年四川国民经济和社会发展的统计公报”。

黯然失色。给这个地区的巨额基础设施投资以及通过一揽子经济刺激计划所给予的大宗资金，使这里形成了一个表象的繁荣，而这种繁荣实际上常常并不存在。这种假象时刻都可能显露其憎恶的面孔，那就是：在某个时期，一旦政府不再继续这种经济上的人工输血发展方式，不再容忍过度的国有化和那多余的高、深建筑，并且意欲从整体上降低投资分量的话，那内陆省份所受到的打击和疼痛恐怕要比那双脚坚实地站在那里的沿海地区严重得多。北京《龙洲通信》的经济学家安德鲁·巴特森（Andrew Batson）已肯定地指出："在2013年的经济放缓中，受打击最严重的当属内陆省区。"尽管巴特森并不怀疑，从长远看，中、西部地区所拥有的发展潜力远比这个国家的其他地区要大、要强，然而在这个进程中，它们却不得不"经历一段艰难的减速地带"[①]。

其中不乏许多实情，可我们也必须对这些调研结论具体分析。一方面，巴特森所讲的这个增长速度放缓满打满算也就是两个百分点，即便是扣除了这些，可西部地区的增长速度依然远比沿海省区要快得多。其二是，至少经济的基础在我们共识的"中国未来"，也就是在重庆和成都、四川，在过去的几年中有了很大的发展和拓宽。越来越多的国内和国际个人资本流入这个未来地区。

尤其是成都的经济，越来越呈现出斑斓的色彩。高产值和大利润令汽车工业带来了许多的就业机会。如今，已经有十家大型汽车制造商在这座城市建立了自己的代理，其中有德国的大众、日本的丰田。大众集团作为最大冒险者之一，已经在这座城市投资了20亿欧元[②]。瑞典品牌汽车沃尔

---

① 安德鲁·巴特森："中国内陆所感受到的艰难时刻"，《龙州经讯》2013年8月19日。http：//research.gavekal.com/
③ontent.php/8861-DG-Hard-Times-In-China’s-Inland-Empire--by-Andrew-Batson

② 郝剑飞 ："成都作为四川省会能够给予的远比熊猫多"，GTAI，2013年5月9日。 http：//www.gtai.de/GTAI/Navigation /DE/Trade/maerkte，did=809694.html

沃——它已经归属于中国吉利汽车集团旗下——在这里建立了其欧洲之外的第一家生产线。在这座大型城市中，仅仅 2012 年就有大约 38 万辆新车下线。到 2020 年，年产量就应该达到 120 万辆。到那时，汽车行业的产值就可能从现在的 120 亿欧元增大九倍。这种快速增长也许会使成都在短短的 10 年间，一跃而变成为汽车工业最重要的生产基地之一。在四川，这种汽车生产的冲击波绝不仅仅局限于这个省会城市。在成都东南大约 88 公里处的资阳市，现代汽车集团公司与它的合作者南骏联手，修建了一个新车生产基地。①

02
熊猫帮助驼鹿——成都要拯救沃尔沃

即便是那些看上去似乎是不经意的表述，有时候也可能包含着一部分真理。“我们最终想听到的是，我们的汽车是中国制造！”沃尔沃汽车公司成都新厂的总经理贝努瓦·德莫尼克（Benoit Demeunynck）说。此刻，我们正在参观工厂，而他正是在介绍一套现代激光焊接设备时说到了这句话。以这样的表述，德莫尼克想明确说明的是，沃尔沃在远东所生产的汽车，是完全遵照其在欧洲所使用的同样质量、安全、健康以及环保标准。因为他们的产品没有任何偷工减料或者改变，也就是不像人们也许在中国所了解到的有些外国生产商那样（采用不同标准）。这里也是听话听音。②

可是当这家成都汽车制造商意欲出口时，这话就马上在这一点上显示出其中的寓意。因为那所谓的这些瑞典汽车确实是中国制造，还真真地有

① 2014 年要有 17 万辆新车在此诞生，最晚到 2020 年，就达到 70 万辆。到那时为止，这两位合作者在资阳市的投资就要达到 32 亿美元。参阅四川省人民政府 2012 年 8 月 29 日：“刘捷出席四川现代商用车项目开工仪式”。

② 参阅“中国制造的瑞典汽车供应美国市场”，《法兰克福汇报》2013 年 6 月 6 日第 13 版。

些说道。这家新工厂，也就是沃尔沃汽车公司在欧洲之外的唯一的一家生产基地，有助于降低成本，而且不受外汇兑换率浮动的影响。沃尔沃汽车集团公司董事长汉肯·塞缪尔森（H kan Samuelsson）在成都公开说：“这有助于我们出口，第一步是进入亚洲”。更多的信息他并不想再透露，可是这些已经告诉了不少的消息。

因为迄今为止，除了通用汽车公司（General Motors）以外，还没有其他的外国汽车制造商在华生产并直接向国外市场出口。其中的原因首先就在于国内外合作者之间的分红太费劲儿。汉肯·塞缪尔森这么说。而这种情况对于沃尔沃汽车集团公司就比较简单，因为这个中国生产基地的产权属于两家合作者集团共有，也就是属于沃尔沃集团和吉利集团的共同财产。对于沃尔沃来说，这里的出口计划首先是满足东南亚联盟诸国的市场需求。在中国西部进行生产，那相对于在沿海地区生产来说，明显地就使得供货商从地理上向销售地更靠近了许多。成都，这个以出产和孕育熊猫而闻名的城市，要以类似的方式来拯救瑞典这个驼鹿国家的名牌汽车。

总有那么一天，中国汽车也会进入美国，进入那个沃尔沃错失了建一条自己生产线的国家，尽管这个国家是目前世界上最重要的汽车市场。沃尔沃在2012年向全世界销售了大约42万辆汽车，其中6.8万辆销售到美国市场。中国排名在瑞典之后、德国之前，以4.2万辆位居第三。如果沃尔沃的计划得到落实的话，那中国未来在销售名次的排列上将继续向前攀升。三年前，美国汽车生产商福特集团公司把这家传统的斯堪的纳维亚企业卖给了中国。由此之后，沃尔沃产权的51%归属于吉利这家出自于杭州的私人企业。

李书福，沃尔沃成都公司的创立者和控股者，也赶往成都，尽管就未来前景很少有什么直接的介绍，可话语间不乏类似于此的温暖词句：“我想帮助沃尔沃重新获得那原本属于它的声名”。另外，沃尔沃37%的产权为中国东北的大庆（大约280万人口）市所持有。而沃尔沃眼下在这个中国石油基地修建其另一条计划于2014年年底投入使用的生产线，这也就绝非偶然了。从大庆出发向海外运送汽车，尤其是向美国发货，当然要比从成都方便多了。除此之外，在北京西北的张家口还建了一家发动机生产厂。以这些新的生产线、形象宣传和新的车型，沃尔沃希望最晚到2020年，令其在华的销售额扩大五倍达到20万辆。这个数目充其量也就是其到此为止所计划的销售总量的四分之一。

在成都将要生产豪华S60，而且这种车型作为类似于中国人所喜欢的长型车首次问世。在距离成都300公里的重庆市，在福特汽车公司和长安汽车公司的合资企业中，S80-L型作为委托加工在生产着。为了充分发挥成都生产线的生产能力，另外的一个车型很快就要上线。它有可能就是城市越野车（SUV）XC60，这种车型属于沃尔沃在远东销路相当好的车。也属于真正的瑞典质量产品，而且“四川制造”。

03
电子工厂——哪儿生产的笔记本电脑也没有这里的多

尽管，一个类似于汽车制造业这样的“老牌工业”在成都显示出越来越大的、持续增长的价值和地位，然而另外的一个行业也同样地捧出了一块儿大蛋糕。丝毫不显山、不露水，这座城市在短短的十年间，变成为信息技术的主要基地之一。这不仅是对硬件而言，对软件也同样是如此。2003年,美国的芯片制造商英特尔作为落户到成都的第一家信息技术公司。经过不断地扩大生产，如今英特尔总公司移动通信终端设备的处理器几乎半数以上都是在成都分公司生产的。因为这类产品世界需求的90%都为英特尔所消化，故此就这个零部件部分而言，成都无疑属于最大的生产基地。也包括计算机制造商，譬如美国的戴尔，中国的联想（Lenovo）以及台湾地区的纬创（Wistron），都在这里建立了分公司。还有台湾地区的仁宝（Compal）——一家也为苹果和惠普生产笔记本电脑的公司，也在此开业。在此所提到名字的以及那些尚未提及大名的公司，在 2012 年由此地出发，向全世界出口了价值 100 亿欧元的 3400 万台笔记本电脑，而它们出口的主要地区是美国和欧洲。苹果牌平板计算机的 70% 都是台湾的委托加工企业——富士康在成都生产制造的。这个行业每年在此的总产值几乎高达 400 亿欧元。以此也就把这座城市建成为信息技术行业最重要的硬件地基之一[①]。期望的增长率是非常之大。计划到 2015 年，在成都生产的台式计算机和笔记本电脑 1 亿台、平板电脑 2 亿台[②]。

也像中国的其他城市一样，成都也开拓了自己的特色高技术工业园区，以便使这些特殊行业在这些地方得到集中。在围绕着成都双流国际机场的这个工业园区，已经有 43 家再生能源公司进驻。这些企业的计划是，在 2011 年到 2017 年的几年间，它们的总产值要扩大十倍，并准备达到 240 亿欧元。已经达成协议的投资额大约为 100 亿欧元。最重要的工业园就是成都高新技术工业园，而这个园区的负责人就是那位出色的书法家唐纪强。这个为高新技术企业落户的园区大约有 130 平方公里的使用面积，而且被划分为南园和西园两块儿。据这里的数字显示，在这个工业园注册的企业有 33000 家，其中 1100 家外国企业。这个园区在 2012 年的直接投资为 12 亿欧元（增长了 35%），几乎占成都当年所获得的全部外国投资的五分之一。[③]

在那一望无际的西部园区，类似于因特尔、富士康、戴尔或者德州（Texas）仪器这样的信息技术生产商企不仅以免进口税的方式进口自己的零部件，在这个园区进行深加工，而且在此完成生产后以减税方式继续出口。在位于名为天府新城的天府软件园区，电脑程序、网络管理以及电讯服务供应商和许多相关的技术服务企业——从网络销售到咨询热线——

① “成都崛起中国 IT 第四极”，《湖北日报》2013 年 3 月 12 日；成都高技术工业园：中国的外国投资开发区。

② “成都特色——对外贸易继续推动成都经济”，《中国日报》2013 年 3 月 14 日。

③ 天府生命科技园：提升内生发展能力，建设世界一流园区，成都高新区吹响“三次创业”，2013 年 6 月 14 日。

都云集在此。其中著名的国际企业，如SAP、思科（Cisco）、诺基亚解决方案与网络（Nokia Solutions and Networks）、亚马逊（Amazon）、阿尔卡特－朗讯（Alcatel-Lucent）、爱立信（Ericsson）、国际商用（IBM）、通用电气（GE），著名的中国企业，如华为、阿里巴巴和腾讯（Tencent）。[①] 此处的软件以及信息技术服务行业的总产值自2009年以来以大约30%的年增长率持续发展，年产值已经达到200亿欧元。出口额达到7亿欧元。一旦新天府城落成，这里工作和生活的人数至少会增加到60万以上，从人口数量上几乎相当于美因河边的法兰克福市。

在内陆，成都并非是唯一的一个富有成果的信息技术生产基地。在郑州，苹果公司2012年组装了大约8000万台智能手机，这个数量几乎超过全世界半年的销售额。随着扩大生产量，使得郑州到2013年年底时，以其年产量1.8亿台的生产能力成为世界最大的智能手机生产基地。类似于此的还有西部省份陕西的省会——西安。这座在海外闻名的古代皇城，曾有“长安”之称。以秦始皇在公元前3世纪作为陪葬品而制作的兵马俑而著名。在唐代时期，从公元7世纪起，在这座90平方公里的城池——长安，生活着大约100万人口，这在当时恐怕属于最大的城市。如今，这座有850万人口的城市已经成为一个现代工业和管理中心，而且也属于一个储存器生产的重镇。多家电子企业在此建立分公司，其中包括英特尔和西古微电子（Xigu Microelectronic）。

那些新近刚转来的生产厂家也非常重要，譬如韩国的电子公司三星（Samsung）就准备在2014年为智能手机和平板机生产芯片的生产线投产。这是三星继在美国德州首府奥斯汀（Austin）市之后，在国外建立的第二家生产地。这个生产基地需要52亿欧元，以此这个生产基地也给中国目前带来了大宗的外国投资。在满负荷生产的情况下，这个基地每年可以提交10万台处理器，其产值超过74亿欧元。西安市政府期望，随着160家

---

① “成都高技术产业开发南区”。http://www.chengduhitech.co.uk/Location/South_Park.asp

企业随后转厂到此，能够创造1万个工作岗位。70%的工程师应该出自陕西省。西安以其现有的80所高等院校——从数量上仅次于北京、上海——的教育能力，在工程技术人员保障方面无疑会予以帮助，因为这座城市每年的向社会输送1.7万名技术专业的毕业生[①]。

在内陆，另外的一个颇有分量的未来技术重镇就是重庆。像惠普、宏基（Acer）、华硕（Asus）以及另外的一些高技术企业，它们在2012年就已经在这里生产、装配了大约1100万台计算机，它们的产值至少扩大了三倍。与惠普一起，富士康在重庆修建了一个大型的笔记本电脑生产线，同时还期望把平面液晶产品的年产量提高到300万台。据估计，如果也把类似于广达（Quanta）以及英华达（Inventec）的委托加工业务计算在内的话，那么到2015年，重庆在笔记本电脑方面，年产量就可能达到1亿台，这个数量之大，恐怕是世界上其他任何地方都无法比拟的[②]。唯一一位不可忽视的竞争者——就像前面已经介绍到的那样——也就是其临近的成都。迄今为止，富士康在重庆已经有大约8万名工人，但也有可能会达到45万。因为对这个集团公司来说，中国西部的这个生产基地远比位于那个沿海的城市——深圳的那个基地更加重要，而且这里有可能戴上最大的世界工厂的桂冠。

“无论是在西安、重庆，还是在成都这里，我们在西部的强项都立足于培训以及大型、成熟的集团公司与新建的、小企业之间的协作、共存。”唐纪强——这位书法家和高技术工业园区负责人——宣传说。十年前，世界五百强企业中那些特别有分量的，最初只有42家在成都注册了一个分公司，现在已经有240家。类似于此的快速增长也包括在重庆市。“在这里，这些跨国公司不仅与3700家富于创新精神的中型企业相

① “三星在西安的生产线计划今年年底投产”，人民日报在线，2013年7月18日。

② 2012年3月31日，中华人民共和国中央人民政府：“重庆积极推进笔记本电脑基地建设持续快速发展”，2012年3月31日；《经济日报》：“重庆打造亚洲最大笔记本电脑产业基地”，2012年9月9日。

逢，而且踏入了世界上教育和研发环境最好的沃土之一。”唐纪强介绍说。从成都的大专院校每年毕业10万名工程技术人员，其中毕业于在全国承认的中国高等院校电子、技术专业毕业生就有4.6万人。通常，中国的地方政府给予研发的投资相对都比较少，而更乐于把钱投放到钢铁、水泥和机械上。因为在这些行业不仅能更多地创造工作岗位，而且其经济效益远比长线地投入到培养人上去要更直接、更明显、更具体。然而，成都却明确地表示，它们的研发资金到2015年要提高到其国民生产总值的3%。这也许就是世界银行所提交的德国水平，而整个中国科研经费还不到其国民生产总值的2%。这种增加财政预算的政策已经初见成效。在“全国研发中心”的名次排列表中，80家研发机构已经名列前茅，尤其是，已经在成都申报了大约2.6万项专利，这是整个国家的中、西部地区的其他城市都无法比拟的。①

04
来自中国西部的应用软件攻坚者——用智能手机进入时尚杂志

并非所有富于创造性的大师都能出示一张高等院校毕业证书。这位在天府软件科技园落户的年轻企业家——徐灏——完全靠自学获得了他现在的技术和企业管理知识。“尽管走的是一条特别艰辛的路，以至于我曾多次都差点儿要放弃了。”他讲述说。1989年，他第一次获得了对一台国际商用牌台式电脑的使用许可。在那时，对生活在中国的人来说，这确实是特别珍贵的机会。从此以后，那闪烁的台式计算机显示仪和折叠式笔记本电脑就再也没有离开他的视野。17岁时，徐灏创立了自己的第一家企

① 成都社会科学院副院长阎星：“举办财富论坛的五个长处”，《中国日报》2013年3月11日。

业——光碟加工和复制中心。以马马虎虎的考试成绩，他结束中学教育、上了大学，可很快就中断了学习。也包括他的第一家企业，开业后没有多久就宣告破产，所以——按照他现在的说法——他从听觉转向了视觉，开了一家数码照相馆，专门进行结婚照的拍摄和加工、制作。没有多久，他就觉得这活儿有些无聊，而且这一行的竞争也特别激烈，价格战打得很凶。2007 年，他进入了自己的第三家企业创立阶段。徐灏尝试着在丰富多彩的条形码开发和市场化上开出一片天地，因为他觉得，这种黑白条形码淡而无味、缺乏吸引力，并且相信，这个五颜六色、丰富多彩的工业新领域肯定会给他带来机遇。可他从未涉足这个领域，所以这个年轻人必须再一次从头开始。

拿开了放在腿上的双手，徐灏回想起，当年自己如何认真地用计算机对婚纱照进行缩放、美化、修饰的情景：假如一个发卡放错了位置，如果显示出一个疙瘩，或者那只被忘记了的狗要被增补到照片上去，那都必须对照片进行修订。可这些为什么就不能用电子的方式去进行处理呢？这位 30 岁的成年人琢磨着这个问题，并且为手机照片处理开发了一个软件。如今，四个年头过去了，这个“相机 360”应用软件作为移动电话图像处理软件，已经在中国成为一个人们所喜欢的工具软件：每天大约 3000 万人使用这个软件，而且每天处理的照片甚至多达 5000 万张。这个软件其实只是一种消遣，没有多大实际意义，可它在那些智能手机追星族那里却备受欢迎。徐灏自己也属于智能手机追星族，用他的话来说，尽管已步入三张半的年龄早已经属于“老青年”了。配着他们公司那黑色的宣传 T 恤衫，他穿着一条红色牛仔裤；脚上是一双鹿皮便鞋；头上、在眼镜的上方是一顶米色棒球帽。徐灏带着两个手机，他用其中的一个对着他的女秘书照了张相，并顺手开启了这个“Camera360”程序软件。简单地摁了那么几下，手机中刚刚拍照的这位女秘书的照片就马上变成了一种完全陌生的面孔，变成了一幅铅笔素描，类似于一种通俗的艺术作品，或者一幅卡通画。再接着两步，这位漂亮的女士就出现在妇女杂志“瑞丽”的扉页上；再过了几秒钟，这位老板就把他加工、修饰好了的杰作用短信发出去了。“能做这些工作的，还有其他的软件程序，”徐灏带着满意的微笑说，“可是在中国，我们是第一家，不仅至今引领着市场，而且也是最新颖的。”

非同寻常的还有这家企业的名称，而且不止如此。它的名字为“品果”，也就是所谓的“品尝新果实”。徐灏所希望的是，把这些当作对网络认知的理解，作为对其新鲜性、活力性以及无限拓展的可能性之比喻。之所以使用这样的中文名字，与美国的苹果集团并没有什么关系。品果科技公司的这位创立者眨眨眼睛并强调说：“这纯粹是一个巧合，汉字、拼音以及词义都不一样。”这家小小的“品果科技”有 80 名工作人员，20 多个人彼此相挨着坐在一个大办公室里，各自对着自己眼前的平面显示仪。室内花草、四方形架柜、灰绿色墙壁以及大型的彩色顶灯，令人似乎想起瑞典人的宜家家具店的一个产品目录本。羽毛球拍子放在窗台上，羽毛球网被抻开架在入口处的门外边，就像一张开的护网。

徐灏的公司就在一层，是许多水泥建筑物中的一栋中的一层，而成都的网络行业就在这些清一色的水泥建筑物中。然而，借助于灌木丛、树墙以及马路上那熙熙攘攘、来来往往的年轻人，使得这里的景色要比人们想象中的略微富有活力和生机些。旁边就有一家咖啡店，店名叫“灵感”，意味着突如其来的想法。尽管已经到了仲夏，可这里还挂着圣诞花环；在那个高到天花板的书架前，一位年轻人坐在黑色的转椅中，一边品着杯子里的茶，一边盯着眼前手提电脑的屏幕。咖啡店的外面，在熊猫涂鸦画以及日本伽马动漫英雄的旁边，有人把这句英文俗语“Small makes big”[①] 涂在墙上。可迄今为止，对于这些刚刚起步的公司来说，更合适、有效的也许恰恰是相反的说法：大使小的成为可能。因为类似品果公司以

① 作为一句励志的英国谚语，所要说的既是积少成多、从小变大，也寓意着时机、选择的重要性，鼓励人们不惜困难挫折、持之以恒地努力，从而去成就一番事业。诸如此类的中国谚语如：有志者事竟成；千里之行，始于足下；只要有恒心，铁杵磨成针；苦心人、天不负，卧薪尝胆，三千越甲可吞吴；积沙成塔；滴水穿石；愚公移山：大从小来等。（译者注）

及许多其他的新创企业，它们到现在为止都几乎不挣钱，靠的就是风险投资和地方扶持政策的星星点点。如果换算一下的话，徐灏从个人和国家那里筹集了大约 370 万欧元的投资，可为了发展——按照他的计算，他还需要 1500 万。“这个生产基地对我们是很够意思的，成都软件园免去了我们三分之二的租金。”这位年轻人继续说，“此外，我们在这里能找到我们所需要的合适员工。”网络商业现在相当的活跃，以至于有天赋的专业人才，从北京、上海以及广州等地都朝这里云集。尽管这里的收入要比那些城市低大约三分之一。

05
接轨欧洲——昔日生产基地的不利因素将转变成为有利因素

工资低、可供选择的熟练工人、现代交通运输、国家财政补贴……中国的西部给世人展示了充满希望和诱惑的美好前景。对于类似“品果科技”这样的公司来说，这吸引力也许足以令他们把自己的软件程序向信息网络上去推介。甚或对于那些基于持续增长的购买力有可能把自己的产品在西部地区进行销售的企业来说，譬如像汽车制造商、纺织品制造业，也是富于吸引力的。但作为出口型企业，因为它们在过去的几十年间，一直基于中国经济的强项而生存，所以总是绕着西部地区走。中国的工业化之所以集中于沿海地区，并非偶然。人们不会忘记，在三十多年前的中国，外国投资一直被禁止，也同样地不怎么受欢迎。对于中国内陆来说，这种情况所持续的时间至少还多了十年。那最早对外国开放的一个地方，也就是 1980 年作为“经济特区”的深圳。最先进入深圳并且在那里注册生产的企业，首先是那些来自邻近的香港并考虑到继续在本土生产成本会越来越贵的企业。

随后，资金大量地流向这个沿海城市，生活在距离大陆约200公里外的台湾人也坐不住了。对于韩国人、日本人、美国人以及澳大利亚人来说，中国东部的沿海城市也同样地很快就富于吸引力了。即便是就与遥远的欧洲进行贸易来说，中国东部和南部的这些海滨城市也被看作重要的大门。绝大部分的中国进出口货物都通过海路运输，上海因此很快地就变成为世界上最大的港口，而位于深圳的中国国际海运集装箱（集团）股份有限公司（CIMC）也自然很快地变成为集装箱生产商行业的霸主。2012年，中国东、南部港口所完成的货运量占到世界十大港口货运量的70%。①

对于重型机械行业而言，并没有太大的变化，换句话说，无论是在生产领域还是在出口方面，中国的沿海城市都依然居于主导地位。那令这个国家逐步发展成为继德国和美国之后最大的机械和设备出口国的企业，主要集中在这个国家的东南沿海一带。而轻工业却呈现为截然不同的面孔，尤其是那些相对的体积小、重量轻、价值比较昂贵的消费品。对这个级别的产品来说，到中国西部去生产的吸引力也逐渐地在增大，因为稍微高一些的运费对这类产品的影响并不像其对那些简单产品或者体积笨重的产品的影响那么大，也就是说，运费高的负面影响将通过其他方面的优势而得到抵消和补偿。这些产品在世界贸易中的意义不断提高的原因就在于，如今中国中、西部地区出口贸易的增长，明显地要比传统的出口中心快得多。在2012年，东部地区的出口贸易仅仅增长了5%，而中部地区增长了22%，西部地区增长了38%。

这种出口繁荣首先是基于交通运输的建设而成为可能的。通过无瑕的高速公路，小汽车以及重型货车可以顺利地抵达西安、成都、重庆以及许多其他的大城市。此外，自从三峡大坝建成以来，重庆就与一条内河运输线连接在一起。尽管三峡工程作为一个项目一直有争议，可它确

① 世界海运理事会：“前50名世界集装箱港口”，http://www.worldshipping.org/about-the-industry/global-trade/top-50-world-container-ports

实起到了这样的保障作用：重庆终年都可以通过长江而保持交通运输。对于快速、活跃的信息电子和娱乐电子行业来说，其他的运输手段更加重要，尤其是空运。为了满足富士康以及其他新搬迁到此的公司的需求，郑州机场现在已经投入了大约20亿欧元，它们要扩建货物运输、增设另外的一个机楼和一条跑道。重庆机场还特别加长了飞机跑道，以便装满惠普计算机零部件的货运机能够顺利起降。眼下，有关方面已经在考虑着，修建第三个机楼和第三条跑道，以便未来能让空客A380这样的大型飞机正常起降。[①]

成都也同样在进行着这样的扩建改造：第二条跑道以及另外的一个货运机场正在建设中。富士康通过这个中国第五大机场，每天至少运送80吨的货物。在2018年超负荷运转之前，另外的一个机场就应该投入运行。到2015年，国际航班要翻一番达到30架。所有这些都意味着，中国西部会逐步成为出口工业基地。从这种高价值的轻工业行业的持续增长的重点转移中，作为注册在中国的一家举足轻重的私人经济分析机构，北京龙洲经讯咨询公司的经济学家——汤姆·米勒看到了中国经济现实中存在的一种根本性的重点转移：

“在十多年前，由于运输艰难、代价太高，以至于几乎令所有的出口企业对前往中国内陆去注册分公司望而止步。而今，沿海城市那持续剧增的生产成本与内陆那可以承受的空运费用之间的关联意味着，内陆城市与沿海那些已经稳定的出口中心开始进入竞争”。[②]

① 解读重庆机场的“跨越发展经”，《中国民航报》2013年1月5日。
② 汤姆·米勒：“富士康西游记”，《龙洲经讯》2012年4月19日。http://research.gavekal.com/content.php/6804-DG-Foxconn-s-Journey-to-the-West-by-Tom-Miller。

06 奔驰在西伯利亚铁路线上的火车：铁路的复兴

现代电子产品利润丰厚的买卖激发了一直被认为是沉睡着的交通运输行业的复兴。确切地说：货运机车在中国对外贸易中经历了一场突如其来的复兴。迄今为止，西伯利亚铁路也只是对那些有充足时间的旅行爱好者服务的。可近几年以来，情况有所改观，这段铁路从欧洲经过俄罗斯继续延伸到远东，也成为了一条货运铁路线。2011 年，开始了从德国的萨克森（Sachsen）到中国东北的辽宁省的正式联网通车。经过这条长达 1.1 万公里的铁路线，德国铁路公司把宝马公司在莱比锡所生产的零部件装车送往其在沈阳的总装车间。如果这些货物是通过水路运输的话，至少需要 46 天。自从这条铁路货运线启动之后，运输的时间和费用都减少了一半。类似于此的还有重庆到杜伊斯堡（Duisburg）之间的货运铁路联线，它是在 2012 年正式投入正常运营的。这条基于"新丝绸之路"的名为欧亚快车的运营者是欧亚运输公司——一家俄罗斯铁路集团公司（RZD）与德国联邦铁路公司(DB)合资的铁路运输公司。在重庆与欧洲最大的内陆港——杜伊斯堡——之间，每周从重庆发出一到三趟整列货运车，每趟可以装运 100 个标准集装箱（TEU）。

对于这段长达 1.03 万公里的铁路线来说，这趟货运列车需要行驶 18 天，每个集装箱的运费大约 6700 欧元。根据这家铁路运输公司的资料，船运虽然能让运费便宜 66%，可运输的时间却要多出 27 天，也就是货物几乎晚到一个月。而船和飞机联运尽管比火车运输能快两天，可运费却增大了 25%[①]。另外的一条铁路货运线于 2013 年 8 月初交付使用，这条新线路所连接的是汉堡与郑州间的交通。线路长 1.02 万公里，行程需要 15 天。相对于重庆列车集装箱中满载的首先是通信和信息设备、器械而言，郑州

① 萨彬勒·鹏德（ Sabine Bund）："欧、俄、亚之间的铁路运输"，《铁路》2013 年第五期，第 18-21 页。引文出自第 20 页。

货运车集装箱中满载的是来自中国中、西部地区的智能手机、平面阅读机和手提电脑。

衔接这个工业重镇的最新铁路线名为“成都蓉亚欧班列物流”（Chengdu Hatrans YHF Logistics），一个令人有些惊奇的名字。在这条线路上，有一段是2013年4月才新铺设的成都与波兰的罗兹（Lodsch）之间的新线。比这个项目名字更朗朗上口的当属项目的中方负责人的名字：彭虎。“我看上去其实并不像一只食人的动物，”身着波罗（Polo）牌衬衫、戴着大眼镜的他调侃道，“但作为私人企业，我们的公司却富于进攻性和耐力。而我们的列车也在不停地向前奔驰。”到目前为止，先是每周发一列火车，周六晚上23：30出发。只要运行顺利，转速就会加快。现在已经有20多家出口公司使用这种运输工具，其中不仅有笔记本电脑制造商，也包括自动提款机生产商。彭虎介绍说。需求看上去显然不小，至少眼前那列正从成都北站缓缓驶出的火车就是一个证明，这列深夜出行的列车带有41节车厢，其长度超过500米。“我们将增挂更多节的车皮，并且将增加一个车头。”彭虎——其实，他的名字原本叫彭朝晖（音译）——接着说，“但是在穿越山路这一段，还不这么做。”在进入陕西省界那一带，货运列车要翻越秦岭。这么行驶是有些麻烦，可成都到甘肃省会——兰州的快线现在还没有完工。“一旦这段快线到2015年年底完工、通车，那我们就可以节省两天的时间，这无疑将会给我们以更大的推进力。”彭虎满怀期望地说。

这家中国、波兰合资公司所信奉的是，对客户而言，时间就是金钱。“但是，钱就是钱，因此开支也必须控制在一定范围内。”彭虎说。对这两周的行程来说，每个集装箱的运费报价为8100欧元，而更快一些的空运费六倍于此。而车船联运可以让每个集装箱的运费下降到5200欧元，可运输的时间却延长为六周。对于类似计算机或者智能手机这样的货物来说，六周的运输时间就不值当了，因为在市场中，客户对这类产品的需求变化远比对机械设备或者其他投资产品要快得多。如果在运输方面考虑到库存的费用以及资本的效益，那毫无疑问，就高价值货物的出口而言，这样的火车运输当属于一个相当不错的选择。

“以前，其实也许几百年了，位于我们西部地区是一个缺点。我们属于被遗忘的角落，因为所有的一切都是在沿海地区发生的。”彭虎接着说，“可如今，随着完善的交通运输和新的高技术产品，使得这里的地理位置变成为优势和长处。尤其是对那些与欧洲有业务的企业来说：我们到欧洲的距离要比上海和广东到欧洲近 1000 公里！”

07
在这里您有权伸手——丰厚的国家补助

还要提及的是，这段从成都通往波兰罗兹（Lodz）的铁路线——它的造价约为 1740 亿欧元——是一宗财政补助买卖。尤其是，因为这些货车都是空着返回四川的。但据蓉亚欧班列物流有限公司说，它们已经签署了第一批从欧洲向中国运送货物的合同，这些运输合同主要放在那些持续大力增长的汽车工业领域。当然，直到这个私人项目能正常运转，官方会一直予以支持的，照彭虎所透露的信息，“每年（政府）给几千万的人民币”。作为回报，这家企业必须承诺，在欧洲疲软的时期维护这条运输线并且每周至少要发一列车。因为对成都市来说，这条铁路枢纽是一个富于深层意义的形象，也是一个地理位置优越性的标志。借助于此优势，这座城市就能吸引更多的投资。这道大餐也就让政府管理部门埋那么大的单。

一句话可以概括这种国家帮助：中国西部正在下着财政补助雨。这也许引发人们对财政监管的质疑，可确实回报了投资者。类似在世界其他落后地区——其中也包括德国东部地区——所看到的那样，政府以给钱的方式来弥补这些地区之不足。那最富有刺激力的当属降低企业所得税：到 2020 年年底，西部企业所得税仅仅缴纳 15%，而不是像其他地区那样缴纳 25%[1]。它们投资的设备还有权免税进口。此外，这里的用地和基本建设的费用也要比东部低。对于个别行业，这里还有特殊的地方优惠。譬如，向那些原料企业和矿石开采企业保证，持续实施土地租赁以及资源税打折。这就吸引了许多煤矿、天然气和石油开采企业走向四川，其中包括壳牌集团和雪佛龙集团。对于现代信息技术领域，譬如网络技术领域的新型企业，正像刚刚介绍的那样，政府不仅提供投资帮助，而且也从企业用房方面给予特别优惠。仅仅对于刚刚提及的成都高技术工业园，每年就有大约 1000 万欧元的财政补助。

假如一家企业在国内找不到合适的高级专业和管理人员，那也可以向“成都人才计划”寻求帮助。按这项国外引进高质量人才计划的规定，给予每名引进人才资助的启动资金约为 12 万欧元（人民币 100 万元）。以此，2012 年资助、引进了 167 名“高级专业人员”。因为西部各地本身也相互竞争，这类人才引进项目也因此而变得五颜六色、相当的多样化，并随之也很难透视。即便是国家发改委和经贸部联合签署的“中西部地区外商投资优势产业目录”，在这些问题上也并非面面俱到[2]。可有一点是明确的：决定性的吸引力在这些行业本身，尤其是在那些富于创造革新性的行业，以及那些创造、提供更多工作位置的行业。可实际上，也像在中国经常遇见到的那样，落到纸面上的应诺未必一定在实际上能兑现。许多扶持和资助项目也只是短期给予新落户的企业以支持，一旦这个扶持时间过去了，这种人为扶持的买卖对于一些投资者来说，也许就不值得做了。所以我建议，无论如何都要对西部的不同地区的条件和状态进行认真考察。也正是出于这个原因，我们不妨从成都继续向重庆走一走、看一看。

---

① “国家税务总局明确了对中国西部地区的企业所得税优惠政策的执行问题”，《毕马威中国快讯》2012 年 5 月、第 8 期。http：//www.kpmg.com/CN/en/IssuesAndInsights/ArticlesPublications/Newsletters/ChinaAlerts/Documents/china-alert-1205-08.pdf

② 国家发改委：中西部地区外商投资优势产业目录（2013 年修订）。

第六节　西部大城市：地标——重庆

01
走在进入世界最重要工业园的大路上

今天，地下宝藏的开掘者不再需要徒步或者骑着毛驴，而是坐在松软舒适的座席上，以时速 180 公里的速度从一个发现地驰往另一个。以前，介于成都和重庆的这段大约 310 公里的铁路线需要四个半小时的行程，现在仅仅需要两个小时。这条新的高铁线于 2014 年完工并交付使用，行程缩短为一小时十五分钟，中国西部的这两座最重要的发展和经济增长重镇就这样靠拢了。书面所计划的不外乎是这两个地区从经济上的融合，从而使这里变成中国最大的工业园区，当然，假如这个世界不再有更大的问世的话。2011 年国家决定的宏伟计划称之为成渝经济区——这里的渝就是重庆的官方缩写词，重庆汽车牌上的地方所属名就是渝，而且这个大的经济发展区要在 2015 年揭幕。与这个计划相关的还有，有意识地在这两座城市之间修建的新交通联网和工业生产园大区。这个大区把许多区、县、市纳入其中，形成一个包括一亿人口和 20 万平方公里面积的经济发展区。其规模相当于白俄罗斯的面积和菲律宾的人口。按照中央政府的思路，这里将形成中国第四个经济增长核心，而且是最现代化的。其他的几个增长核心分别为：围绕上海的长江三角洲、围绕广州的珠江三角洲、沿着渤海湾并包括北京、天津的这个核心发展区。

重庆是世界上最大的城市吗？

重庆位于北京西南空中直线约1500公里处。距离东部的上海港口约1400公里。这座古老的城市位于嘉陵江进入长江的交汇处那景色秀丽的河谷上。这座为三山所烘托起来的山城“雾都”令人回想起曾经风云变幻的历史：由于日本入侵而被迫放弃南京的国民政府于1937年迁入重庆，直到1945年中日战争结束，重庆一直作为政府所在地而扮演着首都的角色，即便在国共两党那不稳定的联合政府时期。在那时，当许多企业由于战争的威胁而从沿海地区迁到这里后，山城重庆就已经变成世界最大的工业城市之一。

重庆原本属于四川省的一部分。1997年被划归为直接隶属于中央政府管辖的直辖市，也就是成为继北京、上海和天津之后的第四个直辖市，而且是唯一的一个内陆直辖市。整个四川省的东部地区——约为这个省的七分之一——被划归直辖市重庆，从而重庆就由一个类似于奥地利这个国家面积大的地区成长了起来。按照领导层的意思，以此要在中国西部地区形成一个强大的发展基点，尤其是要给那些由于三峡大坝工程而迁移的人们创造一个新的故乡。

目前，在这个新划分的管理区中，居住和生活着的人口至少超过2991.4万。因为这个地区作为城市来管理的，所以这里有时也被算作“世界上最大的城市”[①]。即便如此，可除了城镇化所带来的变化之外，这座山城更多地打上农业的烙印，确切地说，在重庆很少有密切相连的成片建筑群。也相对而言，移民居住也并非特别的密集。从面积上讲，重庆市五倍于北京大，每平方公里的居民平均数为350人。可是每平方公里的平均居民人数，在北京是1200人；在天津是1100人；在上海是3600人。所以，就此而言，重庆更多的还是被看作“省城”。

① “世界最大的城市——看重庆的变化及其实验”，德国《时代》杂志2005年4月18日。http：//content.time.com/time/ magazine/article/0，9171，1050477，00.html

据官方统计，重庆现在的居民人口为2920万。另外，重庆也因为下述缘由而不被算作世界上最大的城市：按照联合国统计数据，日本首都东京有常住居民3700万，而重庆直到去年尚未达到这个数字。在联合国的世界城市人口统计排列上，上海作为中国人口最集中的城市以其1700万城市人口名列第七；北京以其1240万城市人口位居13；重庆以其实际上的940万城市人口位居世界城市人口名列的第23位。[①]

迄今为止，从成渝经济区这个难以想见的大项目工程中还很难看到什么踪迹。这其中也包括这样的缘由，那就是：成都和重庆这两座城市之间也存在着相互竞争。重庆原来属于四川省，它虽不乏财富和光辉的历史，然而从经济上却常常因为那个省会城市而黯然失色。随着被划分出四川省以及获得大片土地、居民和经济的增长，从1997年以来，这座长江岸边的大型城市已经获得了足够的自信心。因此今天的重庆也感觉到，相对于成都至少可以平起平坐了。也正是由于这个原因，这两个老姐妹城市之间的彼此生分远比亲密合作多。从理论上讲，这两座城市应该把注意力集中在不同的经济领域，可实际上，它们彼此经常围绕着同一行业和同一企业展开竞争。

这一点也同样地表现在信息技术领域。正像我们所看到的那样，为了获得作为世界最重要的装配基地这个名声，成都与重庆之间打得你死我活、不可开交。这一点也同样地表现在汽车制造业上，重庆可以证明，自己从传统上要比成都长、远，而且从生产数量上也比成都要大得多。在中国，重庆早就作为机动摩托车生产的中心，年生产量几乎达到900

① 联合国经济及社会理事会：“世界30个人口数量最大的城市”。http://search.un.org/search?as_q=largest+cities&match_type =all&Submit=Begin+Search&ie=utf8&oe=utf8&restrict=DESA&client=UN_Website_English&output=xml_no_dtd&site=un_org-DESA&num=10&filter=0&proxystylesheet=UN_Website_en

万辆，而且生产量占中国总产量的三分之一[①]。在十家主要的生产厂家中，有六家就在重庆。在133家企业中，有大约40万员工。包括一家德国企业以及它的持股人也从这里收益：宝马给隆鑫（Loncin）公司——中国最大的机动摩托车生产商——提供发动机。以年产值15亿的数目，隆鑫公司不仅属于重庆收入增加力度最强的十大集团公司之一，也属于中国“500强企业”中赫赫有名的大企业之一。还有别于成都的是，重庆属于中国最大的国有汽车集团公司之一——长安汽车——所在地。这家集团公司为中国的国内大众化的大市场生产着普通汽车。在德国，陆风这个中国汽车品牌给人们留下了非常糟糕的记忆，因为它在碰撞实验中被挤成了一堆。而长安汽车集团公司却一直保持着富有成效的国际合作记录，确切地说，譬如与日本的铃木（Suzuki）/马自达（Mazda）、美国的福特（Ford）、法国的标致雪铁龙（PSA Peugeot，Citroen）等。此外，长安－福特－马自达集团公司还在重庆借助于沃尔沃的技术转让，生产沃尔沃的S80车型。

经过不断地规模拓展之后，2013年6月，重庆以其75万辆的生产能力已经成为福特汽车公司除了其位于美国密歇根州（Michigan）总部之外的最大生产基地。自2014年始，这家合资企业在重庆的生产能力有可能达到95万辆。这家合资企业在重庆有两个汽车生产厂和一家发动机工厂，而第二家发动机厂和一家变速箱厂正在修建之中。以其自己的规模化整装生产和外国的质量水准，使重庆逐步变成为亚太地区主要的小汽车生产基地。在中国，几乎十分之一的在华制造的汽车都来自于这座雾都，其中2013年上半年就完成了100万辆汽车的生产。这个年增长率相当于15%，远远超过整个国家的平均水平。此外，重庆自己每半年的汽车直销量大约100万辆，其中绝大部分是重庆自己生产的汽车。几乎每辆出租车都是重庆出产的铃木牌小车。

---

① 2013年3月28日，中商情报网（ASKCI.Com）：“2012年中国摩托车行业市场经济运行情况分析”。

02 云计算机与出自水土的平面液晶显示仪

成都和重庆早已经建立起来的经济开发区还年轻，并且发展程度还远远没有达到饱和。这里所说的不仅包括前面已经提到的成都天府高技术开发区，也包括重庆的水土高新技术产业园。水土高新技术产业园也同样的，不仅面积大，而且日新月异，发展变化的速度非常快。我们的汽车行进在一条六道的沥青马路上——这是一条尚未完工的新路。平坦、流畅的柏油路面不时地遇到那尚未修建完工的土路，行驶中也时不时地为修路的车辆所堵塞。我们的汽车停在了一个绿树成荫的小山包脚下，那里放置有一个很宽的木梯子，直通山顶。曾樊龙（音译）——重庆水土高新技术产业园副主任——领先走在前面。登上山顶后，他像一名战地将军似的指着这浩大的工地。“这里诞生新中国，”他自豪地说，而且气喘吁吁地问道：“喜欢吗？”①

这个新中国至少很大、很现代化。这个园区的一端消失在烟雾之中，而另一端则衔接在山脊上。在一个弓形的、从外表上像一个半壳似的建筑物前，一台吊车正忙碌着。在它的后面，再远一点儿，矗立着一幢深红色的建筑物，看上去就像倒扣着的水泥船。曾樊龙用手把眼镜往上推了推说道：“这前面的是研发大楼，后面的是一栋带有会议中心的五星级酒店。”他指着街道下面的那个地方，微笑着说：“在没有窗户的那一块儿，就是服务器所在地。它们不需漂亮的建筑设计。”10平方公里的地皮对于它们而言，面积是够大的。在这里，将要形成世界上最大的云计算机中心之一。在六年内，应该形成具有一百万台服务器运行处理能力的数据机房。第一批企业随后就会被引入，其中包括中国移动、中国联通和中国电信。新加坡的电信运营商亚太环通（Pacnet）已经开始接手它的云服务。据曾

① 参阅“展望这个新中国”，《法兰克福汇报》2013年7月29日第20版。

樊龙的介绍，已经有 20 多家大公司签署了合同。

转厂迁到重庆水土高新技术产业园的还有许多其他的现代行业，譬如生物化学和半导体生产商。其中的一家企业就是超硅集团（Advaced Silicon Technology, AST），这家企业是生产大型平面液晶广告显示牌的，这类显示屏的大小规模类似于影院的屏幕。“我们需要高水平但费用相当的工作人员。”副董事长石羽（音译）说。与此同时，超硅集团还必须考虑到良好的交通运输条件，以便能顺利地拿到原材料，并且能及时把产品运送出去。“所有这些在重庆都解决得非常好，而且是其他任何地方都无法比拟的”，石羽说。因此，超硅集团到 2014 年年底，在这里投资大约 3.1 亿欧元，招收 570 名工人。“重庆在繁荣，而我们也随着繁荣”。他一边说，一边抽出一支香烟。这家企业原本在上海，由于那里的高成本，它们全部搬迁到这里。超硅集团公司需要的是硅柱，也就是人们常说的“锭”，以及大量的电力。而上海的电力比重庆贵 25%，石羽计算说：“仅仅电力一项，我们每年就节省 8000 万元”，这几乎相当于 1000 万欧元。

在人工费用上尽管也同样存在有显著的区别，可尖端人才无论在哪里都很贵。超硅集团公司的这位老板说：“关键的问题就在于，我们能够获得合格的工作人员。”因此，超硅集团公司并没有朝更西北一些的甘肃迁移，尽管这家企业也许从那里可以无偿获得建厂用地。可是在甘肃，并没有足够的半导体专业人才，而且从外边引进这样的人才也不那么容易。石羽清楚这一点。“我请您看看这些”，他一边说，一边马上从办公桌边站了起来，随手收起了手机和香烟盒，拉上了那件带着蓝色公司图徽的灰夹克衫的锁链。天下着雨，云雾笼罩着这座山城。在这里，这样的天气是司空见惯的。在一块儿到处都是空塑料袋、砖头和杂草的空地上，矗立着六栋带着花园的独体房子：粉白色的三层平顶房置身于这个工业园之中。“这是我们为外国研发人员准备的，”石羽解释说，“物理学家、工程师，所有获得博士学位的专家。我们必须给他们提供些什么。至少漂亮的住所和短的上班路途。”这些来自美国、日本还有德国的专家们可以无偿地住在这儿的别墅中。除此之外他们还获得人民币200万元的年薪（大约24万欧元）。“中国人也并不怎么便宜，他们获得大约150万元。”石羽继续介绍说。

03 一个面积大小足以与柏林加上慕尼黑相比的大型经济开发区

重庆两江新区水土高新技术产业园隶属于重庆两江经济开发区。这个开发区囊括了长江北部和嘉陵江东部的三个区，约118平方公里的面积。它的规模从面积上足以与柏林和慕尼黑两个市之和相比。类似于上海的浦东和天津的滨海一样，这个领域直接属于中央政府。其重庆不仅仅在于高技术和汽车制造业，还包括金融服务和运输。在这个新的金融中心——“小香港”——刚刚完工了一栋468米高的摩天大楼。这个入境口岸被作为内陆第一家自由贸易区而建立，包括机场部分也同样地享受免税待遇。重庆为数众多的计算机工厂有三家就紧挨着火车站修建了厂房，包括直通德国杜伊斯堡的列车，也是从这里开出的。就连那些连接着两江开发区的高速公路，其中有些也为办理关税手续的车辆和铅封的载重货车开辟了专线并划上了特别行车线，以便它们快速通行。

就像水土科技园为那些高科技落户者所考虑的那样，位于工业园中的龙兴园集中于打造航空工业。为了前往那里去参观，我们只能一次次地绕过一个个堆在路上的封道障碍物。代替小汽车的是，徒步在路上的建筑工人，他们中有些举家在此，并且用手推车搬运着生活品。尽管这条道路还没有通，可车道两侧已经有了招人喜欢的绿色地带。每300米就有一位园林工人，身穿带有闪光条的安全背心、培植花草、修剪灌木、拔草或者给道旁的树木浇水。突然之间，从浮动的田园风光中冒出了一大块儿平坦的地面，仿佛是一位巨人在此留下了他的足迹。这实际上是山丘被夷为平地后所留下的一块儿人工杰作。“我们必须为大厅和跑道弄出地儿，”龙钧松（拼音）一边向客人们表示欢迎，一边说，“假如我们再拓宽的话，就必须把这儿的山丘挪开了。”

龙钧松是重庆直升机产业投资有限公司（简称重庆直投，缩写CQHIC）负责对外联络的，他们公司当属这个“航空工业园”迄今为止最重要的投资者。这家国有企业力图把这座城市建成为轻型飞机的一个中心。这一点就已经非常引人瞩目了。想一想，在中国，空中是由军方控制和监管的。私人飞机只有在特别情况下才能获得许可证。在一定的高空，也就是在那些小飞机和直升机允许飞行的高度，民用空间是受到管制的。2013年，全中国大陆获得通常飞行许可证的飞机有2000架。这里指的是航班以及包机以外的个人及企业使用的飞机。作为一个比较：在同类情况下，美国有30万架飞机[①]。

重庆在这个领域所进行的努力，实质上是在对新的交通运输工具进行尝试，是在对中国的一个全新行业进行扶持。航空领域也因此而在某种程度上被打开了，这家名为重庆直投的前锋企业也因此而在2011年诞生了。重庆直投的最大成就就是，在2013年签署了收购美国恩斯特龙（Enstrom）直升机公司——一家源于密歇根州的美国著名的轻型直升飞机制造商。中国人以此不仅获得了进入美国这个世界最大的通用航空市场的保障，而且随着到手的技术也拥有了按照西方质量在本土生产直升飞机的能力。对这个项目负责的重庆国资委预计，在未来的十年中，通用航空市场的需求量为1万架直升机，其价值有可能达到1200亿欧元。从中国的直升机市场中，现在的这家中国企业——恩斯特龙应该能获得大约30%左右的市场份额。只要您参观一下这栋新建筑，您就不由得表示认可：位于龙兴工业园的车间基于安装、维修和训练的不同用途而由三个大厅构成，每个大厅的规模都分别为180×50平方米。它相当于1

① “全国人大代表孟祥凯、余枫呼吁尽快开放低空空域”，《中国证券报》2013年3月14日。

公顷大，其大小等同于20个德国标准的学校室内体育场。从2014年开始，这里就要每年生产50架直升机和20架小飞机。从2017年起，计划年产250架飞机；随后到2020年，每年生产500架[①]。到那个时候，这里的收入可以达到10亿欧元。

“这些大厅在五个月就建成了。简直是一个奇迹，可这在中国西部地区就可能。”迪恩·阿什顿（Dean Ashton）这么说。这位健壮的加拿大人在这家直升机制造厂担负着维修部的领导工作。他并非从北美来到重庆的，而是从上海申请到这个位置的。虽然对于外国人来说，在上海或者说在沿海城市生活相对要容易些，而在重庆还没有足够的国际学校和幼儿园，包括市场上符合西方人口味的商品也非常有限，可这里却充满了振兴气氛以及带着许多机遇的开拓进取精神。虽然开始时，阿什顿也许还没有太多地展示出自己的领导才能，可这里的重庆人还是马上给了他10名部下，他下一步有可能要领导一个30名工作人员的团队。“我当然马上就明白了，这样的机会我不可能再获得！”

所有这些把这位工程师和飞行教练员的积极性调动了起来，他更乐于投入中国这个全新经济领域——民用轻型飞机事业——的建设。有鉴于人口高度密集城市那种极度拥挤的地面交通，类似于世界上其他的人口膨胀城市那样，借助于直升机开展空中服务也许是可以想象的。在中国，现在只有香港和澳门提供这样的空中服务，确切地讲，在这两座城市之间开设有空中快线。也许在未来的某一天，中国可以像在世界其他国家所看到的那样，有的人驾驶着自己的或者公司的飞机去出差或者休假。“可要说在旅游方面的这种势能，恐怕还是有的做”。阿什顿认为。他已经和现在的公司正考虑着这样的一个新意：乘直升机从空中游览三峡大坝工程，乘恩斯特龙480B型轻型直升机飞行20分钟。如果能够按计划顺利运行的话，那这种空中飞行随后甚至可以在长江游船上着陆，以便能把更多的钱包厚

---

① “通航飞机中国热：国企民资各路混战”，《21世纪经济报道》，2013年3月6日。http：//epaper.21cbh.com/html/2013-03/06/content_60888.htm

的游客直接从他们所乘坐的豪华游船上接走。“这恐怕也就是说说而已，因为这儿还是比较保守的。”阿什顿摇着头说。

04
从理论到实践——中国尝试着进行它的转轨变型

成都和重庆属于两座大型城市，除了中国之外，它们的经济潜能之大绝非其他国家和地区所有。就这一方面而言，成都的国民生产总值数字比整个匈牙利还大，而且与其邻国越南的全国国民生产总值一般大。重庆的实力甚至超过了新西兰，并且赶上捷克。如果这两座城市都属于单独国家，那么它们在国际货币基金组织的世界最强大的经济实体名单上，会出现在第 52 位和 58 位的名次上。就经济实力而言，欧盟 28 国中有 11 个国家与成都和重庆相比，不值一提[①]。这种发展目前还处在起跑阶段，因为这些大型城市每年的增长速度不仅远比德国这样的欧盟领头羊快得多，而且也比整个中国大陆以及它们那些位于东南沿海的竞争对手也要快得多。比这种纯增长更重要的还在于这种增长的构成以及所立足的行业的未来确定性。毋庸置疑，在现在所介绍的这些西部城市中，仍然存在着许多老化、效益差的产业，这些企业的绝大部分都属于国有企业。也一如既往，还存在着许多其他问题，诸如把许多资金莫名其妙地打了水漂，经常启动一些不必要的面子工程。譬如 2013 年夏季，成都开放了世界最大的建筑体之一——一个带有许多办公室、娱乐中心和购物中心的宏伟建造，其规模之大足以容纳 20 个悉尼歌剧院。对此人们不禁要问：这座城市真的需要这样的建筑物吗？类似于此的投资尽管也许会把国民生产总值数字推高、增大，可它对于这座城市的经济稳定并没有太大的意义。人造日光、人造风、人

① 国际货币基金组织：“国民生产总值比价”，《Report for Selected Countries and Subjects》。http：//www.imf.org/ external /data.html

造海滩——在这座宏伟的世界大型建筑物里满是华而不实之处。

这座宏伟的建筑的揭幕时刻原本选在这样的时候：成都首次举办由美国杂志《财富》（Fortune）所主办的全球论坛开幕时。这家媒体机构编制全球财富500强名单，也就是对那些从总产值上名列世界前茅的企业进行排列。登上这家杂志社的排名，不仅对于中国的大型企业是一个热点，即便是对于中国政府，出于名声因素也乐意尽可能有更多的企业集团榜上有名。这听起来确实还不错。在500强中，中国以榜上有89家企业的成就使其位于美国（132家企业）之后，成为世界第二。在世界最强的10家企业中，中国有三家，以此使中国领先于世界其他国家。在10家最盈利的企业排名中，以4家名列其中的成就使中国绝对的领先。①

在这个世界人口最大国，人们特别喜欢数那些大的，所以对世界500强聚会于成都的这个时间点来说，在2013年6月庆祝这个特意计划的宏大建筑物的开放，也许不失为一件皆大欢喜的事儿。可遗憾的是，里边的工作尚未结束，所以不得不先把开启大门的时间往后推迟几周。这种延误并没有影响这个项目的与众不同性。矗立在天府新区这个新开发区——最新的成都新城——的这座带着波浪形楼顶的立方、宏大建筑、毗邻一大片开阔的地带，这就已经使得它从远处望去，是那样富于梦幻力。以100米高、18层的建筑，尽管使得它淹没在成都那些摩天大楼之间，显现不出什么高大、挺拔，可它以规模巨大的地基获得了其容积宏大的盛名。这座名为新世纪环球中心的长500米、宽400米。即便是世界上的短跑冠军尤塞恩·博尔特（Usain Bolt），要想围绕这座建筑跑上一圈，也需要3分钟的时间。而常人绕此走一圈，至少需要20分钟。不妨做个形象对比，也许会有助于我们的理解力：这座庞然大物的建筑物矗立在这一块儿20万平方米的

① 美国有线电视（CNN）金钱/财富："全球500强"。http://money.cnn.com/magazines/fortune/global500/2013/full_list/；全球500强中最盈利的企业，http://money.cnn.com/gallery/magazines/fortune/2013/07/08/global-500-most-profitable.fortune/index.html

土地上，这相当于梵蒂冈这个国家的一半那么大。如果给这座宏伟建筑注满水并且让水一直到屋顶的话，那这座建筑物所需要的水就相当于柏林市整个城市一个月的用水量——2000 万立方米。

这座以“新世纪环球中心”为名的建筑从规模上甚至超过迪拜(Dubai)机场的三号候机楼，并以其 176 万平方米的使用面积而成为世界最大的单体建筑物。其规模之大足以装下三个美国国防部——五角大楼，或者放进去 20 个悉尼剧院。其中使用面积的四分之一——大约 40 万平方米——作为商业区，要有许多购物中心迁入。此外还有两家豪华饭店，约 1000 个房间。不仅为住房、办公以及多功能会议室，也包括为休闲，这里都开辟了足够的面积。譬如，一个带有 14 个放映厅的立体宽银幕影院、一个溜冰场，尤其是在新世纪环球中心的中央，还有一个所谓的“地中海村”。挨着棕榈树和大片的草地的是一个 5000 平方米的人工大沙滩，衔接的是人工海和人工造浪机掀起的海浪。世界上最大的平面液晶显示仪——150 米长——模拟着日出、日落的影像效果。人工海风徐徐漂流在棕榈村舍和模拟的教堂之间、流淌在这个人工度假村——一个距离最近的海面也要 1000 公里的人造海景村。就连那显示在屋顶上的天空和太阳也并非真的。确切点说，它们不过是日本的电子技术模拟的。[①]

没有等到这座巨大建筑物交工开放，对面的另一个热点建筑物就已经出现了。英籍伊拉克建筑设计明星扎哈 · 哈迪德（Zaha Hadid）在那里为这座城市设计了一个当代艺术中心。这个“成都当代艺术中心”包括一家博物馆、一家展览馆以及多功能会议大厅、剧场、酒吧和餐馆。以 14 万平方米的使用面积也使得它还不到其旁边大楼的十分之一，可在其美学性上，却以其抽象的造型、梦幻的流线、不规则几何体堆砌出强烈的后现代气息的外形——令人想起一条海豚或者巨人太阳镜——令其对面的豪华

① “世界最大的建筑物在中国开放”，《卫报》（The Guardian）2013 年 7 月 9 日。http：//www.theguardian.com/artanddesign/ architecture-design-blog/2013/jul/09/largest-building-worldchina-seaside

建筑焉然失色。[1]

然而，这一点也许非常明显：这座大型经济开发区所进行的经济发展新路探索，完全是基于整个国家改革发展。人们从成都和重庆两地现在已经可以看到，未来的中国应该是什么样子的。因为照中央政府的想法，这个世界第二大经济实体面临着一个巨大的结构调整，这种调整之重要也许堪称为改革开放三十多年来之最。值得提示的是：国务院总理李克强早就强调，摆脱对国家设备投资的依赖、改变对廉价出口以及对简单规模生产的依赖。尽管这种模式曾经给中国带来财富，但是也不断地遇到危机，譬如像欧洲需求下跌，或者国内房地产市场和信贷市场的断裂。因此，经济增长率要降温到 14 年来的最低点。作为相应的措施，中央政府要刺激国内市场、扶持技术服务产业和价值高的工业生产行业。在 2013 年 11 月的三中全会——也就是中共的改革会议上，这一点再一次得到了确认和加强。对于成都和重庆所展示出来的计划改造蓝图，副总理张高丽再一次予以明确地表述。在前面所提到的“财富论坛”——2013 年 6 月在中国西部第一次举行的世界经济精英聚会上，张高丽在成都做了一个致辞性演讲。他在这个演说中讲道：

“（中国的）中西部地区（地域辽阔、资源丰富、潜力巨大）是中国重要的战略发展空间、回旋余地和新的经济增长点……我们将以更大的力度推进中西部特别是西部开发开放……大力发展优势特色产业，推进绿色、循环、低碳发展，把资源优势转化为经济优势，支持东部地区部分产业有序向中西部地区转移……积极稳妥推进城镇化，发挥城镇化对扩内需、促发展、惠民生的潜力作用。可以相信，随着新一轮西部开发开放向纵深推进，中国经济将会增添强大活力，也可以逐步解决不平衡不协调不可持续

---

① 扎哈·哈迪德建筑事务所：“新世纪城市艺术中心”。http：//www.zaha-hadid.com/architecture/new-centurycity-art-centre/；Arch 20：“成都艺术中心”， http：//www.arch2o.com/chengdu-contemporaryart-centre-zaha-hadid-architects/

问题。”[1]

当张高丽在致辞中以重提的方式，与原国务院总理温家宝的一个众所周知的表述取得了和声的时候，他的这个讲话就更加引人注目。自2007年以来，温家宝对于赤字的中国经济模式总是予以这样的总结：这种经济增长是“不平衡、不协调、不可持续性的”。他最早重复这个说法是在他于2013年3月给全国人民代表大会所做的财政工作报告中。他以此直接承认，自他2003年出任国务院总理以来，这种不良发展状态并没有得到改变[2]。张高丽以此所要表述的是，这种不良发展的恶瘤可以借助于内陆得到医治，由此就可以看出，这新一代领导对中西部地区予以何等重要的定位。

“我们在重庆这里所展示的这些，也就是这座城市将来会怎么样，这只是我们的设想，是从可能性上讲的，”两江经济开发区的发展战略主任黄启强（拼音）明智地说。这个工业区自2010年启动以来，已经投入了总计大约440亿欧元，其中来自国外的直接投资超过四分之一。在重庆，也类似于在成都一样，一个特别的意义就在于创立新的未来行业，其中投资的四分之三都属于服务行业，新一届政府对此寄予特别的希望。也许正是因为这个原因：两江开发区的经济在2012年增长了大约12%，而外贸的增长却超过了40%。黄启强接着说，“这两项都远远超出了中国的其他地区”。对他而言，主要的就在于，“搬迁到这里的并非随便一家什么企业，而是那些真正的高技术企业、技术服务企业和环保技术类企业。”对搬迁到此的企业有一定的要求和条件：它属于此类行业，或者企业本身拥有相应的资本和生产实力。引导的措施就是通过审批和政策鼓励，尤其是财政补助的扶持。“我们认真选择并进行相应的扶持”，黄启强肯定地说。

① 新华社2013年6月7日全文刊登了张高丽的致辞：“国务院副总理张高丽在成都2013《财富》全球论坛周四的开幕晚宴上的演讲。”

② “中国把自己视为世界经济的推动力”，《法兰克福汇报》2013年3月6日第9版。

投资者排成长队，而且都希望进入自己所希望的、现代化的行业中。“这说明，我们以转轨变型、结构调整而走上了一条正确的路”。他一边说，一边用灰衬衫擦着眼镜片。有一点他还给我们这些参观者特意提示了一下：“也许有更多的德国企业会对我们这里感兴趣的。”

第七节　国际视角：德国人正在坐失良机吗

01
未能成行的德国企业代表团访问——为德国中型企业所忽略了的地区

前面所提到的新世纪环球中心——世界上面积最大的单体建筑物已经矗立在成都。它并非这座大型城市中唯一的一栋惊人建筑物。同在这一天府新区，还矗立着一个“小鸟巢”。它所展示的结构形象令人自然而然地想起了那为2008年北京奥运会所修建的国家体育馆，这个体育馆的外壳看上去像一个编织的篮子或者鸟巢。成都的这个复制品也如同北京的原作一样，都“面目全非”，因为这座建筑物并非是一家体育馆，而是一栋办公大楼。一栋在2008年四川大地震后所修建的建筑物，而今确实成为了灾难性的。市府管理部门正在陆续迁入这幢豪华建筑物，可至今，这栋楼被实际使用的还不到其面积的一半！这栋大楼的建筑者是当时的成都市市长李春城，他以特别的方式扶持着房地产景气。因为他面对房地产开发商拆毁古建筑之风并不采取抵制措施，所以当地人称他为“李拆城”，也就是拆除城市的人。2012年年末，李春城被免职，尽管他此时已经被提拔为省委副书记、中央候补委员。中央纪律检查委员会指控他违犯党纪，这也是严重贪污腐败的另外一种表述法。①

李春城的这些“政绩”给这座城市留下了持续的阴影。在类似于“新世纪环球中心”、“小鸟巢”这些建筑物中，还有“拉·德芳斯大厦”也矗立在那里。无论是从其名称上，还是从其外表上，这座拱形建筑物都没有尝试着去避讳它的原出。这栋办公大楼是巴黎大型水泥建筑“凯旋门”的小复制件，巴黎的凯旋门却是为了纪念拿破仑胜利归来而修建的。德国商会成都办事处把办公室迁到拉·德芳斯大厦之中，也就在这幢建筑物那两个塔楼的西部。位置和建筑物尽管都够水平，可楼内的技术装备可实在不敢恭维。因为空调“罢工”，为了通风，阿斯瑞德·希罗特（Astrid Schröter）就不得不敞开着门。“还有比这更糟糕的”，这位有丰富中国经验的德国商会成都办事处负责人——她的名片上写着：四川、成都联络经理——介绍说。那更糟糕的例子譬如，对中国中西部感兴趣的德国企业太少了，尽管德国商会已经在此设立了办公室，而且自 2004 年起，德国就在成都开设了领事馆。

几经努力——不仅德国商会，还有其他组织机构——终于为 2013 年 6 月组织了一个德国企业代表团，准备赴成都访问。访问路线从成都开始，然后经云南省会昆明，然后到正在崛起的缅甸。云南省与缅甸、老挝、越南有很长的一段边界连接，而且显然已经成为中国与东盟诸国进行投资、贸易的重要跳板。2010 年，中国与东盟这两个地区之间的一个协议生效，这个协议不仅从有效人口数量上形成了世界上最大的自由贸易区，而且从总贸易额上名列世界第三。由此，东盟就成为仅次于欧洲和美国的中国第三大贸易合作伙伴。在中国的出口贸易中，东盟诸国的份额不仅已经超过 10%，并以此成为大陆除香港以外的所有贸易合作伙伴中发展最快的地区。不可否认，这个合作协议的最大得益者首先是中国。自这个协议实施以来，中国与这一地区的贸易成为纯粹的盈余性贸易。与此同时，中国也尝试着

---

① “成都前市长面临腐败指控”，《成都生活》2012 年 11 月 10 日。

以此方式开展它的新出口战略：减少对西方市场的依赖、减少对廉价产品的依赖。对这 10 个东盟国家，中国不再大量地供应简单的塑料制品或者纺织品，而是出口汽车、电子以及资本性产品。由此之后，向泰国、越南以及印度尼西亚出口的工具机械也就直线上升。[①]

由于中国西部、缅甸以及整个密切相关地区那不断增加的（经济）意义，德国商会和汉堡东亚协会给企业的邀请就带着这样的“大体”字：“别来晚了！市场份额就在今天分配。”[②] 即便如此，可报名的德国企业却依然是寥寥无几，因此这次访问不得不在临行前夕被取消。阿斯瑞德 · 希罗特叹了一声气，不妨想想看，“德国经济界对中国西部地区的兴趣实在太差了，”她也承认，这种局面会逐渐改变的并补充说，“我们相信，只要不断地介绍这里的产地优势，情况就会好转。”

为有助于更多感兴趣者对“荒凉的西部”的了解，中国还做了一些事情。从 2013 年开始，成都与法兰克福之间的直飞航班首次开设，中国国航每周发三个航班。四川航空公司从成都飞往巴黎；还有飞往伦敦的成都 - 英国线；飞往阿姆斯特丹的成都 - 荷兰线；飞往赫尔辛基的成都 - 芬兰线。也包括设在广州的德国商会办事处以及德国领事馆在对德国投资进行游说。德国商会在中国的沿海城市举办“中国西部研讨会”，以便对那些已经在沿海地区注册的德国企业进行论证。2011 年，有五六家德国企业搬迁到西部，一年后大约翻了一番。作为这一努力典范的当属美国人，他们在 20 世纪 90 年代就在成都设立了领事馆，并且早就开始关注中国的西部地区。在四川，现在已经有大约 1200 家美国企业；在重庆，美国人至少已经有 520 家企业。

相反，德国企业在四川和重庆总共只有 170 家，而且绝大部分也就是

---

① 郝剑飞 ：“聚焦中国西部”，柏林 2013 年版，第 20 页。

② 德国商会与汉堡东亚协会：“企业家代表团 2013 年 6 月 3 日到 10 日的赴中国、缅甸访问”， http：//china.ahk.de/uploads/ media/Flyer_Business_Delegation_Trip_Southwest_China-_Myanmar.pdf

只有 5 到 20 名当地工作人员的小销售处。作为对比：在上海，带有来自德国资本投入的注册德国企业不少于 1400 家；在整个长江三角洲的德国企业大约有 2100 家；从成都总领事馆得知，在包括重庆市、四川省、贵州省和云南省在内的整个领事馆辖区，仅有 200 名德国人生活在那里。在北京，相反有 4400 德国人；在上海，甚至超过 8000 人。"德国企业似乎在坐失进入中国西部的机会"，德国欧亚咨询公司（EAC）的上海分公司断言。在华有分公司和办事处的德国公司有 5000 余家，但仅有 200 家在中国内陆。尽管半数以上的上市公司在中国西部有代表，可它们所创造的经济成就在其整个中国产值中只有 4%[①]。无论如何，在成都已经有两家德国公司落户：来自施瓦宾地区的传感器生产商巴鲁夫（Balluff）公司；来自德国北威州的化学贸易企业戈德曼（Goldmann）公司。"最近情况有些变化"，阿斯瑞德 · 希罗特表示，而她所谓的最近是指大众汽车集团公司最大的生产线 2011 年在成都启动以来的这段时间。"如今，供应商进入这里的力度在加大"。先是博世公司和家族企业科德宝公司在成都投产了自己的生产线，它们一家是生产汽车防抱死系统，另一家是生产室内空气净化过滤器。"来到这里的企业都感到特别满意"，阿斯瑞德 · 希罗特与他们接触并有亲身感受。

事实上，这些企业所关注的是整个的咨询和审批时间，在这里拿到所有这些文件的速度经常要比中国其他地方快得多。譬如科德宝公司，从第一次划线打基地到正式投产，仅仅 7 个月的时间，确实开创了其企业生产建设的纪录。"如此快地建成、投产，我们以前还从未有过"，科德宝特种化工集团首席执行官文汉德（Hanno Wentzler）介绍说。所有政府官员都乐于帮助并提供高效服务，为有助于公司交通运输，甚至还特意修建了一条辅路。但文汉德先生也明确表示，在职能管理、财政补贴以及低费用方面，还赶不上他在西方所获得的。"这些也就是话赶话说的。另外有

---

① 德国欧亚咨询公司："中国西部——德国企业的增长市场与低成本生产地"，2013 年慕尼黑 / 上海版，第 12 页。

时还有些增大成本的因素，譬如因为交通运输费用增加，或者在西部，工作人员需要的学习时间也许会更长些。”对于科德宝公司来说，做出到此建厂的决定，更多的基于这样的需求：科德宝公司是满足大众和沃尔沃两个汽车集团公司成都生产线的需求而来的。“它们去那些可以销售更多汽车的地方，也就是中国西部；而我们要去的是，那里是许多汽车要走下生产线的地方，那也就是中国西部”。通过改善基础设施和扶持计划，这个国家在完善条件。但最终，也就是从工业领域所发出的一个最重要的信息就是，市场是决定一桩买卖胜败的关键。对这个地区来说，地理位置上的偏僻性更多地表现为某种优势，因为把汽车零部件从其他地方运到重庆、成都或者乌鲁木齐，所需要的时间也许会更长，所以这些供应商就必须考虑着搬迁到大型汽车制造商的附近。

“中国西部的潜力几乎可以说是无止境的，”阿斯瑞德·希罗特总结说，“对于许多行业来说，这个充满潜在购买力的巨大市场仍然是一块儿带有巨大增长机遇的尚未开发的处女地。”除了那些已经在这里欢欣鼓舞的行业，如机械制造业、汽车工业以及化学工业外，这位德国商会的女代表向德国企业推荐了再生能源。包括表面处理技术类企业，尤其是消费品和高档奢侈品生产商，在这里也同样的很有市场。至于时装、手表、办公工具、瓷器、玻璃杯、锅或者家用电器，几乎无一例外都能在那些正在崛起的中产阶级找到富于质量意识、舍得花钱的购买群体。西班牙人和法国人已经以他们的美味佳肴和葡萄酒等产品的出口而先行了一步，可在这个一亿人口的广阔消费区间，只有一家德国葡萄酒贸易商。阿斯瑞德·希罗特建议，不要仅仅局限于产品出口，而且要在当地生产。譬如奶粉、化妆品，这类产品的价格就一直在上涨，但只要按照德国标准进行生产，“就能在这里找到热点”。这位六年来一直生活在成都的年轻女士坚信。

02

奋斗在中国西部的德国先锋

德国的保守因此而显得特别的突出，因为其他国家的投资者对成都和重庆感兴趣的时间已经不短了。2010 年，美国杂志《福布斯》（Forbes）就已经把成都命名为世界上经济增长速度最快的城市。两年后，在《财富》杂志一份有关中国城市消费、劳动力和生活质量的调查中，这座城市名列第一①。在 2013 年，《财富》杂志首次在成都举行它的“世界财富论坛”。也许，人们真正感兴趣的是，中国的中、西部地区何以比其他地区更快地增强着自己对外国投资者的吸引力的。根据直接投资数据统计，2000 年，成都在中国最重要的投资选择名列表中，位居第 17，重庆则更落后些，位居 20。可十年后，这两座城市一跃而分别位居第七和第九。更令人惊奇的是这段时间的经济增长率。在此，重庆和成都以每年 43% 和 46% 平均投资增长率把中国所有其他城市都远远地甩在了后边。跟随其后的甚至还是中部的湖南省会长沙。企业咨询服务公司德勤集团公司——该公司获得了这份资料——暗示说，德国企业也终于考虑把自己的资本朝中国西部转移。成都已经紧随上海、北京之后，成为中国未来理想的投资目的地。

“作为投资地，中国中西部地区对德国企业的吸引力从总体上明显在增加。因此可以想见，在今后，在德国企业对华投资的总数中，这一新投资地区所占的份额将会越来越大。”②

在中国内陆投资的一些知名的德国企业的名字已经提及。其中包括西门子、SAP、拜耳（Bayer）以及工业气体生产商梅塞尔·格雷斯海姆（Messer Griesheim）集团。这家德国黑森州企业在中国西部有十家厂，而且随着中国电子产品制造行业的繁荣而发展壮大。譬如，它们给苹果公

① 成都信息办：“投资成都”。

② 德勤中国服务集团：“中国趋势——中国新的投资目的地”，法兰克福 2013 年第 4 页。

司加工商——富士康公司供应氮气和氧气[①]。除了制造业之外，交通运输业也从这块儿热土中闻到了它们的机遇。虽然德国汉莎航空公司停止了它们直飞重庆的航班，因为空运需求在它们看来也就是“昙花一现”[②]。可别的交通运输服务者却呼吸到了清晨的新鲜空气。2013 年 8 月，在郑州与汉堡之间的第一辆货运火车通行的剪彩仪式上，德国铁路集团公司总裁吕迪格 · 格鲁博（R ü diger Grube）就这么说：“增长着的中国货运业务，连同密集型生产向中国内陆的转移，提供了许多潜能[③]。”德国邮政集团公司——世界最大的运输公司——总裁弗兰卡 · 艾培尔（Frank Appel）也说过类似的话。内陆的中国人的生活水平将不断提高，他们也必然会随之而对运输业提出更高的需求。所以“我们增长率的关键就在这个西部地区”[④]。德国邮政快递公司因此第一个开辟了成都直飞的国际邮政快递运输。现在，中国已经变成为世界最大的托运和快递市场。其总产值的 4% 来自邮寄，大约超过 40 亿欧元。德国快递货运公司——德国邮政集团公司的最重要业务部分——把同中国以及亚洲国家所开展的国际业务可作为市场先导。而这里的利润也比其他地方都要丰厚。[⑤]

巴斯夫在重庆赢得德国在中国西部最壮观投资项目的桂冠。如前所述，到 2014 年年底，以大约 10 亿欧元的投资，在那里建成世界上最大的塑料制品材料 MDI 生产基地。对这个集团公司而言，也就仅仅在总公司所在地路德维希港才动这么大的手笔。前面已经提到，这家公司已经动手，在库尔勒市——也同样属于新疆——成立两家合资公司，以便从这个储量丰富、价格便宜的天然气矿获得益处。包括大众汽车公司，它们也朝中国西

① “挺进中部”，《经济周报》2013 年 4 月 15 日第 68 页。

② “中国西部大开发卡壳”，《德国交通报》2013 年 3 月 26 日第 1 版。

③ “来自郑州的第一辆货运列车准点抵达汉堡”，《欧亚货运》2013 年 8 月 2 日。http：//www.trans-eurasia-logistics.com/ News/index.php?Sprache=de

④ 参阅“中国的秘密储存”，《法兰克福汇报》2012 年 7 月 14 日第 14 版。

⑤ “德国快递货运公司希望亚洲业务额达到其总产值的三分之一”，《法兰克福汇报》2012 年 7 月 12 日第 13 版。

北地区搬迁。在乌鲁木齐，这家汽车公司的一条年产五万辆小车的生产线已经于 2013 年正式投产。在这里，新型桑塔纳——一种适合于这个未开发地区的大众市场的起步型小车——将走下生产线。①

以成都的生产线——该厂自 2011 年起生产捷达（Jetta）和速腾(Sagitar)，大众汽车公司在四川成了德国先锋。其他的供货商，如博世、科德宝或者马勒（Mahle）公司也都随着大众车的旋风，在这里启动了各自的项目。最先是伟巴斯特（Webasto）公司——一家来自慕尼黑附近斯多克道夫的巴伐利亚家族企业，他们于 2013 年 11 月在重庆修建了其最大的汽车滑动天窗生产基地。这家世界著名的汽车天窗生产企业由此在短短的一年内，把自己在华的生产基地发展并扩增到 9 个②。总部设在德国科堡（Coburg）市的家族企业博泽（Brose）公司也进入重庆。这家车门系统、后备厢门系统、座椅骨架和电子驱动系统生产商在华为五个生产基地修建了七家工厂。在满足大众汽车公司的需求之际，这家企业也从重庆给福特、沃尔沃汽车公司提供零部件。博泽公司的这家工厂位于一处尚未完工的工业区，在这条新修的、还没有打上行车线的道上，步行的人可比开汽车的多，因为通往厂区的路还没有完工。厂房后面挨着的是一片荒地，两个足球门形成了一个简易足球场。“我们的扩建地”，到公司停车场来接我们的厂长沃尔福冈·鲍克（Wolfgang Beuck）解释说。“这里的业务发展得非常快，以至于您在一家工厂建成交工时，就得考虑下一家新厂的修建问题”。最迟到 2017 年，这栋新厂就要建成。

鲍克是一位戴眼镜的大个子。他尽管是 2012 年进入博泽公司的，可他从 2007 年起就在中国。他在南京、无锡等地生活过，最初是为博世工作，所以可以从亲身体验上就沿海城市与西部地区进行比较。“这座城市（重

---

① “大众的桑塔纳小车在中国跑在最前面”，《法兰克福汇报》2013 年 9 月 21 日第 16 版。

② “卫巴士托——基于传统的发展”，http://www.webasto.com/de/ueber-webasto/webasto-im-profil/webasto-international

庆）富于活力，而且这里的生活品也非常便宜，所以找到好工人比较容易”。以前，西部地区缺乏工程技术人员和熟练工人，可现在，这个时代早已翻篇了。这位扎着红领带的大高个肯定地说：“当地的高等院校培养了大量的人才，而且许多工人都纷纷从沿海城市返回西部的故乡与家人团聚。”鲍克觉得，这对于一个处在繁荣时期的繁荣地区来说，无疑于特别幸运的事情。“我们在欧洲绝对想象不到这些，因为我们的整个心思现在都在这样的问题上：怎么才能省钱。”这位经理接着说，“可是在这里。我们现在是在建设，完全是新建。重庆的经济增长率让人看着高兴！”他觉得有些担忧的是，这个极富于发展活力的经济中心正以超越整个欧盟的实力在迅速地发展、壮大，可许多欧洲人竟然对此一无所知。他说：

“假如我在德国说到，我住在世界上最大的城市，那就会有人问：上海还是纽约？没有人知道重庆。绝大部分不了解中国的人还以为，这里的人正戴着草帽种稻子呢！可从重庆的实际来看，这个现代化的中心简直就像曼哈顿（Manhatten）一样。除了中国人之外，也许很少有人知道这些。然而只要经济继续以这么快的速度发展，那总有那么一天，情况会发生变化。”

当然，作为一名不熟悉情况的人，在一个外国人很少的城市里也会遇到麻烦。在江苏省，也就是他们以前生活的地方，鲍克和他夫人觉得，在那里相对地容易接轨。在重庆，“德国圈子”要比那里小多了，这里会讲英语的人要比沿海城市少多了。对于提高和改善自己的标准中国话来说，这也许会是一种优势，这位富于乐观的博泽重庆公司经理觉得，除此而外，“作为一名外国人还容易受到敬佩和特别友好的待遇”。作为德国人，您不需要因为远离故乡而舍弃自个儿的那点儿嗜好。在商店，您总能买到那些来自家乡的商品，鲍克发现，甚至还有德国产的花生酱、德国的小面包。在剧院，演出的有作曲家安德鲁·韦伯创作的音乐歌剧《猫》，那美妙的声音似乎环绕着重庆山梁，诱惑着您去远足。有时也有一些无语言的交流、沟通：鲍克还是舞蹈教练，有标准舞，也有拉丁舞。通过这些业余爱好，他结识了许多善良、友好的中国人。"我喜欢这种作为先锋尖兵的角色，"他告诉我，"如果征求我的意见，那我可以在这里一直待到退休。"

03
一支巴登隧道掘进队减轻了中国地铁繁荣之难

世界上没有哪个国家能够像中国这样，修建地铁这么多、这么快。到2011年年底，中国拥有地铁的城市是14座，长度为1690公里；两年后为19座城市通地铁，全长2400公里。另外还有10座城市正在修建地铁。到2020年为止，中国还将投资1920亿欧元，以便形成6200到7000公里的地铁交通枢纽，每年相当于投资240亿欧元。到2050年时，中国计划在229座城市形成大约1.17万公里长的地铁线，其总拥有量相当于现在的五倍[①]。粗略地计算一下就可以说，中国地铁网络以每年新增300公里的速度发展。这个数字相当于莫斯科或者东京整个一座城市的地铁长度，两倍于德国地铁最密集的城市——柏林市——的地铁总长度。这听起来确实令人瞠目结舌，可您也必须考虑到人口数字。那么就会发现，即使是为2020年所计划的地铁网络，人均地铁长度也仅仅是世界其他地区的五分之一。

上海还是北京，哪座城市所拥有的地铁网络是世界上最长的？对此尚未定论。北京作为首都，以其现在拥有442公里的地铁网络处于领先地位，可是就修建的速度和程度而言，这样的纪录却在不断地刷新[②]。没有考虑到的是，上海是另外的一种世界大师级城市：自1995年开始地铁修建到

---

① "北京等重点城市计划把地铁线路扩大10倍"，《南方早报》2013年2月12日；"28个城市获批建地铁：大发展背后存隐忧"，《半月谈》2012年5月4日。

② Metrobits.org："世界地铁基本数据"，http://mic-ro.com/metro/table.html

世界博览会召开的2010年，仅仅15年时间，在地下铺设了400公里的铁轨。位居世界第三的“伦敦地铁”自1863年开始修建起，达到上述的同样长度，花费150年的时间。北京属于中国最早修建地铁的城市。第一条地铁是1969年完工的，但第一次通车是1971年。

加速市内铁轨交通建设，这是政府环境保护宣传和城镇化的成就，也是缓解市内交通严重堵塞的一种无可奈何的尝试性努力。把一个人运送一公里，地铁所释放的废气也就是一辆小汽车的十分之一。2013年11月中旬，国务院制定了城市基本设施建设中的一条指南：把地铁发展成为主要城市市内“公共交通运输的骨干”。中央政府明确规定，到2015年，就要在全国新增地铁1000公里。①

在地铁建设方面，现代化以及新的经济繁荣的几个重要动力汇集到了一起，这也是本书所要呈现给读者的。它涉及城镇化和基本设施建设；涉及解决空气污染和交通堵塞；尤其重要的还在于内陆的开发。内陆已经有五座城市拥有地铁，接着还有五座城市正在修建地铁，其中包括贵阳（贵州省）、兰州（甘肃）和南宁（广西）。围绕着市内公交这个题目，当然涉及外企的机会。只要是一名商人，那他肯定就会知道，今后在什么地方去挣钱。邹力——这位颇有影响力的国家应对气候变化战略研究与国际合作中心（NCSC）研究人员——对《镜报》说：修建地铁无疑也属于今后的一个赚钱行当。②

德国中型企业中的一家在此方面已经很有成就的大企业就是来自巴登地区的隧道挖掘机械制造商海瑞克公司。这家业内的世界著名企业有4800名职工，其中的五分之一在中国上班，该集团公司新近的12亿欧元年产值几乎20%出自于这些在华员工之手。这家家族企业在华已经销售了250多台隧道挖掘机械，其直径介于6到15米之间。他们

① “国务院：“2015年前全国轨交拟新增1000公里”，《第一财经日报》2013年9月17日。

② “良性增长”，《镜报周刊》2013年第34期第86页。

以此在德国创造了1000个工作岗位，老董事长马丁·海瑞克（Martin Herrenknecht）介绍说。

海瑞克公司开始对华销售机械是在2000年。两年后，他们集团公司的第一家装配厂就问世了。如今，这家大型机械制造商介入所有重要的隧道工程：无论是2010年的上海世界贸易博览会的长江隧道，还是世界最大的基本设施项目——南水北调工程——的横穿黄河地下，或者世界上最长高铁网络中的高速道路项目。而地铁隧道工程的这桩买卖也变得越来越重要，尤其是在西部地区。也正是因为这个缘故，海瑞克公司除了他们在广东这个沿海地区的工厂之外，也在成都又修建了一家工厂。

白昆——海瑞克成都公司的经理——是一位年轻的中国人，他曾留学斯图加特（Stuttgart），所以说一口地道的巴登德语。从他以巴登口语所说出的诸如，“成就”、“工业”以及“一点儿”这些德语词汇中，您也许就可以深深地感到，他作为一位努力而雄心勃勃的中国人，在一家德国高质量生产商这里的感受如何。这项成都地铁建设工程要求非常高，因为这里的地下到处是沙子、石块儿和水。“在中国，再找不到这么糟糕的地下地质构成。”白昆接着说，“因为要挖掘，所以只能让我们上。”企业的成功证明他是正确的。为了第一条地铁线，建筑总公司在海瑞克订购了八台机器。其中七台已经再次被用到第二条地铁线上，接着又订购了六台新的。包括最近的订货单也是一桩非常成功的买卖，因为这家集团公司以此从成都地铁项目已经获得了9000万欧元的收入。“这是一个很正常的订单”，白昆说话时是那样的谦虚，就仿佛他这一切都小意思似的。

这位年轻人刚刚34岁，可已经带着120名下属了。在老家，他读了建筑工程技术，随后就想出国留学。去加拿大还是欧洲？面对这样的问题，他最后做出了这样的选择：去德国，“因为那源远流长的历史”。这就是他的解释。斯图加特大学接受了他的申请，可只承认他本科学习中的一部分。所以，他几乎等于从头学起。2002年，白昆以德语强化班开始了他的德国留学生活，随后就是三年半的斯图加特大学建筑工程学学习。随后，他转到位于施瓦瑙镇（Schwanau）的海瑞克公司。他在工厂干了一年，随后转到了管理部门。他付出的不仅仅是辛苦，也学到了许多东西。通过这段时间，他不仅仅获得了“欧洲人能吃苦”的证书，也明白了许多。在重庆，他也要求自己的部下拿出这样的证明。他非常喜欢德国的生活，可他却更愿意回到中国。2007 年，海瑞克公司把他派往重庆。他以刚刚 27 岁的年龄，开始在这里的工厂出任厂长。

这位身穿天蓝色短袖衬衫、头盔下戴着一架时髦眼镜的小伙子也属于中国西部人。他出生在古城西安，那里曾经是昔日丝绸之路的起点。那也是一座大型城市，而且现在属于与成都和重庆齐名的领先于西部其他城市的最重要的现代化跳板。“这虽然属于我的故乡，可它发展的速度如此之快，以至于我经常都找不着道了。”白昆在工厂的走廊上说。他每年只回一趟老家，也就是在每年一月或者二月春节放假的时候。“我每次回去都发现，这座城市有些变化。而我只能靠导航仪指路，否则就找不到路。”欧洲人也许会感到生气，因为他们也许更怀念那些老房子、老地方，怀念那些由故乡所给予他们的那种长期滞留内心深处的安全感和归属感。可许多中国人却是另外的看法，其中也包括白昆。在他们的眼中，那新的楼房、街道、污水处理设施、电力网络首先意味着进步。狭窄的街道、老式院子给游客以魅力和惊叹，可这种居住拥挤的条件却因为没有厕所、暖气常常令人难以承受。“我喜欢西安，因为它在不停地往前走，”白昆说。“来这里的人、工厂越来越多，也给这里带来了更多的工作位置。这对于来自农村的人来说，是一件好事情，因为他们以此也可以从这场繁荣中获得一些益处。”

就他自己对东南沿海的了解来看，这位年轻人觉得那些地区“有点儿过去时”的劲儿。相反内陆在需求方面提供了大量的商机，也包括对于像海瑞克公司这样的基础设施企业。“西安、重庆、昆明、成都，这是未来。像这里所拥有的如此这般富于活力的经济发展力，这在东部地区早就看不见了。”因此，这家企业也同时在中部的武汉以及云南省会昆明设有办公室。通过这些办事处，海瑞克公司已经从成都出售了 12 台大型机械。这些地区之所以特别令海瑞克公司感兴趣，就是因为那里山地比较多。所以就类似山城重庆一样，那些长距离的跨省公路、铁路、水路和煤气管道都必须穿山越岭。借助于他们在四川的中国基地，海瑞克公司甚至也开展出口业务。在每年两亿欧元左右的总产值中，几乎四分之一的来自出口业务。销售的目的地有印度、马来西亚、新加坡以及东南亚各国，也包括中国西部地区的 11 个邻国。自 2010 年开始，中国与东盟诸国之间的自由贸易区协议开始实施。即便如此，海瑞克公司直接供应给他们的，还没有重型挖掘机械，“而只是适合于装在集装箱里的那些”。白昆特意解释说。属于此类机械设备的包括譬如拉碎石的隧道运输车，或者碎石机械设备。

类似海瑞克公司、博泽以及科德宝这样的中型企业，构成了德国工业界挺进中国西部的排头兵。这些前锋挺进的速度有多么快，白昆从西安和成都亲身感受到了。当他 2007 年接手重庆工厂的时候，东西还都堆在楼道，没有开箱。马路宽阔、空空如也，旁边的地还都荒着。而今，这个工业区域已经交通联网，八道的公路线上，小汽车、运货车一辆接一辆，相当的繁忙。庆幸的是，海瑞克公司早已为修建新厂房预留了足够的地皮。届时，重庆的工厂也将像那家在广东生产重型挖掘机械设备厂那么大。“开发西部现在真正的开始了，”白昆一边指着车间旁边的那块儿空地，一边说，“我们准备，把这块儿地，一直到后面的栏杆围墙那里，能够拓展使用起来。”

第八节　综述：中国西部的财富

中国经济增长的动力正在持续不断地从沿海成熟的工业区朝内陆期待开发的地区推移。在此，不仅有人所共知的鼓励政策——为了促进西部地区的发展，中央政府拿出了许多钱。要想准确地计算这种政府鼓励政策的投入，实在是一件非常困难的事情，这一点也类似于计算德国为“建设东部”所做的投入一样。您也许可以想见，在帮助工厂迁移以及基本设施建设方面，国家至少给西部花掉 5000 亿欧元。如果把所有花费掉的社会福利都计算在内的话，德国给东部投入的费用也差不多这么个数字，而这个项目也几乎实施了十多年。

国家的投资及其所促成的许多工厂西迁给西部发展带来了巨大的推动力。西部的经济实力虽然从总体上讲，仍然低于全国的平均值，可是西部经济的增长力度却明显地增大、发展的速度明显加快。重要的是，为了有朝一日消除差距，也就是赶上其他地区的水平而在不断地努力。这一天不会太远了：只要保持以过去几十年的这种快速增长速度继续发展，那么到 2017 年左右，中国西部地区就能赶上其他地区。到那时，“西部大开发”也许在 17 年后会告一段落。从时间上，这也就只有德国为“建设东部”所花费的一半，可德国东部的结果却相去甚远。

中国内陆的经济增长不仅出自于中央政府的输血，也是凭借着其自身的力量。在这个地区的地下，潜藏着难以想见的大宗原料和矿藏。重要的固体燃料和稀有矿石、石油、天然气、煤炭、铁矿等，这是人所熟知的地下资源中的一小部分。此外还有一些鲜为人知的地下财富，就像挖掘的稀土那样。为了解决中国的能源饥荒，非固体燃料将变得越来越重要。就地下岩石之间所潜藏的页岩气量而言，中国遥遥领先。可是在世界页岩油地下藏量的排名方面，中国位居第三。

中国“待开发的西部”还有许多优势。基于众多的人口及其提高生活质量之需求，从而使得这个地区也同时可以被看作对消费品和耐用品生产商富于吸引力的巨大市场。谁想在这里生产，那他就能发现许多优惠的条件。有扶持帮助，譬如以减免税的方式。尤其是，生产成本比沿海城市明显的低。在这里，普通工人所得工资比在沿海城市要低 15%；熟练工人以及高质量的员工的工资与东南沿海城市的差距则更大。在西部，工业用地以及能源费用也比东南沿海地区要明显的低，在工厂的租赁方面，这种差距甚至高达 50%。

越来越多的加工企业因此而踏上了开发西部之路，迁向那有市场、原料和劳动力的地方。绝大部分都集中在少数的几个城市，其中最喜欢的是成都和重庆。随着这种高投资（以及国家财政帮助），使得两座城市的经济发展速度比中国的其他城市以及世界上的任何地方都要快。现在，重庆的国民生产总值已经比整个新西兰大，而成都的国民生产总值也超过了匈牙利。

一如既往，老工业——譬如重工业——在这里仍然扮演者一个重要角色。然而，越来越多的现代化的汽车生产商搬迁到成都和重庆，它们不仅带来了许多就业机会，也随之吸引了许多技术和供货商，并且也带来了大宗的盈利。此外，这两座城市在其诸如生物技术、医药技术、半导体技术等这样的未来发展行业、计算机和现代通信工具的软、硬件开发以及信息和娱乐电子方面，取得了富于成效的实验结果。一些非常重要的信息技术制造商已经落户于此，从而使得计算机、平板电脑以及处理器的主要组成部分，如今都出自于这两座大城市。非常给力的还有，当地的高等院校以每年输送上万名毕业生给劳动市场的成就，也赢得了好名声。在此，五年计划中突出教育的决策也功不可没，正是它们给西部基本教育和高等院校发展以特别的力量。中国西部地理位置上不利因素，譬如这些地区远在内陆深处，越来越表现为某种优势。比较轻的、体积小的、价值高的产品，譬如计算机芯片，或者平板计算机，可以通过尚未满负荷、运费比较低的航空运输方式，很快地发送到世界各地。对于那些体积大的、要运往欧洲的货物，铁路提供了运输的工具，从这里发货到欧洲，几乎比从东南沿海发货要近 1000 公里。

重要的是西部的这种责任：他们不是重复东南沿海多年来已经取得成功的模式，而是对一种适合于整个国家调整、转变的经济发展新路的尝试。那种依靠国家设备投资、依赖于廉价出口和简单密集型劳动的产品作为一种模式要逐步抛弃，以此要使国内消费、技术服务和高价值创造的工业行业成为确定的经济增长驱动力。这一方面的榜样和实验田就是重庆和成都。

许多外国投资人已经认识到这一点，并且向中国内陆进行投资，把这里看作中国经济奇迹的继续点。可德国却相反，对于西迁显得十分困难。当美国在成都和重庆注册的企业以 1700 家计数的时候，德国企业仅仅只有十分之一。说到那些已经扎根西部的德国企业，人们使用“前锋”这样的说法，他们对那里的投资环境和条件感到满意。作为为后来者探路的“走在前面的企业”，有诸如隧道挖掘机生产商海瑞克这样的公司，他们在西部修建地铁方面没少获益。

德国企业能够在新兴经济实体中——无论是非洲的，还是亚洲的——如此快地发展和获得盈利的企业极其少见。当然，与此相关的也有这样的原因：他们中的许多都属于中型企业，承受不起市场、投资以及生产上的决策失误。因此，德国人不仅动作慢，而且特别的小心、谨慎，因为他们不想输，也输不起。对中国西部的介绍越富于说服力，来自巴伐利亚州、巴登－符腾堡州、下萨克森州、北威州以及德国其他地区的企业越能从这里找到自己的希望。中国好在非常非常之大、机遇无穷：这里有足够的位置。在未来，整个中国将把自己的调整、改变定位在多大规模和多高程度上，并将由此而给予怎么样的机遇，所有这些都属于随后要介绍的。

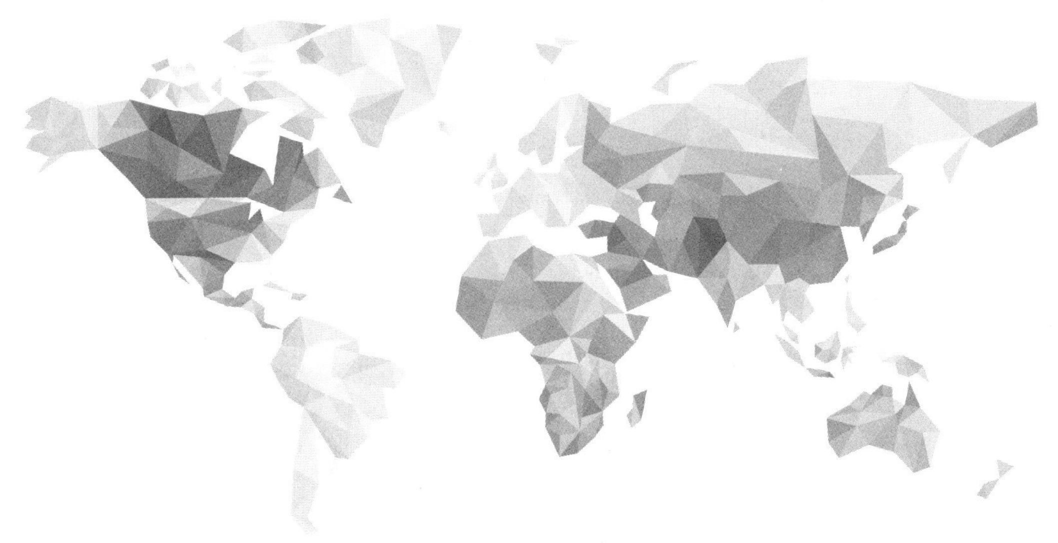

第二部分

中国的城镇化：还城市一片洁净

中国城镇化的动力非常大，而且无穷无尽。2005 年，大约 5.7 亿人生活在城镇。2011 年，中国以 6.91 亿人生活在城镇的记录，第一次使城镇人口大于农村人口。到 2025 年，中国的城镇人口有可能达到 9.26 亿，而 2030 年有可能使城镇人口数字突破 10 亿大关。在 20 世纪 60 年代，城镇人口在中国仅占总人口的 17%，在 2000 年达到 35%，到 2030 年有可能达到 70%。也就是说，到那时，将有 3.1 亿人从农村进入城镇，仅这个进城的人口数就相当于美国的总人口。

第一节　城镇化的动机：期望值与矛盾阻力

01
每年一个像北京那样的大城市

中国的未来在于那些百万人口的大城市，尽管这些城市的名字除了这个国家的人以外，很少有人认识，或者说出它们的名字。类似于周口、南阳、石家庄或者郑州这样的地方，它们的人口几乎都要超过一千万，每一个都比纽约大。徐州、菏泽、商丘、驻马店和盐城，几乎都超过 800 万人口，武汉即便是在人口最密集的城市排名上位居 147，可人口总数依然比柏林要多。甚至还有三个人口总数超过两千万的城市，那就是：重庆、上海和北京。实际上，在中国的 100 座大城市中，很少有哪个居民人口总数小于 500 万。仅仅在过去的十年间，城镇化就以超过 100 万这个标准新增了 27 座城市，从而使百万人口城市上升到 274 座[①]。就连人们常说的那种"地级市"，也包括一些农业县、镇，从而也使得这些行政管理区作为大城市与世界上的其他地方难以比拟。可即便是仅仅计算那些中心城市，全世界百万人口的城市有 307 座，其中有 42 座就在中国。作为比较：这样的城市欧盟只有 19 座；美国仅仅有 9 座[②]。其他的资料数据则一再提示说，

---

① 中华人民共和国国家统计局："国家数据库（CEIC）"。
② 维基百科："世界百万人口城市名单"。http://de.wikipedia.org/wiki/Liste_der_Millionenst%C3%A4dte。

中国现在有 100 座百万人口城市，可是到 2030 年，中国的百万人口城市数量将上升为 221 座[①]。

图八：安全帽代替草帽——中国农民的进城潮

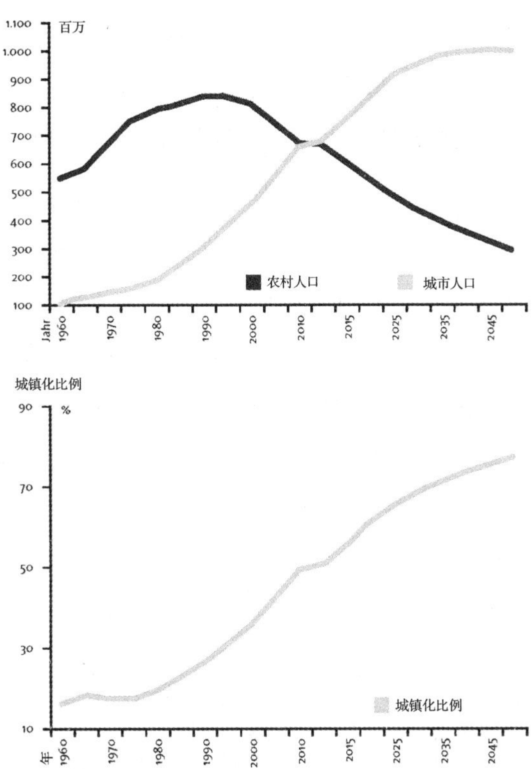

（上图）中国的城镇人口和农村人口（单位：百万）
（下图）城镇化比例

资料来源：乔治 · 马格努斯 / 瑞银：“城镇化能否挽住中国经济增长的缰绳？”伦敦 2013 版第 5 页。

① 最早提出的是乔治·马格努斯（George Magnus ）/ 瑞银：“城镇化能否挽住中国经济增长的缰绳？”，伦敦 2013 版第 4 页。

中国城镇化的动力非常大，而且无穷无尽。2005年，大约5.7亿人生活在城镇。2011年，以6.91亿人生活在城镇的记录在中国历史上，第一次使城镇人口大于农村人口（参阅图八）。到2025年，中国的城镇人口有可能达到9.26亿，而2030年有可能使城镇人口数字突破10亿大关①。20世纪60年代，城镇人口在中国仅占总人口的17%，2000年达到35%，到2030年有可能达到70%（参阅图八）。这也就是说，到那时，将有3.1亿人从农村进入城镇，仅这个进城的人口数就相当于美国的总人口②。为了解决这些城镇化人口的居住问题，中国每年必须修建一个相当于北京或者上海那样能够容纳大约2000万人口的城市。另外的一种算法就是，在不到十年的时间里，就有四亿人加入城镇大军行列——每年4000万③！“这种城镇化的速度和规模是人类历史上史无前例的”，海伦·克拉克（Helen Clark）——原新西兰女总理，她现在还负责着联合国的发展项目——这样地总结说。中华人民共和国自1949年建立以来，以62年的时间，把其城镇人口的比例从11%提高到50%以上。欧洲为实现这个比例花费了150年的时间，而拉丁美洲却耗费了210年。④

---

① 华强森（Jonathan Woetzel）等／麦肯锡研究所：《迎接中国十亿城市人口日》，2009年上海版第16页。

② 联合国发展计划署／中国社会科学院：《2013年中国人口发展报告：可持续与宜居城市——迈向生态文明》，2013年北京版第67页。在原文中有一个印刷错误“在东北、东部和中部地区，城市人口比例将攀升至63%、64%和68%，分别为……”正确的应该是：“在东北、西部（原文如此！）以及中部地区，城市人口将攀升至63%，64%和68%，分别为……”

③ “中国宏观经济观察——李总理拒绝6.5万亿美元的城镇化计划吗？”，2013年5月24日美国银行／美林。http：//rcr.ml.com/ Archive/11279943.pdf?w=ting.lu%40baml.com&q=MVjubHBfVJfKTqZDwe1Jw&__gda__=1376514933_9ca2f5850c5a0b498189f34c4fdfdabc

④ 2013年8月27日海伦·克拉克（Helen Clark）：“在介绍《可持续与宜居城市——迈向生态文明》报告时的讲话”。http：// www.undp.org/content/undp/en/home/presscenter/speeches/2013/08/27/helen-clark-speech-at-the-launch-of-the-2013-china-national-human-development-report-on-sustainable-andlivable-cities-towards-ecological-civilisation-/. 参阅联合国发展计划署／中国社会科学院：《2013年中国人口发展报告：可持续与宜居城市——迈向生态文明》，2013年北京版，第1页。

就这种城镇化的现象而言，中国绝非独一无二，然而无论是从历史的角度看，还是从现在的情况看，中国都是无与伦比的。麦肯锡国际研究所（McKinsey）对到 2015 年的世界上 600 座最重要的城市进行了调研，作为结论，他们这样写道：

“在今天以及未来几十年中最具戏剧性的故事，当属发展中国家那发达城市的经济实力朝这些国家的新兴市场的推移……毫不夸张地说，我们现在所观察到的最显著的经济转型，也就是这个世界上前所未有的经济变化，就是中国正在经历的城镇化，它从规模上百倍于英国在 18 世纪所经历的，而速度上却十倍于英国之快。这样所带来的一个必然后果就是，地球上的平衡、世界经济的重心将朝着亚洲偏移，而且是以一种前所未有的速度。”①

在世界上富于活力的 600 座城市中，大约有 440 座位于新兴经济实体和发展中国家。根据有关方面的预测，在 2010 年到 2025 年间，这些城市将给世界经济增长带来大约 47% 的成就。毋庸置疑，中国在这个群体中占绝对地位：其中有 242 座大城市位于中国，而且它们将在这个时间段中，为整个世界经济的增长带来 28% 的成就。仅仅在 20 座未来世界最大型城市中，就有 6 座位于中国。

02
李克强和他的新城镇化

以具基础设施建设和城镇化的纲领，2013 年正式进入角色的新一届中央政府给发展带来了特别的冲击力。这个话题是国务院总理李克强最喜欢的，也是他在五年计划时所提出来的，并且以城镇化为题撰写了自己的

① 理查德・多布斯（ Richard Dobbs）等 / 麦肯锡国际研究所：“城镇化的世界——城市与消费阶层的崛起”，2012 年上海版第 19 页。

博士论文。沿着这个思路，他强调，“城镇化是刺激内需的最大动力”[①]。尽管，现在的城市人口已经大于农村人口，可中国并未因此（80% 的城镇化）而使国民经济带来相应的正面影响，至少没有收到类似于其他新兴经济实体随着城镇化所取得的那么高的经济效益。

为了说明这个题目的相关性和现代性，李克强使用了一个“新城镇化”的词，并且解释说，美国的高技术工业与中国的城镇化是 21 世纪带动世界经济发展的“两大引擎”。城市人口的开支大约为农村人口的四倍，这位经济学博士计算说，每一名迁入城市的农民将使自己的年消费增大 1 万元（1200 欧元）。城镇化的比例每提高一个百分点，那就意味着，把 1000 万人口引入城市，同时也就每年额外增加了 120 亿欧元的购买力。尽管有巨大的农民工潮，但李克强还是说：“在农村仍然闲置着大量尚未启用的劳动力。”投资银行摩根斯丹利的调研也证实了这一点。按照他们的算法，在目前这种没有改变生产力的情况下，中国农村有两亿农民，就足以完成农田耕作。可实际上，目前待在农村的具有劳动能力的这个群体，大约有 5.1 亿人。那么，这剩余的 3.1 亿劳动力要么在农村从事非农业性劳动——可这非常困难，要么就只有进城。[②]

中国早就尝试着，更好地利用这一部分劳动力。就像 2013 年 11 月在三中全会上所强调的那样，中央政府终于开始认真对这个问题动真格。从计划上来看，在截至 2020 年的发展计划的具体条文中，给予城镇化的财政预算应该是五万亿欧元[③]。国家发改委努力要把大型城市的数量扩大一倍上升为 20 座。在迄今为止的 10 座中——其中包括北京 - 天津 - 河

① 李克强：“在改革开放进程中深入实施扩大内需战略”，《求是》2012 年第 4 期第 5 页。

② 王青、史蒂芬·张、欧内斯特·何：“2020 年前的中国经济：增长减速不是会否发生，而是如何发生”，2010 年香港版第 18 页。

③ 2013 年 2 月 28 日路透社：“中国计划以六万亿美元为城镇化买单”。http://www.reuters.com/article/2013/02/28/us-china-economy-urbanisation-idUSBRE91R1H720130228

北工业重镇；围绕着上海的长江三角洲；围绕着广东的珠江三角洲；山东半岛，还有哈尔滨－长春——生活居住着全国大约 40% 的人口，然而却只有 10% 的农业土地。可是，这些地区却创造了这个国家经济总量的 68%，明显地超过城镇化大区的平均水平。在有关未来的计划中，中央政府更多考虑的并非那些人口已经非常拥挤的大型城市，而是完善和优化那些大约百万人口的“小城市”的各种枢纽、联网，以便使它们在质化和量化方面更上一层楼①。

这里涉及两个非常重要的发展：不断的城镇化以及有关新的中产阶级的产生，这对内需是非常重要的。在中国尚未饱和的市场上，尤其是在中国西部地区，这个新生的富于购买力的阶层——我将在本书的其他地方对这个阶层进行专题介绍——增长的力度特别大。这里指的是那些“二类和三类”的城市，也就是那些城镇化的中心，这些中心在 2010 年这一年中所创造的经济成就，至少在 220 亿元以上，按照现在的兑换率，相当于 26 亿欧元。作为“一类”城市的包括北京、上海、广州和深圳，因为这些城市每年的国民生产总值至少达到 1100 亿欧元②。按麦肯锡国际研究所的算法，2002 年，最上层的群体中大约有 40% 的人生活在“一线城市”；可是 20 年后，也许只有 16%。相反，生活在“二线”和“三线”城市的则可能从 58% 上涨到 85%。

“在北部和中部的那些小型大城市中，中产阶级的增长速度特别快”，麦肯锡国际研究所的专业人士这么写道③。2002 年，这个消费群体大约 13% 生活在内陆，到 2020 年，这个比例有可能扩大三倍上涨为 39%。随

---

① 2013 年 6 月 4 日中国经济网：“国家发改委酝酿制定进一步的 10 大都市地区计划”。

② 一类城市：年经济能力超过 9320 亿元（以 2010 年为准）；二类城市：年经济能力超过 1200 亿元：三类城市：年经济能力超过 220 亿元：四类城市：年经济能力低于 220 亿元。

③ 鲍达民、陈有钢、金春芳：“勾绘中国的中产阶级”，《麦肯锡国际研究》季刊，2013 年第 3 期第 54-60 页。此处引文出自第 58 页。

着西部的基础设施建设、交通枢纽改善以及城镇化，包括四类城市也将受益——譬如甘肃省的武威市。这座城市位于新的“金昌－武威开发区”，处在两条扩建的铁路线和四条远途公路线交叉地段。2000年，这里的8.7万户人中，只有1000户属于中产阶级；到2020年，如果这座城市的家庭数量达到65万户的话，那么上升到中产阶级的家庭就可能达到39万户，换言之：以占总人口60%以上的百分比取代了当年的1.2%。

所观测到的这种现象或许在世界的其他地方也能看到，然而像中国这样如此强烈的却是少见的。按照期望值：到2025年，全世界有26亿城市人口属于这种“消费阶层”，也就是说，每天支出超过10美元，或者7.4欧元。其中新兴经济实体中，大约有6个亿的人口要转化并加入城市消费群体，尤其是在中国。这种剧烈的提高不仅表现在门槛高了，也就是简单的商品的购买开支增多了，也表现在那些家庭收入每年5.2万欧元，或者每天140欧元以上的高消费群体增加了。到2025年，在新兴经济实体国家中，这样的家庭数量将扩大三倍达到6000万。而中国以1100万家的数字构成了其中的一个大头[①]。所有这些也就意味着，那浩瀚无尽的消费浪潮——就像过去几十年间在中国东南部沿海地区所卷起的那样——正在持续不断地朝内陆推移，并且在内陆也要满足这种需求，从而使那些城镇化居民群体的绝大部分的生活逐步好起来。在此获益的不仅仅是这些城镇化的居民，也包括所有的生产商和销售商，无论他们所涉及的产品是水泥、钢铁、机械或者消费品生产。

---

① 理查德•多布斯（Richard Dobbs）等/麦肯锡国际研究所：“城镇化的世界——城市与消费阶层的崛起”，2012年上海版，第24页。这个版本的购买力数据基于2005年的价格。此外，此处的6亿是指人口数，但涉及到的是6000万个家政单位。事实上，在中国通常一家有三口人。在这份研究报告的另一处（第26页的图例中），又出具了与此矛盾的数据。

03

户口障碍：农民工作为城市的二等公民

然而，在这种城镇化以及消费增长的期望中，依然潜藏着一些问题，首先就是中国的户口申报制度。农民工已经超过城镇居住人口的三分之一，而且还有相当大一部分人要随着城镇化而加入城镇居民行列，而这一部分人也正是那个被反复提到的经济增长希望的载体。尽管，这些人住在这些城镇化的中心，也在这里工作，但他们长期以来并未被看作城镇人口，并没有被归属于城镇消费群体。因为他们的家庭并不生活在此，而且也被排除在那些规定的城镇福利待遇之外。他们把钱汇到农村的家里去，而自己过着异常节俭的生活。富于经验的中国通和德国《世界报》记者约翰·艾尔岭（Johnny Erling）已经注意到这一点："住在城边的几百万农民工，不仅属于二等公民，而且也只是作为揣着暂住证的移民。他们没有享受65条城市待遇的权利，其中包括从上学到医疗保险的多项权利。"①

这届政府对此不公平也非常了解。国家发改委主任徐绍史就批评说："出现在城市统计表上的两亿农民工及其家属无法像有城镇正式户口的居民那样，享受国家在教育、就业、医疗保障、退休金、社会福利住房以及其他方面的福利保障待遇②。"据国家发改委介绍，在2010年到2012年间，大约2500万农民获得了"城镇"户口，相当于每年840万人！这仅仅是每年进入城镇总人口的一半，换句话说，农民工中仍然还有相当大一部分人像以前一样，没有城市居住权而生活在城里。③

---

① "危险的城镇化"，德国《世界报》2013年3月12日第3版。

② 2013年6月26日，全国人民代表大会："国务院关于城镇化建设工作情况的报告"。

③ 有鉴于每年进城的农民工统计数据差异较大，我们使用了前国务院总理温家宝报告的数字。他讲："共计有8463万农民工进入城镇"，平均每年大约1700万人。温家宝的"2013年政府工作报告"，2013年北京版第6页。

徐绍史主任的领导李克强就此写道："这是我们面临的矛盾和困难，也是潜力所在。推动解决这种'双二元结构'问题，有利于促进城乡协调发展，减少社会矛盾，释放出城镇化带来的需求潜力。①"按照李克强的理解力，要想改变这种误会，在城镇化中同时开展城镇化就是必需的，这也就是对进城农民家庭的第二次融合浪潮。只要这些进城的农民融入城镇居民群体，成为很有城镇人口品位的居民，那么他们对消费的愿望就会提高。人们就是这样来预算的。

对于这样的一种家政改革，政府已经打了很长时间的算盘，并且基于三中全会再次予以强调，可多次推进都以失败告终。城镇管理部门的阻力最大，因为它们凭借着现在的体制生活得挺自在。这些新人尽管以他们的劳动把城镇化的生活水平向前推进和提高，可他们却很少有权要求获得改善。记者艾尔岭在谈及人口增长减缓问题时，记录了与湖北省副省长辜胜阻算的一笔账：要使一名农民工获得一名真正城镇市民所享受的福利待遇，就需要拿出大约10万元，或者说1.2万欧元。即便是另外的一种保守算法，一个人的福利也至少需要5万元，这也就相当于6000欧元。②

我们不妨按照辜胜阻的说法，并假定每年接受1000万名农民工——今后城镇化时期一个相当保守的目标，那每年也需要1220亿欧元。而另外的一种算法几乎每年需要4900亿欧元③。联合国发展计划署所做出的预算却是这样的：他们认为，在今后的20年间，中国要想把农民工完全融合于城镇市民中，就需要人民币41.6万亿元，相当于2012年中国国民生产总值的80%。这笔预算的半数将用之于退休金，也就是让这些农民工获

---

① 李克强："在改革开放进程中深入实施扩大内需战略"，《求是》杂志2012年4期第5页。

② 联合国发展计划署 / 中国社会科学院：《2013年中国人口发展报告：可持续与宜居城市——迈向生态文明》，2013年北京版第75页。

③ 参阅2013年5月24日美国银行 / 美林："中国宏观经济观察——李总理拒绝6.5万亿美元的城镇化计划吗？"

得类似于原来城里人所获得的那种老年社会福利保障[1]。这项开支每年需要大约2600亿欧元。无论是1220亿欧元，或者2600亿欧元，间或4900亿欧元，这对中国的地方政府来说，都是相当大一笔钱，因为他们经常陷于巨额的债务之中。也正是由于这个原因，中央政府致力于改革。他们不仅想对这种过程进行引导，而且准备承担这笔费用的主要部分。国家发改委的相关报告中这样写道：

"全面放开小城镇和小城市落户限制，有序放开中等城市落户限制，逐步放宽大城市落户条件，合理设定特大城市落户条件，逐步把符合条件的农业转移人口转为城镇居民。"[2]

迄今为止，户口制度的改革一直是风声大、雨点小，这种局面无疑也与此有关：这些城市纷纷不惜一切代价去促进经济增长率。在党内和行政管理机构中，某些人们所考虑的不是生活和劳动条件的改善，而是城市收入（通过土地转让）的增加；国民生产总值（通过具体投资）的增加；声望（通过巨资修建非同寻常的大型建筑物）的增加以及首先、最重要的是其个人收入（通过行贿受贿）的增加。

国家发改委主任徐绍史也公开批评这种"城镇化的劣质"问题。那些把转让土地作为创收良方的城市，草草地把农业用地的使用权转卖给新的居民区。有些城镇实施"摊大饼"式的扩张，使劲儿地修建宽马路、大广场、新城新区，其中的许多几乎很少有人使用。以此使耕地大量地减少，这无疑也威胁到民生和粮食供给的安全。"有些大城市为交通堵塞、不断污染的空气和水质量以及危楼所困扰，"国家发改委的这位负责人就这样地警告说。尽管如此，徐绍史主任依然对这条"具有中国特色的新型城镇

---

① 联合国发展计划署／中国社会科学院：《2013年中国人口发展报告：可持续与宜居城市——迈向生态文明》，2013年北京版第67页。

② 2013年6月26日全国人民代表大会："国务院关于城镇化建设工作情况的报告"。

化道路”充满信心，并且强调说：“城镇化是现代化的唯一道路”。[①]

中国人现在意识到，这种围绕着出生地的行政公文旅行有多么累人。中国实施的是一种复杂的户籍制度，人们也称之为户口，这种制度不由得让人回想起《圣经》所记载的那个时代。每当涉及到重要的官方证明，中国人就必须返回他所登记的出生地去办理。对于2.6亿农民工来说，这一条尤为重要。从名义上讲，他们是在自己位于内陆的村子里报的户口，可他们的经济生活却经常是远在千里之外的沿海工业重镇。因此，现在生活在城里的中国人尽管已经超过总人口的一半，可只有35%真正拥有城镇“户口”，并且有权享受城市人的待遇[②]。要想正式改变驻地，没有上边——譬如国家机构——的东西，或者拿钱，几乎没有可能。

27岁的何美华（音译）来自安徽省的农村。她在故乡以北大约1100公里之外的北京做家政临时工，因为她在这里能挣到两倍于自己在家乡的收入。她原本每年回家两次：一次是春节；一次是十一国庆节。“可一旦涉及到要在政府部门办理的重要事情，我们就必须回家去。”她介绍说，而她所说的“我们”就是指她和她那位在北京做建筑工的丈夫。他们结婚时是这样；申办孕妇生产申请——与此有关的还有，在中国还需要一个准生证，而给他们新生宝宝办理出生证也如此[③]。

也包括像证件过期这样的事情，譬如申办身份证、暂住证，或者想履行一下那有限的选举权，他们都必须进行一次远离北京的旅行。他们五岁的女儿与爷爷奶奶一起住在安徽老家，而且将继续住在那里。之所以如此也是因为，农民工的子女要在北京上学特别的费劲儿。

给农民工的子女也有特别的学校，可这些学校的名声很差。通常的学校在接受学生的数量上都有个限制，或者计划外的学生收取很高的费用。

---

① 2013年6月26日全国人民代表大会：《国务院关于城镇化建设工作情况的报告》。

② “充分保障城市新居民权利 方能共享红利”，《人民日报》2013年5月6日。

③ “耶稣有一个伯利恒的户口”，《法兰克福汇报》2012年12月24日第11版。

等到孩子中学毕业时，要参加名为“高考”的国家考试，那他就必须回到自己家乡的一所中学去。在城市里，他们没有资格参加高考——这也是他们被歧视的一个方面，因为凭借学生在这些大城市所获得的高考成绩，进入一所好大学就相对容易些。而中国绝大部分的好一些的高等院校，也都建在这些大城市。因为户口，不仅仅这些孩子们受到影响，他们的家长也受到不平等待遇。作为外来农民工，何女士和她的丈夫没有权利像北京市民中的低收入者那样，申请低价的社会福利房。即便是他们真的需要社会福利保障，可他们在自己现在工作的城市，也不能申请。

除了道德上的忧虑之外，这种户口制度也有不利于经济的因素。这种户籍制度制约劳动力的自由流动，降低人们劳动积极性并且削弱消费，因为在缺乏社会福利保障的情况下，当事人就必须自己想法解决。这无形中也给基本设施造成了额外的负担，并且提高了家庭开支。中国的春运当属世界上最大的家庭团聚旅行潮。“户口制度已经过时，必须对它进行改革，”中国人民大学经济学教授陶然说，“至少那些已经长期生活在城镇，并且有正常工作收入的农民工应该在所在城镇获得正常户口。”陶然回忆说，限制人口流动源之于上世纪 50 年代，当时的情况是：农业必须维护，而城市又没有足够的工作位置，如果进行城镇化的话，势必会遇到贫困的危机。可许多年已经过去了，情况发生了很大的变化。通过土地整合、更合理的种植技术以及机械化就可以提高农业的效益。与此同时，无论珠江三角洲，还是长江三角洲，都一直感到劳动力不足。

不可否认，也有许多农民工，他们并不想放弃自己农村户口去拿一个城镇户口。因为农村户口还涉及到农村住房权以及土地、宅基地的使用权问题。

2013 年 3 月，在李克强作为国务院总理的第一次新闻发布会上，他向农民工就正常生活做出保证。他表示说，政府计划，每年把一千万户家庭从城市棚户区迁入到社会福利房中去。“我们务必要防止这种城镇化弊病，避免在林立的高楼旁并存棚户区的情况。”李克强说，“更重要的是，这种新型的城镇化必须与农业现代化齐头并进……这既保障国家的粮食安全，又保护农民的利益。”他还说，他多次参观农村，许多农民对他说，他们的梦想就是，过着像城市人那样的日子。“如今，城镇化就打开了令梦想成真的大门。”这位国务院总理许诺说。①

可这些计划不无矛盾。因为一方面，政府希望放开户籍制度，从而使所有的中国人都能够完全自由地流动，而不受政府的行政管理限制。另一方面，他们又想以家长式的领导方法来进行疏导、控制。李克强在这次新闻发布会上的说法是：这种新型城镇化推进的方式并不意味着要去建立什么庞大的城市，而是需要不同大城市之间的协调发展。对此，就要求各地政府职能部门“根据自己的实际情况来推进”城镇化的进程。换句话，最后还是地方政府决定，他们究竟是否和到底解决多少自由流动人口。与此同时，还需要补充的是，城镇基础设施建设计划还包含这一届新政府的两个难以兑现的要求：地方财政不得长期超载；国家对钢铁和水泥的财政支出减少，以此使经济增长不再过度地依赖于基础设施建设投资。在此，就像瑞士投资银行专家乔治 · 马格努斯在一份对城镇化计划的批评性文章中所写的那样，在这个计划的结构调整中，笼罩着一种看不见的目标冲突。他这样写道：

“对于国民生产总值来说，进行新城市和大城市建设其本身是一个短期的正面影响。可纵观中国的情况，似乎这种由投资和贷款所驱动的刺激力在冲刷着经济的重建，似乎这种刺激力在加剧房地产行业和基本设施中的那种泡沫成分、在提高债务重负及其危险，从而有可能使经济增长率的滑坡程度远比已经发生的更为严重。”②

像乔治 · 马格努斯这样的悲观者，他们眼中所看到的是问题。如果他们说，城镇化也许是经济繁荣的结果，而不是倒过来。“这些地区经济不

① “国务院总理李克强承诺，积极、稳妥地推进城镇化”，新华社2013年3月17日。
② 乔治 • 马格努斯 / 瑞银：“城镇化能否挽住中国经济增长的缰绳？”2013 伦敦版第10页。

增长，因为它们城镇化了；而是这些地区城镇化了，因为它们的经济增长了。”金融经济学家迈克尔·佩蒂斯（Michael Pettis）也这么说[①]。他是北京大学的一名教授，并且就失控的基础设施建设投资以及由此所引发的国家财政赤字重负提出最严重警告的人士之一。在这一点上，佩蒂斯是正确的：城镇化首先意味着开支：资本的支出、劳动的支出。这些重负使得纳税人要减少消费和投资。先是“进行城镇化”，然后是一种零和博弈（Nullsummenspiel）。寄希望于通过城镇化来形成经济增长的观点——按照迈克尔·佩蒂斯的所列举的证明——有可能作为“城镇化谬论”，或者作为城镇化谬误予以证明。

当然，这些专家学者们也承认，只要这些城镇的升级促成现代工业的转移并带来有效益的工作位置，那就另当别论：“问题不在于这些建设费用直接所带来的是否值得，而在于它是否造成富裕以及真正的、能持续的经济增长率。只要这些投之于建设的资本和劳动成本致使生产力不断提高，那这个社会就会一天比一天地逐渐富有”。这种提示是问题的关键，包括中国的上层领导人当然也意识到这一点。在此不禁令人想起国家发改委主任徐绍史的提示，中国的城镇不可以长期像摊大饼似的，总那么用沥青和水泥来搅拌。

在中国，谁都知道一些城市建设过度的可怕例子，这些被人们称为“白象”工程。其中最著名的就是内蒙古自治区鄂尔多斯的新城部分，它也叫康巴什新区。老的鄂尔多斯——东胜——原本有大约200万居民。热衷于出名的城市管理部门想在35公里之外的荒漠上修建一座可供一百万人居住的新城。当在那里发现了中国最大的煤矿之一后，市政管理部门觉得，通过新城建设有可能促进这个地区经济增长率的迅速提高。他们以巨资修建了大规模的住宅区、广场、街道，可是住户却很少。即便是把居民数减半为50万，可也没有那么多的人生活在这里，所以英国广播公司和其他

① 迈克尔·佩蒂斯/金融市场：“城镇化谬误”，2013年8月16日。http://blog.mpettis.com/2013/08/the-urbanization-fallacy

的新闻媒体称这个“新鄂尔多斯城”为“中国最大的鬼城”。[①]

另外的一个最大的白象工程就是广州东莞的华南购物中心，这也是世界最大的购物中心。在这 60 万平方米的使用面积上，建有 2350 家商店。以此这个购物中心提供了十倍于柏林的韦斯顿商场那么大的购物中心。可是，自从 2005 年开业以来，这座位于中国南部的购物中心几乎有 90% 空着[②]。类似于此的还有许多自 2009 年以来以一揽子经济刺激计划资金修建或者扩建的飞机场，这些大型工程旨在为当地带来经济增长率，同时也是创造就业机会。按照中国民航总公司的数据，中国 180 个机场中，有半数以上每天升降的飞机少于 12 次；四分之一的机场每天起降的飞机数量低于六架。130 多家机场提交经营亏损报表，这几乎占全国机场的四分之三。[③]

---

① 2012 年 3 月 17 日英国广播公司新闻：“鄂尔多斯——中国最大的鬼城”。http://www.bbc.co.uk/news/magazine-17390729

② 2013 年 8 月 15 日德新社（dpa）消息：“大、宽、高——中国的大建筑瘾。”

③ “机场热难消”，《民生周刊》2012 年 9 月 17 日；“中国城市陷入债务”，《法兰克福汇报》2012 年 2 月 15 日第 11 版。

第二节　城市的福利：经济推动力

01
没有哪个国家对基础设施建设进行如此大规模的投资

尽管对经济能力的怀疑不无道理，可城镇化所带来的现代化推动力确实巨大无比。早在上届政府2008–2013那最后的任期中，就已经把几十亿投入到基础设施和城镇化建设中去了。当德国首都的新机场——柏林机场——由于技术缺陷而一再推迟交工日期时，在中国却有31家机场交付使用——每年六家机场！还说，这不算什么！到2008年奥林匹克运动会时为止，中国在铁路交通领域还没有任何高铁段。可是到这个五年期结束时，这个国家以大约9000公里的数量而成为世界上拥有这种高速铁路网络线最长的国家。也是在这个时期，中国的高速公路总里程几乎翻一番，达到9.6万公里之多，其数量两倍于印度，而且也大于其他的经济大国。

未来的建设计划要比过去的更加令人兴奋，而且改善的重点首先立足于比较落后的地区。沿海的那些城市现在是比中国的其他地区要富裕些，麦肯锡国际研究所进行预测说："可在未来的岁月里，内陆将伴随着高速经济增长率而获得不断增长的巨额基本设施建设款项”[①]。农业人口向城市的大规模流动势必要求一个交通设施基本条件的大规模升级。到2020年，在这个国家的大、小城市中，计划要建成70家飞机场，从而使五分之四的中国人能在最多行车半小时的时间内，抵达机场。也有些资料声称，十年内要建成100家新的降落场[②]。其中也包括西部地区的壮观大项目。昆明的新机场从动工算起，三年内就交付使用。为此，中国人甚至都在移山——工人们搬掉那几乎高达100米的山岭，把它扔到其他地方去。就在这个基础上，一个可供年流量为2400万乘客使用的机场在这座中国第七大城市落成了。按计划，在2020年能够接纳3800万旅客。

位于云南宁蒗彝族自治县的机场属于更大的一家。到2020年，这家机场要达到每年接纳4500万乘客的水平。按照现在的标准，这家机场以此客流能力就成为世界最大机场的第20名，而德国的第二大机场——慕尼黑机场——在此就黯然失色。技术上最引人注目的当属在西藏修建的世界最高的民用飞机场项目。这个位于海拔4436米高处的机场（那曲达仁）计划修建在拉萨以北大约300公里的那曲。排名第三的当属邦达机场，它以海拔4334米的高度同样位于西藏。由于高原空气压力低、氧气稀薄，飞机起降需要长距离滑行，所以跑道必须特别的长，由此也就在邦达有了5000多米长的跑道。

从经济性上最重要的项目当属北京新机场的建设。现存的机场——世界第二大机场——尽管随着2008年为第三航楼的揭幕，使它达到了其最大客流容量，可也必须减压。因此，国务院在2013年决定，在大兴修建第二个国际机场。现在的国际机场位于东北，这个新的国际机场就选在了这个城市中心南部约50公里处。以此一是要改善北京的这个略为穷些的

---

① 陈有钢，斯特凡·理平斯基，华强森：中国的基础设施：“大图片”，《麦肯锡国际研究》季刊2013年第3期，第8-15页，此处引文出自第12页。

② 理查德·多布斯（Richard Dobbs）等 / 麦肯锡国际研究所：“城镇化的世界——城市与消费阶层的崛起”，上海2012年版，第37页。

部分，二是要改善河北省以及港口城市天津与北京的交通枢纽。北京大兴国际机场应该在2018年揭幕，建筑工程计划在2014年开始。这个机场的投资大约80个亿，到2025年时要接纳大约7000万旅客。整个机场占地27平方公里，相当于澳门的面积。待到这家机场建设的最后阶段，将铺设八条起、降跑道，并且最终达到每年可接待1.3亿乘客的流量水平[①]。它将成为先于亚特兰大（Atlanta）的世界最繁忙的机场。

中国类似于此的雄心壮志也表现在水上交通建设方面。当德国小题大做地揭幕自己的深水港亚德港[②]时，这些亚洲人却正在修建一个规模十倍于此的港口。在青岛——北京东南大约600公里处的昔日的德国殖民地，世界上的一家大型港口出现了。一个新的扩建阶段——到2020年为止，要使这个港口达到吞吐量在目前1450万吨标准集装箱的基础上，再额外增加3000万吨。按计划，货运吞吐总量至少翻两番达到7亿吨[③]。与此相对的是，德国威廉港新区的吞吐量仅有260万吨标准集装箱，即便是德国最大的港口——汉堡港和不来梅港，2012年也就仅仅完成了150万吨的吞吐量。在当今世界最大港口排名上，青岛港已经位居第八。在世界航运理事会（World Shipping Council）的名单上，上海港已经以3300万吨标准集装箱的吞吐量而先于新加坡、香港和深圳。在十大领先港口中，中国占了七个。[④]

同样在内陆，中国人也致力于水路交通。在重庆，第一家远离海岸的中国自由港已经形成；在武汉，以大约200亿欧元的投资，一家吞吐量为

① 荷兰机场咨询公司（NACO）：“北京新国际机场”。http：//www.naco.nl/english/worldwide-experience/beijing-new-international-airport.html

② 亚德港（Jade-Weser-Port）：2012年9月21日启用的德国威廉港集装箱港区，它由下萨克森州和不来梅州在北海亚德湾共同出资建设，其原文名称中的Jade代表下萨克森州的亚德湾，Weser代表流经不来梅的威悉河。除了新建的集装箱港区，威廉港还是德国传统的能源、化工和军事港口。（译者注）

③ “世界最大的港口在华问世”，《法兰克福汇报》2012年10月4日第12版。

④ 世界海运理事会：“世界50家最大的港口”，http：//www.worldshipping.org/about-the-industry/global-trade/top-50-world-container-ports

2 亿吨的新内陆港正在修建之中。即便是未来的出口在船运方面没有什么特别大的增长，然而内陆那迅猛发展的生活水平却也需要大量的货运。在整个世界上，集装箱量到 2025 年将会扩大三倍，为之需要 21 个上海港这么大的新港口。对这么大的建设规模，估计需要 1500 亿欧元的投资，而其中的三分之一将在中国。

中国公路和铁路建设的发展也同样的大踏步向前。预计到 2030 年，大约 12 万亿欧元的投资是必需的。就实现长期、可持续性增长的思路来说，追赶的需求是相当巨大。尽管过去的十年间，中国在公路网络建设方面做出相当大的成就，以至于公路长度从数量上翻了一番，可是它在世界公路总量中，依然不到 6%。从国民人口总数上，中国的公路网络里程数至少必须三倍于现在的总长度[①]。铁路建设方面的力度也同样的类似于重磅炸弹。按照现在正在进行的五年计划，到 2015 年新建 8700 公里高铁——几乎把现在的里程翻一番。铁路线长度要从现在的 9.1 万公里增加达到 12 万公里，换言之，五年期间铁路干线增加 30%。其中增加量最大的当然是西部地区，从现在的 3.6 万公里的总长度增加到 5 万公里[②]。

为了对这种新型现代化交通工具有一个感性认识，我们现在不妨去北京南站，登上前往中国最重要的大型经济城市的高速列车：“一张去上海的高铁火车票，劳驾！”

---

① 安妮·范德·梅伊（Anne Vander Mey）：“修路在追赶中进行”，《财富》杂志 2013 年 6 月 10 日刊第 41 页。

② 张江宇 ：“中国十二五期间铁路、高速公路发展规划与建设”，《建设机械技术与管理》杂志，2011 年第 6 期第 78 页。

02
中国速度无与伦比——也包括在铁轨上

时间过得飞快，尽管我们脚踏在地上。从北京到上海高铁上的第一次播音，您就能感受到那种高速的感觉。“下一站是南京南站”，广播里传来一种甜甜的女声，而且先是汉语，然后英语。北京与南京之间相距 900 多公里，这就仿佛是乘务员在汉堡通知下一站是慕尼黑似的，而且这机车不到三个半小时就到了这里。

早在离开北京南站刚几分钟时，车厢内那滚动消息荧光屏就显示了列车行驶的高速状态：每小时 304 公里。村庄、城镇嗖嗖地擦肩而过，其中包括超大型城市天津。很快，第一块稻田突然冒出，池塘里漂着一叶小舟，一位戴着草帽的渔夫立在舟中。中国之新以无与伦比的速度在告别昨日的中国。多亏了高速列车，它使得北京和上海这两个中国最重要的超大型城市之间的旅行时间从十个多小时缩短到不足五小时，尽管这两地之间的距离依然是 1300 多公里。对于这段距离，乘飞机需要两个多小时，可飞机却经常晚点，以至于坐飞机需要的时间经常还更长。

经过仅仅三年的修建时间，以整个工程投入 270 亿欧元，每公里 200 万的投资，经过试运之后，这段高铁于 2011 年 6 月交付使用。不同于许多欧洲的公共大型项目的是，这条高速交通线比原计划的时间提前投入运营。可并非所有的事情都那么一帆风顺。

一次严重事故几乎断送了这条高铁的名声。2011 年 7 月，也就是北京至上海的高铁刚刚投入运营一个月，由于一个信号故障导致了两辆车在温州附近发生碰撞。40 人死、200 多人伤。随后，作为追究责任的继续，也把这条高铁的速度从时速 350 公里下降到 300 公里，降低车票价格，并且推迟继续修建高铁网络计划：与香港的高铁联网——原本是计划在 2012 年修建的——缓了下来。尽管，这一年被看作铁路历史上的杰出年。在毛泽东诞辰 119 年周年的 2012 年 12 月 26 日，北京到广州之间的这条世界上最长的特别快车联网剪彩。从这一时刻起，这段相距 2300 公里的两座城市，便可以在大约八小时内抵达。包括停站时间在内，也就相当于平均时速 290 公里。

这种快速车辆——就像北京至上海高铁所使用的，从事故锤子到行李箱架，再到开启车门的红绿按钮，都给人一种自家的感觉。这一点也同样地适用于关门时那典型的蜂鸣声。带有酒吧、餐车的列车厨房、厕所、火车驾驶员的玻璃驾驶室，所有这些都与德国高铁非常相像。这些车辆的生产商心知肚明，可又什么也不知道。这种 CRH380BL 型列车属于自己开发的，但是也得益于许多外国供货商的合作。唐山铁路车辆公司的吴珂超（音译）介绍说。这家公司属于中国铁路巨头——中国北车公司（CNR）——子公司。这辆车的 90% 部件和专利都出自中国，其余部分来自国外。“譬如，西门子，它们就是一个很好的合作者”[①]。德国人 2008 年与一家合作企业制造了中国的第一条高铁线——北京至天津高铁。开展类似的合作还有，中国与日本机车制造商的，以及与加拿大机车制造商的。

与德国高铁最大的不同就是车厢里的设备不同。在“经济厢”，一排座椅有五个位子，通过中间过道被分开来。置于最前面座位前的小型折叠桌或者那几乎没有多大调整可能性的后靠背不禁令人回想起德国的二等厢。在“一等厢”只有相互并列的四个座位。伸腿的空间也比较大，舒适的座位给乘客闭目养神的机会，借助于耳机插口可以收听上前方屏幕的节目。谁想乘坐更好些的席位，还有“商务席”，那就有自己专用的屏幕，它就在胳膊下的夹缝里，这种宽座位借助于电子调整一下，就有一种床的感觉。

在德国，这样的舒适、奢侈也许会令人却步。在中国，这样的一张票就相当于一张经济舱机票。无价的恐怕当属于身着蓝色服装、面带微笑的列车服务员。她们不仅在乘客上车时就在车门外欢迎，而且给乘客送上饮

---

① 参阅“乘坐 ICE 行进在中国原野上”，《法兰克福汇报在线》，2011 年 6 月 27 日。http：//www.faz.net/-gqi-bfy

料和热餐，当然是用筷子了！腼腆的王熙非常适合这份工作，因为她满足了这项工作所要求的所有条件：身高在 1.67 到 1.72 米；苗条的身材；而且她在考核、面试时全部合格。她甚至还会英语。她尽心尽力，要把自己的服务做得比空姐还要好，她表示说。可随之，她请求原谅，因为火车马上就到南京，而她还有许多事情做。南京？现在就到了吗？真的，滚动的火车已经穿过了宏伟的长江大桥，正在进入清洁、明亮的火车站。在转身走的时候，王熙还说："工作在这趟车上，我感到非常自豪。"对此，她有许多理由，尽管有时也有些不顺利。

03
40 万台新电梯——供货商和建筑设计师的机遇

中国刚刚在住宅和商务大楼建设找到了那种宏伟、壮观的感觉。2010 年到 2025 年期间，全世界在房地产领域的新建和改建用地总面积计划约为 8 万平方公里，其中 40% 的用地都在中国，这个面积相当于比利时一个国家的领土总面积。在 2005 年到 2025 期间，预计新建的 30 层以上的摩天大楼至少有 5 万栋，也就是说，每年新建 2500 栋。这绝不小于纽约的10倍！从这些宏大的工程项目中，建筑行业获益不菲。每年投入楼房修、建中的资金，粗估也至少在 1.5 万亿欧元。除此而外，对于公共基础设施至少还需要 3700 亿欧元的投资；2001 年，在这一方面的投资是 860 亿欧元。参与这个行业的企业数字已经从 4.5 万家增加到 7.1 万家，而且世界上大型建筑企业的一半都是中国企业。[①]

对于外国建筑企业集团和建筑设计公司——无论它们来自德国、奥地利、瑞士或者其他什么国家，这种大兴土木的热浪绝对都提供了千载难逢

① 陈有钢、斯特凡•理平斯基、华强森："中国的基础设施：大图片"，《麦肯锡国际研究》季刊 2013 年第三期，第 8-15 页，引文出自第 11 页。

的机遇，至少从理论上如此。所以，国际著名的咨询公司——麦肯锡国际研究所把这个将从城镇化获益的建筑行业定义为五个最重要的经济行业之一。这些专家们认为，除了美国之外，这一领域的设计、开发和建筑业务首当其冲的在中国开展，因为其中十分之八的目标城市都在中国[①]。国家的预算非常大：估计预算项目拨款每年在国民生产总值的12%到20%之间，也就是1.3万亿欧元。

有鉴于如此大的一块蛋糕，美国和欧洲也都不遗余力，为了有助于本国企业在中国获得切取这块蛋糕的机遇，加强与中国政府在城镇化问题上的合作。由此，就出现了欧盟与中国在2013年11月底围绕城镇化而举行的峰会。不可否认，进入具体项目远比政治家、咨询人士以及统计分析家的建议要困难得多。按照德国建筑工业协会的数据，它们的会员企业2012年在中国至少已经获得了1700万欧元的产值。这个数目其实还不到在华整个外国企业年产值的0.1%[②]。德国建筑企业中国订单特别少的原因首先在于市场透明度低以及对外企进入的许多限制。联邦外贸与投资署这样写道，“外国建筑企业在华几乎很难获取项目”。[③]

对于这类大型项目的供应商来说，相对的就稍微好些。在每年新安装的65万台电梯中，有40万台的需求在中国。对于蒂森克虏伯电梯公司（Thyssen Krupp Elevator）来说，这绝对是一大块儿肥肉，去占领中国升降电梯、滚动电梯市场也是很有诱惑力的事情。据这家企业的数据显示，过去十年间，这个市场几乎翻了十多倍。仅仅在2012年，蒂森克虏伯电梯公司就为100家火车站供应了250台升降电梯和650台滚动电梯。在香港这家世界最大的地下火车站——也就是香港至北京新高铁线的起点，就有73台德国滚动式电梯和八台德国升降式电梯供旅客使用。在上

① 理查德·多布斯等／麦肯锡国际研究所：“城镇化的世界——城市与消费阶层的崛起”，上海2012版第47页。

② 德国建筑企业协会统计：“国外订单”。http://www.bauindustrie.de/zahlen-fakten/statistik/international/ auftragseingang-aus-dem-ausland/

③ 2013-07-24，德国联邦外贸与投资署：“行业专场——中国建筑”。

海的世界金融中心——亚洲最高的摩天大楼——世界最快的双顶电梯在天地之间上下窜动，而它们同样是由德国埃森的这家电梯公司生产和安装的。在这栋摩天大楼里，这些电梯以每秒十米的速度（时速 36 公里）呼啸着上上下下。在中国，蒂森克虏伯电梯公司有 50 家分公司和一家电梯厂，第二家正在建设中。

在中国土木建设繁荣景象中，也对外国企业形成了许多有吸引力的潜在市场，譬如在许多新机场建设方面。西门子提供行李传送带；戈尔德霍弗（Goldhofer）公司——一家来自德国阿尔高（Allgäue）[①] 地区的企业——在中国的飞机牵引车市场上越来越活跃；威斯巴登的中型企业承包（Contract）公司销售停机坪到候机楼之间的摆渡巴士[②]。以它们特殊的摆渡巴士，这家德国黑森州的公司现在已经成为这个领域的市场头羊[③]。外国的建筑设计公司也同样地要挤上中国的这班车。随着著名的建筑物而留下名字的德国建筑设计公司不少，尤其是在北京奥运村的“鸟巢”上留名的巴塞尔企业——赫尔佐格和德梅隆（Herzog und de Meuron）[④]。来自德国法兰克福的建筑设计公司——施佩尔与合作伙伴（Albert Speer und Partner）——在上海一块儿 50 平方公里的土地上，建造了整整一座城市，一个供 5 万人生活、居住的安亭新镇。由于那里是大众汽车城，所以这个区也有德国城之称。借助于德国人的帮助，另外的一座汽车城在长春的大众和奥迪生产基地也形成了。在这个“北方汽车城”，在 120 平方公里的土地上，形成了一个供 30 万人生活、居住的城区。这个北方汽车

① 阿尔高：德国巴伐利亚州施瓦本南部、巴登－符腾堡州东南角以及隶属于奥地利的部分德奥边境地区的一部分，属一处著名的旅游度假地。（译者注）

② “兴奋中的中国”，《世界报》2012 年 1 月 24 日第 14 版；戈尔德霍弗：机场技术。http：//goldhofer.de /gh-de/airport-technologie/airport-technologie.php

③ Contrac： 公司介绍。http：//www.contrac-cobus.de/48-0-Ueber-uns.html

④ 有关这家瑞士建筑设计公司在华的影响，请参阅“挤进中国”，《新苏黎世报》2013 年 9 月 19 日第 22 版。

城还准备在一个大约 60 平方公里的土地上，给长春再建一个供 50 万人生活、居住的“生态环保城”。

更令人感到刺激的是“格康、玛格及合伙人”（Gerkan、Marg und Partner，简称 GMP）的竞争项目。在去上海洋山深水港——这属于新的国际自由贸易区——的入口处，这几位来自德国汉堡的建筑设计师为 80 万居民设计了一个临港新城。按计划，这座新城应该在 2020 年竣工。按照几位建筑设计师的估计，这座卫星城是“除了昌迪加尔、巴西和堪培拉之外，唯一的一个在过去的百年中大规模的城市重建的范例”[①]。这种城市重建之所以如此的必要，就是因为上海把扩建的重点放在洋山新港上了。为了不至于影响大船进港靠岸，港口也就相应地向海中推移着修建。一条长达 33 公里的大桥跨海从这边的海岸直通那里。由于前往的居民数量不高，所以安亭新镇和临港新城在新调皮话中有“鬼城”之说[②]。对于这些建筑师们来说，如果这些企业在华被继续推荐，并且彼此长期合作，他们才讲这些。他们的公司在华多年一直亏损，《南德日报》报道说，但现在的情况好转：这几位汉堡人有能力在中国开设三家分公司，而且不断地获得订单，其中最重要的是天安门广场旁边的那栋宏伟的国家博物馆的改建工程[③]。据德国建筑师协会的建筑设计出口网络（NAX）介绍，大约十多家德国大型建筑设计公司在中国设立分公司或者办事处。除了施佩尔和格康他们这两家之外，其中主要的建筑设计公司还有诸如卡斯普（KSP）、格拉夫(Graf)以及海茵(Henn)等公司。“德国建筑设计师除了欧洲之外，很少看到。他们能够在中国注册，这确实非同寻常”，德国建筑设计网络

---

① 格康、玛格及其合伙人：“临港新城项目”。http：//www.gmp-architekten.de/projekte/lingang-new-city.html

② “中国最漂亮的鬼城”，《周日世界》2013 年 11 月 3 日第 8 版；《镜报在线》：“安亭的德国镇城——中国的德国鬼城”。http：//www.spiegel.de/reise/staedte/anting-german-town-chinas-deutschegeisterstadt-a-783475.html；“看中国”，《Der Tagesspiegel》2011 年 10 月 23 日第 25 版。

③ “出口水泥”《南德日报》2012 年 2 月 14 日，第 13 版。

人士就中国增长的机遇这么写道[①]。这些外国建筑设计专业人士也在逐渐地考虑着朝西部地区挺进。在重庆，格康他们公司已经在一个面积为10万平方米的地基上，完成了这个市的大型文化设施——“重庆大剧院”，也是这个市的最大建筑之一——工程。这栋位于扬子江的江北城江北嘴的船形建筑物在其歌剧院设计有1750名观众席位，在剧院还有800个席位。

这就是中国基本设施以及建筑繁荣给人们的印象，尽管在其背后也有丑陋的一面。在这个世界上，恐怕没有哪个国家像中国这样，空气如此混浊、环境如此污染。随后一节也许会给您以勇气：只要这个国家在资源保护、在生态方面像他们所讲的那样去进行引导、治理，那这结果不仅有益于自然和人类，而且也有益于这个国家的经济。

① 德国联邦外贸与投资署/联邦建筑设计师协会境外建筑设计联络（Netzwerk Architekturexport der Bundesarchitekten-kammer）：“中国给予德国建筑设计者的推销机遇”，科隆2009年版第17页。

第三节 中国的“绿色经济”：怎么用泥土来赚钱

01
金牌的背面——120 万个环保手提袋

中国大城市空气污染已经到了危害极高的程度，有时是以间接的方式显示出来。我因此还弄了个骨折。事情的原委是这样的：2013 年 1 月 12 日。北京的空气连续几天都处在污染最高度状态。美国驻华大使馆区的测试器报出了新记录，今天的污染程度特别的糟糕。空气质量测量器的显示仪上所能表示的质量指标（AQI）值，其数字的最高极限也就到 500。它所显示的地球表面近距离内的空气中所含臭氧、悬浮微颗粒物、一氧化碳、二氧化硫和二氧化氮的状况。指标值介于 300 到 500 被美国人定义为“危险级”。可现在，指标值却两倍于危害程度那么高！对这么高的空气污染浓度，还没有国际分类定义。也就是说，对于这么高的空气污染度，环境监测部门还缺乏专业术语。去年，美国大使馆一名冒失的工作人员就此发明了自己的空气污染严重度的表述范畴：“疯狂的糟”。可这种正确的表述又很快地消失了。随后，在一段时间出现了“超出指标”这种表述，很快地就又简单地转换成为“危险”这种表述。也像人们从类似在标定地震严重程度中所看到的那样，空气污染的标度现在也在“朝上跳”。

在“危险”的标度下，可以看到不同的空气质量级别：“非常有害健康”（从指标值 201 开始）；“有害健康”（从指标值 151 开始）；“对敏感群体健康有害”（从指标值 101 开始）；可以承受（从指标值 51 开始）以及污染含量更小的“良好”。就像空气是定制的一样，北京人每天早上就可以从手机上获得这些消息。在北京的德国学校和德国幼儿园，专门设有报告空气污染状况的信息发布栏。一旦空气污染指标值超过 200，体育课就只在特定的条件下进行；一旦指标值超过 300，幼儿园的孩子们就不允许到露天去。尤其糟糕的悬浮颗粒，也就是那些体积直径小于 2.5 微米的尘埃。对这种尘埃，美国环保署（EPA）有一种国际公认的定义：PM2.5（直径为 2.5 微米的细颗粒物）①。人体对这种“微粒子”尘埃很难过滤，所以它进入肺，并因此而导致疾病，严重的有可能引发心脏病和肺癌。②

世界卫生组织的一份研究报告认定，这种城市细颗粒危害至少对世界 3% 的折磨人的心肺病承担责任。呼吸道、支气管以及肺癌死亡率的 5% 都可以算到这种细颗粒物的账上。对于 5 岁以下由于呼吸管道感染而死亡的幼儿来说，其中百分之一的罪魁祸首是这种微粒子。其中三分之二的这种儿童死亡都发生在亚洲③。世界卫生组织在 2012 年所发表的一份名为“全球疾病重负”的调查中补充说，2010 年，空气污染导致 120 万人在中国早逝，这几乎占全世界这一年由于环境原因而死亡人数的 40%。在中

① PM2.5：大气中直径小于或等于 2.5 微米的颗粒物，亦称“可入肺颗粒物”。其直径还不到人的头发丝粗细的 1/20。它虽然只是地球大气成分中含量很少的成分，但它对空气质量和能见度等有重要的影响。与较粗的大气颗粒物相比，PM2.5 粒径小、含有大量的有毒、有害物质且在大气中的停留时间长、输送距离远，因而对人体健康和大气环境质量的影响更大。2013 年 2 月，中国科学技术名词审定委员会将 PM2.5 的中文名称命名为细颗粒物。（译者注）

② C. 雅顿·颇泊（C. Arden Pope III）等：“肺癌、心肺死亡率与长期暴露在微粒空气污染中”，2002 年 3 月 6 日。http：//jama.jamanetwork.com/article.aspx?articleid=194704#RESULTS

③ 亚伦·J. 柯恩（Aaron J. Cohen）等：“室外空气污染给全球的重负”《毒理学及环境健康》期刊 2005 年第 68 期，第 1301-1307 页。网络概述在 http：//www.tandfonline.com/doi/full/10.1080/15287390590936166#.Uj07Zp3wDGg

国，就造成死亡导因的危害程度而言，更甚于这种微粒子的恐怕只有营养不良、高血压和吸烟这三种因素[①]。世界环境保护组织——绿色和平——在同年发表了一份研究报告，确认这种微粒子2010年在北京、上海、广州以及西安造成8600人过早死亡。这些科学家们之所以选择这几座城市，就是考虑到中国的东西南北几个方面，其中污染最严重的当属西安。[②]

环境污染所造成的经济损失也是可以量化的。2010年，中国环保局把环境污染给这个国家的经济和生态整体所带来的损失量化为1.5万亿元——按照今天的兑换率，也就相当于1800亿欧元。这也就是当年中国国民生产总值的3.5%[③]。在一份与世界银行共同完成的研究报告中，中国环保局甚至把因此而引发的医疗健康开支确认为国民生产总值的4.3%，而这主要是由空气和水污染造成的。假如把这类非健康影响的因素也计算在内的话，开支就占到国民生产总值的5.8%[④]。具体到2012年，环境污染在中国所造成的经济损失大约就是3600亿欧元。这也就是说，每年这种自然吞噬掉的经济成果就相当于毁掉了一个类似于比利时或者阿根廷这样的国家的国民生产总值。

在前面所提及的2013年1月那几个雾霾的日子里以及随后经常的日子里，这种微粒子在空气中的含量值在首都北京以及其他的一些城市经常达到令人担忧的高度。全国17个省区的六亿人生活在这种微粒子高含量空气之中，这个人口数量远比整个欧洲还多。在北京，美国人测试的污染物浓度指标值有时甚至高达每立方米900微克（μg），即便是中国官方

---

① 2012年12月13日世界著名医学杂志《柳叶刀》（The Lancet）：“2010年全球疾病重负研究”。http://www.thelancet. com/themed/globalburden-of-disease

② 绿色和平组织：“危险的呼吸——PM2.5，对中国大城市居民健康和经济影响的测试”，北京2012年版，第3页。

③ 唐文龙/黄凯婷/程·埃里克（音译）：“环境保护——投资指南”，《德意志银行研究》，香港2013年版，第5页。

④ 世界银行/中华人民共和国环保局：《经济预测与结构性损坏》，华盛顿2007年版，第xvii页。

职能部门也承认：在有些日子里，污染物浓度达到每立方米 700 微克。在河北省会石家庄，甚至达到过极高值——每立方米 1000 毫克。综述一下：世界卫生组织建议说，空气中的污染物指数每天平均值不宜超过每立方米 25 微克。以此计算，每年的平均值不宜超过每立方米 10 毫克。在美国，绿色和平组织把空气污染物的最高值确定为：每天平均值不超过每立方米 35 毫克；每年平均值不超过每立方米 15 毫克。在北京，人们也许会对此建议报以苦笑，这样的梦想值上哪儿去找！

谁早逝，在中国估计是长期呼吸这种被污染的空气太多。这是一份研究报告所确认的，正是这份研究报告，第一次把空气污染对健康的长期负面影响从科学的角度予以分析。其结论是：在中国的北方，在那些烧煤多的地方，当地人的寿命平均要比生活在南方的人短五年。尽管，在这种微粒子高含量与高死亡之间的真正的因果关系问题上，这份研究报告还不能提出足够的证明，但这种关联是显而易见的：造成南北方人在寿命上的差别估计与此有关[①]。

基于 20 世纪 90 年代所获得的认知，人们对现在做了这样的预测：中国北方大约五亿人口在未来失去大约 25 亿年的人生。这是麻省理工学院（MIT）一份公开发表的调查报告的结论。“我们现在可以更加确信地说，如果这种环境污染——尤其是这种微粒子高指标值——就这么继续下去的话，人寿命的期望值就将戏剧性的缩短”，麻省理工学院环保经济专业的大教授——迈克尔·格林斯通（Michael Greenstone）—— 在介绍这份调查结果时这么说。这份研究报告也有两名中国科学工作者和一名以色列科学工作者参加了。

在他们的研究报告中，这些专家学者参阅了中国官方 1981 年到 2000 年的空气指标值和 1991 年的死亡人口统计。数据显示，这种微粒子影响

① 陈玉宇（音译）等：“持续空气污染对预期寿命的影响——来自中国淮河流域暖气政策的证据”。 http：//papers.ssrn.com/sol3/papers.cfm?abstract_id=2291154

的地方平均值在中国北方要比南方高出 55%。与此同时，由于心脏病和呼吸道疾病所引发的死亡率也明显的高，而且在所有年龄群体中都如此。北方的每一名新生婴儿通常都要比南方的新生婴儿多吸食每立方米 100 毫克的微粒子，相对于南方的来说，北方新生婴儿的寿命期望值相对地缩短三年。

除了这份麻省理工学院调查报告的结果之外，它的引人注目之处还在于它的推理过程。这些科学工作者们对两个不同的生活群体进行了比较，其中一个生活在严重污染的环境中，而另一个生活的环境不这样。在前一个群体中，心脏病和呼吸道疾病经常出现。这个群体生活的年代规定淮河以北冬天有暖气，以南没有。政府给北方的住户供煤取暖。至今依然是，南方没有煤或者不进行煤气供暖。淮河介于黄河和长江之间，距离上海约 250 公里，距离北京约 950 公里。

这些科学工作者就直接着手对这种人为的气候和国家补助决策所涉及的地区进行了调查。就其本身而言，淮河南北这两个地区彼此并没有多大根本性的差别：气候、植被、经济、管理、人口、社会结构、收入、食物、地下水，几乎都差不多。包括由二氧化硫和氮氧化合物所构成的空气污染，也都差不多同时地飘来飘去，因为这些气体在空中随风飘流。可是，这并不适用于那些由于燃煤而散发出来的飘动困难的微粒子。因此，后者不得不更多地被看作这些常见病的关键性导因。

令这些科学工作者形成此认识的，还有另外的一个来自时代的特殊性因素。当年已经实施了户籍管理制度，这也就是前面所提及的、至今一直通行的强制性家庭人口登记。这种户籍制度绝大部分依据出生地确定一个人的所在地，户口所在地的改变是相当的困难。国家旨在以此来控制农业人口的流动，从而把农民与他们的土地联结在一起，以便预防在城镇中形成贫民窟。从这个调查中就可以看到，人口流动的程度非常低。换句话说，谁住在淮北，也就一直待在那里，吸食着那里的糟糕空气，并且经常生病。

这话也许听起来并不怎么入耳：从研究的角度讲，这种至今一直持续着的权威主义和随意主义的副产品似乎被证明为正面的东西。这些研究人员把这种情况称为“准实验方法”。当然，政府并不希望人们知道有关取暖造成空气污染严重程度的问题，这个调研项目的负责人迈克尔·格林斯通教授介绍说。“这是当年一种政策并未意识到的后果，当时的必要性也必须看到”。当然，迈克尔·格林斯通也承认，从另外的一个角度讲，“谢天谢地，我们所做的调查并非一种随意的对照比较，尽管我们发现，一些人终生伴随着严重污染的空气，而另外的一些则相应的好一些。”[①]

然而，这也就是到1980年，估计此后，淮河两岸的情况不相上下。只要科学和政策能够从已经获得的这些结论中正确地汲取教训，并且设法在中国对这种难以承受的空气进行治理的话，那成千上万的早病故者也许就不至于死不瞑目。

回到2013年1月12日，那是一个周六，那一天，空气污染的严重已经达到登峰造极的程度。也像告诫孩子们说“不要到空地上去玩”所听到的回答一样，我们也在问，为什么？一种解决办法是，到附近商场的空调冰场去。为了吸引家中其他成员对冰场的兴趣，当爸爸的就蹬上冰鞋，在冰场上飞快地溜了几圈。摔了一下，手腕折了。错不在这当爹的去溜冰，而在于污染的空气迫使他不得不这么选择。到了医院，到处是人。来自北部冰场的骨折者，还有在冻得打滑的马路上摔倒折骨的，尤其是许多因为呼吸道来看病的。“这么多人咳嗽、流鼻涕，还流眼泪，”一位疲惫不堪的医生说，“我在这个区还从未经历过这种情景。”

自然环境在中国的恶化当属于过度的、某种错误的城镇化的结果。假如这么多的人、这么多的发电厂、这么多的工厂、这么多的锅炉、这么多的大大小小的汽车、运货车就像北京这样的集中在一起，那么环境污染问题就必须坚决地进行解决。这需要借助于过滤器；借助于更好的能源、燃

① 麻省理工学院2013年7月8日消息：“在华最新研究显示，严重的空气污染缩短人的生命”。http：//web.mit.edu/newsoffice/2013/study-estimates-extent-to-which-air-pollution-in-china-shortens-lives-0708.html

料、轮胎；借助于节能；借助于增加短途公共交通设施；借助于环保型暖气和热能保护。只通过工厂迁移、汽车限行，通过戏剧性地提高生产成本、车辆费、垃圾成本、能源成本以及水费仍远远不够。

当然，2013 年的这个糟糕透了的冬天并未使当权者面对这种严重的污染置若罔闻状态有所改观，因为这种状况不仅引发了疾病，而且在民众中引起了极大的不安和骚动。尤其是对孩子的危险问题，在这个实施独生子女政策的国家，这尤其令人纠结。由此，在全国各地都有了官方的微粒子检测站，特别是测试这种直径为 2.5 微米的微粒子，并且每小时一次地通过网络和电讯方式进行发布。

透明度所带来的惊人结果就是：中国大城市的状况远比人们所想象的还要糟糕。美国人所进行的空气质量测试，也就局限在美国驻华外交使节所在地，满打满算也就是北京、上海、广州和成都。中国社会是一种平面系统，它所显示的是，北京空气污染的程度未必是这个国家最糟糕的。如果翻阅官方的空气测量就会发现，中国空气污染最严重的当属邢台（参见下表：图九）①。邢台属于河北省一个市，地理上位于北京以南大约 450 公里处。这座城市连同它的郊区县共计约 720 万人口。它作为中国北部最老的城市之一，而且由于 20 世纪 60 年代的大地震而闻名。如今，邢台以年 2000 万吨原煤的产量而成为这个地区最重要的煤炭基地。这里有几座属于中国发电量很大的火力发电厂，它们对空气污染的严重程度不言而喻。

引人注目的是，所有 10 座污染最严重的城市都位于北京以南，其中六座在河北省，四座在山东省。在整个这个最大的地区——海港城市天津也归属于这个地区——矗立着大约 580 座火力发电厂，其数量之多足以与

① 中国环保局：“环境空气质量指数技术规定”（试行）

整个美国的数目相当[①]。通过这个盆地式的地理位置以及南部河北平原刮来的风，使得这个省会城市不仅要承受本市环境污染的负担，还要承受周围污染的漂移之重。这不仅涉及通常的空气质量指标，也涉及那特别危险的微粒子在空气中的含量。德意志银行 2013 年所提交的一份报告也同样显示，空气中这种微粒子含量高的特别是北京以南的城市，最严重的就是刚刚提到的石家庄；北京仅仅位于第 14 名[②]。遗憾的是，作为一个国际性的比较，这份空气中微粒子含量统计表还有些缺陷。因为其中所依据的是世界银行的旧数字，而且仅仅列举了稍大一些的微粒，即直径为 10 微米的微粒子。根据2010年的这个数据，西安是世界上空气污染最严重的城市。在西安，每年的微粒含量平均值达到每立方米 112 毫克，这六倍于世界卫生组织对直径为 10 微米所提出的最高限量。基于这座古老的皇帝之都人们也许可以说，世界最著名的兵马俑最好还是再埋到地下去……在空气污染最严重的大城市名次表上，居于第二位的是德里（Delhi）。德里之后的就又是一座中国城市，即天津，也是北京以南的城市。在世界空气污染最严重的 30 座大城市中，有 20 座城市在中国。德国空气污染最严重的城市是柏林，以空气指标中每立方米含微粒子 18 毫克位居第 83。昔日的那令人担忧的“烟雾之都”伦敦如今以每立方米 16 毫克的含量甚至成为最干净的城市。[③]

---

① 绿色和平组织：“来自北京、天津和河北煤电厂的负面健康影响”。http：//www.greenpeace.org/eastasia/publications /reports/climate-energy/2013/health-impacts-coal-power；美国能源署（EIA）：Count of Electric Power Industry Power Plants， in：http：//www.eia.gov/electricity/annual/html/epa_04_01.html

② 马俊、奥黛丽·石、唐文龙 / 德意志银行：马俊、奥黛丽·石、唐文龙 / 德意志银行：“对抗空气污染大爆炸的措施”（二次修订），香港 2013，第 8 页。

③ 世界银行：“2013 年世界发展指标——空气污染”。http：//wdi.worldbank.org/table/3.14#

图九：不明的污染——中国和世界上污染最严重的城市

按空气测量指标污染最严重的中国城市	2012年11月到2013年11月的年平均值(统计)	按PM2.5含量最高的中国城市	2013年第一季度平均值(毫克/立方米)	按直径为10微米世界含量最高的城市	2010年平均值(毫克/立方米)
邢台	207	石家庄	217	西安(中国)	112
石家庄	193	保定	190	德里(印度)	108
辽城	171	邯郸	186	天津(中国)	101
德州	165	西安	178	开罗(埃及)	99
衡水	162	廊坊	176	重庆(中国)	98
菏泽	162	衡水	171	加尔各答(印度)	92
邯郸	157	唐山	163	布宜诺斯艾利斯(阿根廷)	87
保定	154	济南	159	沈阳(中国)	81
廊坊	151	乌鲁木齐	159	郑州(中国)	78
		郑州	153	坎普尔(印度)	78
		第14北京	119	第14北京	72
		第48上海	74	第50维也纳	32
		第55广州	64		
		第70拉萨	37	世界卫生组织界线值	20
		世界卫生组织界线值	25	第81苏黎世	19
				第83柏林	18
				第88纽约	17
				第98伦敦	16
资料来源：中国环保局、德意志银行、世界银行。					

02
不能再这样继续下去——环境保护的宏伟目标

在中国，不仅空气被污染，也包括土地和水。中国环保局量化的说法是：40% 的河流“严重污染”，其中的一个原因就是，每年大约 750 亿吨污水流入。仅仅在长江沿岸就有 1 万多家化学工厂，而黄河沿岸又有 4000 多家。20% 的灌溉用水当属于这种含有毒素的水，沿途居民原本都不应该接触这种水[①]。世界银行估计，由于饮用这种被污染的水，每年导致死亡的人数大约有六万之多。尤其在农村，在那些污染风险增大的地方，由于腹泻、胃癌、肝癌以及膀胱癌致死的人数不少[②]。即便是城镇，几乎 90% 的地下水都受到了污染。类似于此的不乐观也表现在许多土地被污染。2013 年，在中国南部的广东，省政府第一次对本省土地的有害成分进行了系统的调查。起因是大米中出现了镉污染。测量分析显示，珠江三角洲 28% 的土地受到重金属的污染。这些污染土地的绝大部分已经达到三级污染的程度，这也就是说，这些土地的土质已经到了严重危害人体健康的程度。珠江三角洲包括广州市和深圳市在内，面积达广东省的 14%[③]。在这个经济能力最强的中国省份里，居住有 1.04 亿人口，每年创造的国民生产总值大约 6800 亿欧元。这个经济能力超过印度尼西亚。

有鉴于这种严重的状态，政府不得不采取措施。作为这种代价的直接结果就是，在 2012–2013 年交替之际，政府就改善空气质量开列了一个目录，并准备为额外的环境保护投资拿出几十个亿。德意志银行中国部的首席经济学家马俊（音译）评价说：“就改进空气质量的动作而言，这是

---

① 2012 年 2 月 17 日，人民日报在线：“中国的河流污染给人们的生活带来威胁”。http://english.peopledaily.com.cn/ 90882/7732438.html

② 世界银行也在“中国污染的代价”中也就此后果予以强调。参阅“污染每年致 75 万中国人死亡”，《金融时报》2007 年 7 月 2 日。http://www.ft.com/intl/cms/s/0/8f40e248-28c7-11dc-af78-000b5df10621.html#axzz2HyoaiZEm

③ “28%！珠三角率先公布土壤污染数据”，《财新》2013 年 7 月 12 日。

中国历史上最强有力的政策性努力。”这一步是实现这样目标的宣传攻势上的“第一个里程碑”，这个目标就是：到2030年，要把城市空气平均值中的直径为2.5微米的微粒子的含量降到每立方米35微克的程度[①]。这个水平尽管依然三倍高于世界卫生组织所规定的年平均值，但是相对于今天中国的实际状况来说，它却意味着减少了三分之二！

2013年6月，国务院提交了一份建议，随后在9月，就拿出了一个确切、详尽的“大气污染防治行动计划”。这意味着，空气质量控制比上年度更加严格了。其中心任务就是：在2012年到2017年之间，要把直径为10微米的微粒子在所有大城市空气中的含量降到10%。对于空气中的直径为2.5微米的微粒子含量，将提出地方性目标。其中努力的方向是：污染最严重的北京－天津－河北这个大区要把这种微粒子排量降低25%；珠江三角洲和长江三角洲要降低15%到20%左右。[②]

这份行动计划不仅有详细的说明，而且充分注意到引发直径为2.5微米的微粒子的最重要的源泉。空气中直径为2.5微米的微粒子的20%来自于煤炭的燃烧；15%源之于机动车辆行驶（废气排放、轮胎磨损）；11%来源于植物的燃烧，如田野上烧庄稼秸秆、做饭烧柴或者取暖用木材等。这些微粒子绝大部分都是通过化学反应直接形成的，也就是在燃烧过程中从挥发性气体转变成为微粒子的。在一个类似于北京这样的大城市中，硫酸盐、硝酸盐就构成了这种直径为2.5微米的固体颗粒的主体部分。在大城市里，这种硫酸盐、硝酸盐无处不有，在建筑工地有、在交通道路上有、在工业生产区有、在发电厂更有，所以减少硝酸盐、硫酸盐就成了这个大气污染行动计划的当务之急。有人建议，把这种氧化物作为解决的重点，因为燃煤所生成的这种

---

① 德意志银行2013年6月17日：“中国开始大规模的消除空气污染计划。”http://www.htisec.com/en/research/ shownews.jsp?newsType=ETNET&newsid=230617135；参阅马俊、奥黛丽·石、唐文龙/德意志银行：“对抗空气污染大爆炸的措施”（二次修订），香港2013，第3页、14页。

② 中华人民共和国中央人民政府2013年9月12日：“国务院关于印发大气污染防治行动计划的通知”。

废气在径长 2.5 微米固体粒子的形成中，负有 45% 的责任，在其之后的就是交通、工业和建筑，它们在导因中大约各占 20%。

在具体实施计划中，国务院的计划也就北京 – 天津 – 河北大区中排放物特别集中的钢铁工业做出明确限定，而且是到 2017 年，这里的钢铁工业生产能力减少到 1.2 亿吨。对这里的煤炭用量，也准备下降到大约 8000 万吨的水平。由此，也就涉及促进核电力以及再生能源的建设，以便从中使那在能源使用中占到 65% 的煤炭燃烧以及占到 13% 的非化石源泉所造成的空缺得到填补。今后，在北京、上海以及广东等城市，所有新增和更换的公交车 60% 以上必须是使用新能源和清洁燃料型的。与此同时，低效的暖气要取消，在全国提升燃油品质、引入效能高、废气排放低的汽油和柴油。到 2017 年，重点行业排污强度比 2012 年下降 30% 左右，而单位工业增加值能耗要比 2012 年降低 20% 左右。在短时间内，也就是到 2015 年年底前，要给燃煤的电厂以及石化企业设备增加新的过滤功能，以便更好地收集和治理有机废气，所有这些都属于相对环保型的。此外，各市县都要修建 PM2.5 监测站。

这个新规定的监督任务第一次上升为党组织的工作，以便使这个规定具有威慑力。这不仅非常新奇，而且确实是一个明显的标志，因为对于环保问题从未如此认真地监督过。这种强有力的监督机构也就具有了这样的能力，如果地方的、省一级的或者中央的官员不能完成这个目标，或者玩忽职守，就能摘取他们的乌纱帽。中央政府已经较上劲儿了。国务院副总理张高丽宣布，每个月对最环保的城市和最不环保的城市做一次公布[①]。

对于中国人来说，这种坚决的措施是很有力度的、看得比较远的，而且执行和监督都与政治挂钩。非国家机构在这个问题上的要求却是另外的，因为只有持续、长期地通过一种快速的、严格的措施，才能把大气层中的有害物质降下来。绿色和平组织就此还证明说，在第十一个五年计划

① 张高丽：“认真贯彻中央决策部署　切实改善区域空气质量”，《中国政府网》2013 年 9 月 18 日。

的 2006 年到 2010 年期间，煤炭的使用增涨了 44%；热电厂的入网电力在这几年期间增加了 80%。以此就必然使造成微粒子的主要罪魁祸首一氧化氮的排放量“急剧地增加”。环保人士认为，要想尽快地、大规模地改善烟雾粉尘的状况，首先就需要对发电厂进行财政调节和有效削减，这是必不可少的。半数以上的煤炭都是在蒸汽炉中为工业燃烧了，那里的能源产量和废气排放量更加糟糕，绿色环保组织批评说。因此，必须马上关、停那些低效设备，并且代之以现代化的。①

德意志银行香港分行的建议考虑更远。他们提出，到 2030 年，降低 PM2.5 的目标只有通过一个对交通、电力以及工业的全面重建才能实现。到 2017 年，煤炭的使用必须以每年增加 2.7% 极限取代那 4% 的企图，专业人士写到。在 2017 年到 2030 年期间，煤炭的使用必须以 22% 的幅度予以削减。借助于新技术，使那种由燃烧所生成的废气排放量减少 70% 左右。对于汽车，只要燃料合格，甚至有可能减少 80% 左右。如果对汽车许可证不实施重大手术，那这些银行界人士的设想就是一纸空文：取代 4 亿辆汽车，到 2030 年时，只允许销售 2.3 亿辆，他们要求说。汽车市场的销售额不能像过去五年那样以 20% 的年增长率发展，而只能维持在 6% 的年增长率。到 2030 年为止，铁路线的长度必须以 150% 的速度延伸，而地铁甚至要以 1320% 的幅度增长。与此同时，可替代能源要远比计划的那样大幅度发展，其中也包括天然气和核电力的开发和利用的大幅度提高。只要中国不能实现这些建议，这些专家们认为，那中国在环境问题上就只能是黑的。

“中国当然可以对火力发电站的和工业领域的用煤实施更严格的废气排放量措施，也可以把发电厂的质量标准、汽车废气排放量以及燃料的质量标准再提高。我们算这笔账所要说明的就是，中国的所有这些措施都是有益的，可是对于降低 PM2.5（这是关键）来说，这些是不够的……

① 绿色和平组织：“危险的呼吸——2.5 微粒对中国大城市居民健康和经济影响的测试”，北京 2012 年第 12 页。

现在的煤炭使用以及汽车增加的趋势已经暗示，中国空气污染的程度在今后将会比现在这种无法容忍的状态有过之而无不及。只要这种趋势没有改变，那即便是实施再高、再严厉的废气排放量规则，可空气质量到2030年依然达不到安全的水平。换句话说：为了使PM2.5下降到一个可以承受的水平，汽车燃油的使用和能源综合的一个大规模改变是必不可少的。[①]”

03
给大清洁的数十亿投资

在能源领域的改建以及环境的保护方面，中国需要大宗的投资。在2013年夏季的“大气污染防治行动计划”前奏曲中，环保局的一位负责人——王江（音译）——就把国家一级私人定向投资的数额量化为2040亿欧元[②]。在此之前，中华全国工商业联合会环境服务业商会（简称环境商会CECC）就宣布，2400亿欧元将用之于水质的监督与维护。另外还有，1200亿欧元投之于改善农业环境条件。这个总计5640亿欧元的投资数目几乎超过了过去五年的环保投资的一半多[③]。早在2013年元月那阵警钟敲响之前，也就是在空气污染冲到了难以想象的疯狂纪录高度的那一天之前，这个国家给予能源领域的投资远比其他任何国家都大。2012年，中国的这个数目第一次超过美国，并且以给再生能源投资651亿美元（或

① 参阅马俊、奥黛丽·石、唐文龙/德意志银行：马俊、奥黛丽·石、唐文龙/德意志银行：“对抗空气污染大爆炸的措施”（二次修订），香港2013，第4页。

② 新华社2013年9月13日：“中国的空气污染在加剧”。

③ “中国花费数十亿解决污染”，《化学世界》2013年8月28日。http://www.rsc.org/chemistryworld/2013/08/china-spends-billions-tackling-pollution。另外的一种算法认为，2012年到2017年有可能达到3.4万亿元人民币或者4100亿欧元。出自：唐文龙/黄凯婷/程埃里克（音译）：“环境保护——投资指南”，《德意志银行研究》，香港2013年版，第8页。

者说 480 亿欧元）而创世界之高（参阅图十）。这仅仅比上年度增加了 20%，并且意味着，中国现在以 20 个工业大国总支出的 30% 而矗立在那里。要想了解中国以多么快的速度而崛起成为世界绿色革命的先锋，不妨回想一下：在 2005 年，中国第一次把 50 亿美元投之于这个行业——还不到现在支出的 8%。现在，中国已经完全站在这个新点的最前面，并且以 152 吉瓦（GW）保持总量领先。中国的产量已经相当于 20 个工业国总量的四分之一。自 2008 年以来，中国的安装总量扩大了大约四分之一[①]。

走向成功的路上不仅有许多困难，甚至还有眼泪。无论是出现在纸上，还是遍布在原野上的这么多的风力发电站，其情况也不外乎如此。它们中的有些还没有上网，有的甚至不转动。所以它们中有些生产的不是电，而只是费用支出。据欧洲商会北京分会报道，这类有问题的风力发电设备，在 2012 年几乎翻了一番，以至于 20% 到 30% 的风力发电设施还不能使用[②]。时至今日，还有许多传送问题还没有解决，而一些大型水力发电站也由于地震、生态以及社会问题而处在责难之中。中国把核电力算作无污染能源，而且也计算在相应的统计中，可也同样遇到麻烦。对此，中国政府在国际大气谈判会议上几乎没有什么进展。尽管在国内，环保政策早已经历了一个很大的转变，而且获得了尊重和认可。皮尤慈善信托基金会（Pew Charitable Trusts）——一家来自费城（ Philadelphia）的公益性基金会并且作为世界再生能源信息分析领域的名角——对此这么写道：

“在这种清洁能源领域内，中心点已经从美国和欧洲转到了中国……在不到十年的时间里，中国已经从太阳能和风力发电的后来者一跃而成为先锋。假如您注意到在这个世界上史无前例的长期目标，假如您关注着这些以超纪录的速度所实现了的阶段性目标，那您随之就会意识到，中国在

---

① 皮尤慈善信托基金会：“谁能在清洁能源竞赛中获胜？”，费城 2013 年版，第 15ff、36 页。

② 欧盟商会：“欧盟在华企业建议书 2012/2013”，第 225 页。

这十多年间处在世界的领先地位①。”

从具体的数字讲，中国 2012 年在太阳能方面投资 312 亿美元。这就是说，这个国家把整个世界在这一领域开支的四分之一用之于技术。以 272 亿美元的投资，中国几乎占到了世界所有风力发电投资的 37%。在其他能源领域，亚洲人也同样的走在前面，譬如在水电、地热、海水动力以及生物能源方面。在投资与国民生产总值的比例关系上，他们也属于先锋派。在 2012 年，中国把再生能源总能量增加了大约 23.1 吉瓦，其中 16 吉瓦来自风力发电，3.2 吉瓦来自太阳能。仅仅这个增长的部分就比类似于巴西或者英国这样的国家整个入网的再生能源总量都大，尽管这些国家在世界再生能源排名表上处在第 9、10 位（参见下表，图十）。

图十：中国作为绿色先锋——再生能源投资增长

国家	2012 年对再生能源投资（亿、美元）	相对于 2011 年的变化 %	2012 年入网电量（吉瓦）
中国	651	+20	152
美国	35.6	–37	133
德国	22.8	–27	71
日本	16.3	+75	27
意大利	14.7	–51	31
英国	8.3	–17	15
印度	6.9	–45	30
南美	5.5	+18.233	不详
巴西	5.3	–32	16
资料来源：皮尤慈善信托基金会。			

① 皮尤慈善信托基金会：“谁能在清洁能源竞赛中获胜？”，费城 2013 年版，第 6 页。

在过去的数年中，光伏在中国一直默默无闻。尽管太阳能电池及其组建的生产商不少赚钱，可几乎都是从境外市场获得的。他们把这些组件销售到欧洲和美国，销售给那些不问这些可选择性能源产生器组件出处的地方。可美国人和欧洲人凭借关税对这种来自远东的“廉价太阳能组件倾销”进行抵制，境外市场对中国产品吸引力减退。可在国内却相反，这个行业经历了一个前所未有的茁壮成长过程：目的就是消化国际制裁所造成的问题；拯救陷入危机的中国太阳能集团——也是世界上最大的太阳能生产商；实现工业结构的转轨变型以及促进能源的转变和发展。所有这些的共同结果就是，中国希望在2013年有大约10吉瓦的太阳能电力入网。这也许就是一个世界纪录，而且第一次令到此为止一直作为这一领域世界前锋的德国黯然失色。

这些未来计划更加宏伟。在2012年到2015年间，风力发电量要从74吉瓦扩增到100吉瓦；到2020年要扩增到200吉瓦。在2012年达到6.5吉瓦的太阳能发电量，到2015年要扩增到21吉瓦；并随之到2020年扩增到50吉瓦。即便是每年对这个行业的开支以10%的幅度增长，而不是像上年那样的20%，但到2015年，几乎投入2400亿美元，而到2020年差不多投入8200亿美元——约为6000亿欧元——于这个现代化的电力行业建设中。这绝非开玩笑，您难以想见的是，在中国所允诺的还有什么比这更大。如果能源不想依赖于进口，而且也不想让自己由于废气排放而窒息，那中国就被迫着要采取措施。可是，进入这个潜在财富领域的道路并不平坦。外国风力发电供货商尽管可以大声欢呼，多年来，他们一直从整体上被拦截在这个市场之外，或者基于难以满足的招标条件而被迫却步不前。不止一两个外国企业被困在那里，而且最后不得不打点行李告别中国。

最近一段时间以来，对外国企业的情况有所好转，尽管这也只是对于那些在华生产的企业而言的。譬如西门子公司，它们与一家当地企业合作，在中国东海岸建成了它们的第一座风力发电站。在那里安装了21台风力发电机，其总发电量48兆瓦（MW）。此外，他们正在陆地进行着三座

50 兆瓦风力发电站的修建工程。所有这些发电站都需要发电机机舱和转子，而这些直径长达 110 米的巨人都出自于西门子在上海的工厂。丹麦的竞争者灶神星（Vesta）公司在内蒙古修建了 58 台风力发电机，其总容量达 49 兆瓦。德国的恩德（Nordex）公司向西北的宁夏自治区境内销售了两座风力发电厂，其中风力发电机 33 台，总发电量可达到 45 兆瓦。尽管招标过程既不透明也不公平，可禁不住风力发电行业需求量大，且价格诱人。类似于此的也表现在太阳能行业，在这个领域外国企业更难插进中国市场。欧盟商会由此总结说："这个行业的竞争增大了许多。但也不得不承认，外国企业的竞争实力由于政策性规定而受到限制，从而使中国生产商以不公平的方式而挤到了前排。"①

这里的地形就是这么样的崎岖不平，而且对于缺乏耐心的淘金者确实是没有价值。可另一方面，西门子公司、恩德公司以及其他外国企业的例子却也已经显示，唯有坚持，才能有成功。另一方面，这里所拥有的以万亿欧元计的巨大潜能给那些精明的生产商提供了足够的机遇。在广州的国际灯展上，我们遇到了其中的一位。

04
及时把握潜在市场——太阳能光热的例子

"太阳能是一个好东西，"塞巴斯蒂安·施陶尔（Sebastian Steuer）——德国中型企业安铝（Alanod）公司的经理——说，"我们以此发展得很快，尤其是就中国而言。" 这话听起来就像反话：太阳能行业到处都有破产的，无论是因为中国还是包括中国自身。投资人损失是以数十亿计，因为股票的价值已经跌到了底。由于产量过剩、价格回跌，由

① 欧盟商会："欧盟在华企业建议书 2012/2013"，第 228 页。

于错误的刺激和无法收回的投资使得这个行业陷入了一场严重的危机之中，唯有长时间、慢慢地去缓过劲儿。①

在德国，许多太阳能企业申报破产；在中国，给人的感觉也并非特别的好。就连尚德（Sunthech）集团公司这样的世界先导级的模块生产商，甚至也因为资金周转问题而遇到危机。这个题目被提到政治层面上来，由此这一点清楚了：中国政府给它们的企业以财政补贴。所以，中国企业可以拿出价格更低的产品。先是美国以提高关税来对抗这种廉价甩卖。随后是欧盟委员会在2013年提出制裁，直到最后与中国达成了一个协议。意想不到的是，这家来自德国鲁尔区的表面处理技术公司——安铝公司——却在这个行业获得了一个好机会：这段时间在中国实现了1200万欧元的总产值，相当于公司总收入6%。前来参加广州国际灯展博览会的施涛尔介绍说。在短短的几年间，公司的总收入翻了三番，就是基于这个兴旺、蓬勃的太阳能业务。

这前后两种情况能扯到一起吗？当然，因为太阳能不仅可以发电，还能加热水。除了太阳能发电之外，人们还在谈论太阳能热。后者并不像太阳能发电那么出名，可是它的价值、意义却更加重，尤其是在中国。按位于巴黎的“21世纪可再生能源政策网”（Renenwable Energy Policy Networks，缩写REN 21）——这个行业一家举足轻重的信息公司——的数据，在2012年，全世界安装的太阳能热设备的总能量为255吉瓦。相对于上年增加了14%。②

就太阳能热的使用而言，在任何国家都没有像在中国那么重要。按照21世纪可再生能源政策网的统计，2011年世界所安装的太阳能热设备中，68%都在中国。紧跟在中国之后位于第二位的是德国和土耳其，这两个国家所占份额都是4.6%。国际上80%以上的新建太阳能热设备

① 参阅“太阳能从何处还能赚到钱？”《法兰克福汇报》2013年6月15日第17版。
② 21世纪可再生能源政策网：“2013年可再生能源全球现状报告”，巴黎2013年第50页。

也同样都在中国。自2009年以来，这个增长速度延缓。普遍存在的是一种整合的压力，据估计，大约1000多家小企业被关停。现在领导市场的是太阳雨（Sunrain）公司——这家公司在2012年上市、力诺（linuo）公司、皇明（Himin）公司和桑乐（Sangle）公司。尽管有些刹车，可这个行业仍然是一个非常重要的工业领域。在中国，现在就有80万人在这个行业工作，这个数目几乎相当于世界所有其他国家再生能源行业就业人数的总和。

每年50亿欧元的总产值使得这个行业的经济效益远远落后于太阳能发电，可是太阳能热这个行业却保持着明显的持续上升的势头。每年数以万计的新房都以典型的斜面太阳能收集装置和架起来的圆形水罐装备起来。尤其是在农村，这种装备更实用，其中60%的太阳能热装置都是这种屋顶形的。在中国，特别是这种真空管是玻璃的，所以价格便宜。按照21世纪可再生能源政策网的信息，每千瓦的造价也就是150到635美元，而经合组织成员国通常的造价却介于950到2200美元之间。当然，这种廉价的设备也有许多不足，譬如寿命短、性能差，因此也引发了中国对其进行改造的动议。据说，要更多地采用平面太阳能收集装置，而且现在要用铝材来取代以前使用的铜材。

而这恰恰就是安铝公司的长项，在铝板涂面技术方面，这家公司属于世界级的技术公司。在中国，太阳能热生产商需要4000万平方米进行过涂面处理的铝板材，可是在德国，还不到150万平方米。施陶尔了解这一点。“只要我们在中国能够拿到200万平方米的合同，那这对我们就额外是2000万欧元的产值。挺大的一笔买卖”。似乎不会感到奇怪，还有其他的德国企业也对这桩买卖感兴趣，其中包括平面太阳能收集装置生产商博世热技术和菲斯曼（Viessmann）公司。德国在这一方面走在世界前列，在世界最大的20家平面太阳能收集装置生产商中，有三分之一在德国。21世纪再生性能源政策网就这么介绍说。从这种淘宝中到底领会到了什么？也许，当您够不着那大箱子里的金子时，就不得不对小盒子里的那点儿感到满足。当然，也说不准，或许在一个类似中国这样的巨大市场，您会感到吃不消。就此，还有一个例子：凭借飞机、汽车和船，我们向中国西南开拔，以便瞧一瞧，外国企业究竟是怎么从水中生钱的——这是一项世界最大的峡谷拦水工程，它几乎令三峡大坝黯然失色。

05
配着德国涡轮机的“四峡大坝”

如果把德国柏林的电视塔放在中国最深的地下工程中，恐怕电视塔顶的避雷针都露不出头。这座德国最高的建筑物是368米，而中国那项介于四川和云南两省之间的溪洛渡大坝工程就坐落在深达400米的峡谷之中。挂在钢绳上的滚动吊车来回摆动在峡谷上，以便把一人高的漏斗中的水泥浇灌下去。“我们建的是世界第三大水力发电站。”中国长江三峡集团公司（CTGC）的工程师王维（音译）说，“人和机械都必须日夜不停地运转。”在这个世界上，还没有哪一个国家像中国这样，修建这么多的大型电站。这里有8.6万座水库。那第一座水库的大坝还不到7米高，始建于公元前7世纪。2012年，中国的水力发电站已经拥有了229吉瓦的总发电能力——比上一年增长了7.3%，而且供电8640亿千瓦小时的电量，大约比2011年增加了三分之一。在中国，水力发电量几乎占到世界总量的四分之一，巴西尽管位居其后，作为第二名，可巴西的水力发电量还达不到中国的一半。

中国的三峡大坝也许谁都听说过，这项在生态、文化、历史以及社会方面都争论不休的大型项目就在长江上，而且这座水库绵延600公里以上。作为置身于湖北省会武汉和重庆之间的大坝，它是河流观光的最佳景点，也被证明是大型发电机组最佳选择。在目前的建设阶段，这里的发电能力已经达到22.5吉瓦，它比世界上的任何一座水力发电站都大。溪洛渡大坝将以 13.9 吉瓦的发电量几乎相当于那位于南美的世界第二大水力发电站的能力。在 2013 年 7 月，这座电站的一部分电机投入运营，而全面交付使用计划在 2015 年。这项工程是许多大型项目中的一个。中国政府计划在长江中游，也就是金沙江上，在一个由大坝和水库连接起来的系统工程项目中，一共修建四座水力发电站，人们也许可以把它们称为“四峡大坝”工程。以 240 亿欧元的投资，这个项目要拿出 42 吉瓦的发电量，要两倍于迄今为止一直保持世界纪录的三峡大坝发电站的总能量。这个项目最重要的拦水工程项目——除奚洛渡之外——就属白鹤滩，这也是类似的大瀑布。而另外的两个项目分别为乌东德和向家坝。而最后的一个将以 114 米的高度成为世界上升船最高的工程。①

与这些工程联系在一起不仅是许多几十亿的大项目，而且是成千上万的工作岗位。在这个作为世界最大的水利工程集团公司中——国家企业，有 1.1 万名工作人员。从其 350 亿欧元的年产值中，这家集团企业获得 13 亿欧元的盈利。而同样作为国企的中国水利水电建设股份有限公司（Sinohydro），甚至有 13 万员工。他们的年产值大约 100 亿欧元，纯盈利大约 1.6 亿欧元。要想了解中国的这些国营企业到底有多么强，不妨看一下这个例子：在 2013 年年末的葡萄牙危机中，长江三峡集团总公司以大约 30 亿美元的投资，一下子购买了葡萄牙电力集团公司 20% 多的股权。

在中国的水利电力方面，包括外国企业也总是有成绩不菲的买卖。法国的阿尔斯通（Alstom）集团公司在天津修建了世界上最大的涡轮机厂。在完成了三峡大坝的 32 个涡轮机组中的 14 个涡轮机组的供货任务之后，这家集团公司也获得了向家坝发电站 8 个涡轮机组的一半订单。这些机组已于 2013 年 7 月安装。这笔买卖的销售额是 1.6 亿欧元。在向家坝发电站的项目中，这家世界上最大的涡轮机制造商以一个 800 兆

① “中国致力于大型水力发电站建设”，《法兰克福汇报》2010 年 6 月 19 日第 14 版。

瓦的额定发电力，使其在此所获得的订单，比它们在三峡大坝发电站所获得的增加了100兆瓦。“我们从中看到了中国政府致力于再生能源的决心，”阿尔斯通公司中国部原总裁克劳德·布尔布勒（Claude Burckbuchler）介绍说，“我们因此也把车速提了一挡。”德国竞争者福伊特水电(Voith Hydro)公司给三峡大坝发电厂销售了6个涡轮机组。现在，它们要给金沙江发电站安装12套涡轮机组，其中包括奚洛渡18台780兆瓦发动机中的三台。

这些功率最强的发电机－涡轮机机组中的一组，也就是福伊特水电公司所安装的一组，已于2013年8月交付长江三峡集团总公司。这个庞大的机组体重达1350吨，在这家德国集团公司的历史上，也是最大的单个工程项目。福伊特水电公司在奚洛渡发电站所安装的这三组涡轮机的总能量，相当于巴伐利亚州贡若明（Gundremingen）的那家德国最大的核电厂的发电能力。把这18台发电机的发电量算在一起，那它们就足以取代火力发电站一年烧掉4100万吨煤炭的发电量。福伊特水电公司对这种废气排放量进行了量化并准确为：15万吨二氧化碳、48万吨二氧化氮和85万吨二氧化硫。[①]

外国电力设备供应商在中国的机遇越来越多，因为人们更多地需要大型的、高效的涡轮机，而这些只有外国企业能够提供。有一点是非常明确的：谁守在长江上，那他就有望获得后面来的单子。国务院希望，在这个“四峡大坝”工程之后，至少在沿金沙江再建八座水电站。一个比奚洛渡还要大的水电站项目有可能就计划建在西藏自治区境内雅鲁藏布江边。仅仅在2012年到2015年间，就准备修建的水电站总容量超过60吉瓦。“只要我们想着抑制气候变暖，那我们每两年就需要建一个三峡工程。”原国际大坝委员会的主任、中国人贾金生说，“随着环境和自然资源保护意识的提高，我们越来越感觉到需要水利电力的帮助了。”

① 福伊特水电公司网站2013年8月15日信息：“水电站发展中的新高度”。http：//www.voith.com/de/presse/pressemitteilungen-99_48747.html

06
哪里还有未开垦的沃土

在中国的新环保行业中，外国人还有可投资的项目吗？回答是肯定的！这不仅是对于大型企业而言，对于中型企业也同样大有作为。不妨举几个例子：巴斯夫集团公司——世界上最大的化学公司之一——在南京和杭州对公交汽车进行了改造，使它们的氮氧化合物减少了30%，使微粒子排放减少了80%。此外，他们还对120万住户的房屋保暖进行了改善，使能源的耗费减少了50%。柏林的再生材料企业欧绿保（Alba）公司还致力于人们所说的循环再利用产业。在与中国人所达成的第一份协议中，阿尔巴公司董事长阿克塞尔·史伟哲（Axel Schweitzer）就此做了介绍。在他看来，特别重要、意义最不寻常的就是废旧电子产品和报废汽车在世界计算机和汽车市场中的再利用。另外的一个例子就是：家族企业福伊特水电公司提供给中国的造纸机要比原来的类型省水30%、省电20%。这家企业同时也对废纸的回收利用以及海浪发电很感兴趣。在中国，福伊特水电公司有4000名员工，这座位于中国东海岸——昆山——的工厂，用地热和太阳能模块来解决自己的能源需求。“这是我们最现代化的工厂”，赫伯特·林哈德（Hubert Lienhard）自豪地介绍说①。他不仅是福伊特水电公司的总经理，而且也是德国亚太经济委员会的主席。以此，第一次开创了一个家族企业的老板出任这样的一个经济协会高层的先河。

从“绿色经济”方面，德国的小企业也有钱可赚。重要的是，您一定要高举着那面黑红黄的（德国）旗子，而且要比类似大众、西门子和巴斯夫这样的大公司还举得高。人们也许并不十分清楚的是：5000家在华的德国企业以它们的22万员工，占到中型企业的四分之三。这是德国商会北京分会2012年所统计的数字，而作为中型企业的标准就是：员工

① “一家在华获益的中型企业”，《法兰克福汇报》2012年2月7日，第16版。

最多500人，年产值不超过5000万欧元。“德国中型企业在中国经济发展中扮演着一个重要的角色”。分会负责人阿亚历山德娜·沃斯(Alexandra Voss)女士介绍说。令人敬重的是这些企业不同寻常的生产、质量以及富于技术创造性。“中国市场对高级、特殊产品的需求在持续猛增”，尤其是在环保技术方面，而这恰恰正是德国中型企业的长项。沃斯女士强调说。

包括分会驻京主任约尔格·赫恩（Jörg Höhn）也持这样的观点。他指出，这份政府计划特别注重环境保护和资源保护。“只要中国真的要取其精华、弃其糟粕，德国中型企业以其高质量生产在这里就有美好的前景”。仅仅在这个隶属于巴登－符登堡州银行的德国中心大楼，上下17层就有100家德国企业[①]。其中的一家就是来自斯图加特的房地产开发商德索美工程项目管理咨询公司（Drees & Sommer）。正是在中国政府打击房地产投资——尤其是对外国房地产开发商、把传统的房地产行业看作蚕食土地行业的时候，这家公司在北京注册登记。“我们并不怕这个，”这家北京分公司的经理马库斯·劳博尔（Markus Lauber）说，“这种从量向质的转变恰恰有益于我们。”劳博尔继续说，正像那么多德国企业致力于新技术、保暖性和节能性一样，“中国的未来就立足于此，而且我们所能获益的，恰恰正是在这些方面。”

无论是巴斯夫、欧绿保、福伊特还是德索美，所有这些公司今后在中国所能赚到的钱，肯定都会比今天更多。因为中国已经对环境保护做出了一个大规模投资的决定，而这正是这些德国企业的业务范围和长项，确切地说：清洁型、再利用型、节能型建筑。在2013年8月，中央政府在京公布了“国务院关于加快节能环保产业发展的意见”。在这份大体字的文件中，包含着大宗的“绿色经济”建设项目计划，这就是中国的环保型经济。这份文件的关键点就在于：“节能环保产业产值年均增速在15%以上，

---

① 参阅“德国中型企业在华发挥着重要作用”，《法兰克福汇报》2012年8月27日第11版。

到 2015 年，总产值达到 4.5 万亿元，成为国民经济新的支柱产业。”

4.5 万亿元大约是 5400 亿欧元，一笔巨大的财富！以此形成了一个产业，它相当于中国整个纺织业的规模[①]。值得注意的是，4.5 万亿元不是就投资而言，而是指 2015 年的绿色产品以及技术服务的产值。这张票诸位放心大胆地收，因为这个计划是带着这种意愿从中央政府最上层落实下来的。其中包含着这个国家的党、政领导人的宏大目标：改造中国经济并使其现代化。在这份政府文件中的明确说法就是：

“解决节能环保问题，是扩内需、稳增长、调结构，打造中国经济升级版的一项重要而紧迫的任务。加快发展节能环保产业，对拉动投资和消费，形成新的经济增长点，推动产业升级和发展方式转变，促进节能减排和民生改善，实现经济可持续发展和确保 2020 年全面建成小康社会，具有十分重要的意义。”[②]

在中国政府所扶持和鼓励的这些领域内，德国、瑞士以及奥地利的企业都能找到自己的用武之地。尤其是在这些方面：

开发和推动高效蒸汽锅炉以及新一代电机产业化。其中包括将形成 20 个新的产业化基地。提供电机的自动化控制水平。

拓宽机动车辆的替代驱动：在此还要有助于提高新购者的兴趣，尤其要促进私家车、出租车和运输车。所有这一切都符合于大众、宝马以及奔驰的发展战略，它们都想为中国市场开发自己的电动汽车。此外，德中两国政府形成了一个“电动汽车战略合作伙伴关系”，要在政府职能部门、企业以及科研机构之间就此开展合作。德国在京的一个实验性网络充电站现已建立。

拓宽改善空气质量的设施的技术性：这主要是指大型的工业设施，但

① 2013 年 2 月 18 日 新华网广东频道：“面临巨大竞争的纺织业向绿色生态行业转型”。

② 2013 年 8 月 11 日中华人民共和国中央人民政府：“国务院关于加快发展节能环保产业的意见”。

文本也提到室内空气滤清器。中国一些大城市的空气质量恶化已经给一些供货商带来了可观的利润。譬如，来自德国魏因海姆（Weinheim）的文塔（Venta）公司。这家公司被看作室内空气净化设备和湿润设备领域内著名的世界级生产商。而瑞士的爱客（IQ–Air）公司在这里也获益不菲。在2013年冬季那空气最糟糕的时间段，这个家族企业的订单量甚至五到十倍于往日。总体上来讲，中国业务在第一季度相对于上年的同一时期增长了三倍。

鼓励对污水和垃圾的处理采用新方法：到2015年，各市县区都要形成相应的处理能力。每天处理污水的能力计划要超过2亿立方米，每天的环境无害化处理城市垃圾的能力计划要超过87万吨。装备带有烟雾净化器的现代焚化炉计划要达到每天焚烧300吨的能力。

发展循环利用技术产业：要建立多达15家国家级再制造产业聚集区，从而收集、回收从空调到计算机、复印机、手机的废旧电器和汽车、机械废弃零件。

建立“城市矿产”示范地：旨在回收、分类、整理和提高对那些所谓的城市废弃物的利用率。这实际是参照德国的模式，也就是在报废、废弃家具的同时，对建筑废料、玻璃、废纸以及塑料废品行进分类收集，并且予以处理和再利用。

加强环保和节能技术服务：可以想见的是，引入能源审计和“耗能证书”制度。按照德国的能源咨询模式，让专业人员对居民房屋、写字楼的热能使用、电能使用和水耗情况进行测试，并且提出改进的方式方法。在这份文件中特别强调的是，此举涉及“节能量交易等市场化节能机制”。

开展“绿色建筑”行动：计划在市内增修更多的绿地和小树林，并且建成共计约1000平方公里的“绿色带”。在城镇新建建筑中，环保型建筑比例不得小于20%。人们还希望，完成2万公里以上的远程供热管网改造；创建2000家节约型国家公共机构；并完成6000万平方米办公建筑的节能改造。

到 2015 年时，终端电子产品的高效节能水平要提高 15%。随之要使高效能产品的市场占有率达到 50% 以上。在此主要考虑的是家用电器、计算机以及通信电器。

促进环保及再生产品的消费：推广油烟净化器、汽车尾气净化器、室内空气净化器。同时也推广家厨垃圾处理器以及浓缩洗衣粉等。

建立海外特殊专业人才库：今后，企业和研究机构要与外国专家保持密切合作，其中也包括在“技术创新”、“环境保护”以及“节能”领域内中教育、培养的优先性。引进高质量、高层次的外国人才，尤其要给国内带来新思路，并以此筹建企业。

强化节能、环保教育和宣传工作：为了做到这一点，在全国选择 100 个有代表性的地区，建立开展生态文明先行示范区。

引导外资和技术：按照这个计划，外国投资将有目的地引向节能和环保型行业。为之要寻求新的财力方式，并为这种资本的流入开辟特殊的渠道。这一点也适应于，要让相应的业务人员在获取在华的工作和居留签证方面更加简便些。对于那些有利于环境保护和节能的“进步的关键、核心技术”，其进口的手续将得到简化，其中也包括相应的设备。在此，这句话是最重要的：“国家支持节能环保产业发展的政策同等适用于符合条件的外商投资企业。”

从这些动因中，非企业家的外国人——确切地说，作为股票投资者——也同样能找到赚钱的机会。德意志银行发现，至少有 30 种股票都可以从中国政府的计划中获益[①]。其中的绝大部分都是在上海或者深圳股票交易市场上市的，因此首先只有中国人陆的投资人或者个别国际基金组织才有机会随着它们的上升而赚钱。但是，外国个人投资商也可以轻松地购买那些在香港或者国外上市的企业的股票。在德意志银行所开出的名单中，这

① 唐文龙、黄凯婷、程埃里克：“环境保护——投资指南”，《德意志银行研究》，香港 2013 年版，第 11-19 页。

类股票至少有 10 家。

1. 国外上市的废水处理：北控水务集团有限公司、中国光大国际有限公司、天津创业环保股份有限公司、Soundglobe（北京）桑德国际、（厦门）创冠环保股份有限公司

2. 空气净化：国电科技环保集团股份有限公司（科环集团）

3. 固体废物：东江环保（香港）股份有限公司、北京发展有限公司

4. 天燃气：中集集团安瑞科控股有限公司

5. 循环资源：（香港）齐合天地集团有限公司以及上面的东江环保

尽管在涉及给客户推荐这个问题上，德意志银行比较保守，但它们还是就购买的两种情况提出明确的建议：北控水务集团有限公司的股票应该买，而对光大国际的股票最好暂时别染手。摩根斯丹利投资银行的工作人员建议，对这两种股票都先等一等，与此同时却对下述在香港和台湾上市的能源和环保股票提请人们注意：

6. 风力发电：（中国国电）龙源电力集团股份有限公司

7. 天然气和再生能源：（河北）新天绿色能源股份有限公司

8. 煤气化 / 城市燃气：大唐国际发电股份有限公司（DTP）

9. 天然气：（北京）新奥能源服务有限公司

10. LED/ 节能灯：晶元光电股份有限公司

专业人士把上述这五种股票都归属于“绿色中国篮子”。其中也包括北控水务集团有限公司和光大国际。它们所获得的头衔——按照香港一位银行界人士的术语——就是，“中国行动计划的最大受益者”①。面对中国人的这种绿色环保信心及其经济影响力，摩根斯丹利投资银行表现得特别的乐观、确信——也包括从自身利益的角度。就像“股市在线”所估计的那样：“这家投资银行预感到了一项大买卖。”② 德意志银行的专家们

① 马丁·于乐等 / 摩根斯丹利：“投资于中国绿色工业”，香港 2013 年，第 5 页。
② 2013 年 9 月 19 日“证券在线”：“中国处在让自己清洁起来的进程中”，第 40 页。

对这种投资机遇同样的欢天喜地、赞不绝口："按照中国政府的这种确定的项目计划，中国环保行业在不久的将来无疑会繁荣起来，而这将给所有愿意在环保行业进行投资的人们带来机遇。" 国家环保研究人士邹继也表述了类似于此的欢欣鼓舞的看法。他是国家气候变化战略和国际合作中心副主任。中国研究、咨询机构直接隶属于极具权威的国家发改委。"环保也能让你们富起来"，这就是给这些企业家的福音。邹继讲："新政策之所以如此的富于价值，就在于他们有严格的经济论据。"

热情洋溢的感受也包括德国方面。"在中国所发生的所有这些，简直令人难以相信自己的眼睛"，德国能源署（Dena）的负责人斯蒂芬·科勒（Stephan Kohler）对《镜报周刊》说[①]。德国能源企业现在应该不失时机地去中国，这位专业人士建议说。这也适用于控制技术的供货商，因为它们有可能在中国的电力建设中大显身手。这一点也同样地适合于特殊机械制造业，即便是在不景气的光电伏行业。科勒知道，面对中国企业，德国太阳能生产商尽管别想赚到什么钱，可那些在远东生产光电池和电池板的设备，却 80% 都是从德国购买的。

① "良性增长"，《镜报周刊》2013 年第 34 期第 86 页。

第四节　转变：五颜六色的领带代替了天蓝色的服装

01
跛腿也要跳——上海的自由贸易区

在未来的中国城市中，加工业将担负起更加重要的角色。这不仅是对就业而言，也是就投资人、经济发展力和纳税人而言的。两种新的政治趋势会掣经济增长率的肘。一个是对废气排放量以及能源消耗限制的决心；另一个是改变依赖投资和简单的密集型生产，代之以鼓励高产值的现代化生产为目标。有些行业就属于技术、服务，它们集中于城镇之中，无论是涉及贸易、交通、运输，还是涉及餐饮服务、银行、保险或者手工行业。因此，这些行业都应该与城市的发展挂钩。

迄今为止，中国的技术服务行业还比较落后。2012 年，这些行业在国民生产总值中的贡献仅仅为 44.6%。这不仅少于工业生产行业，也明显地落后于这个经济实体所期望的发展值和速度。对于这个第三产业，中国所期望的成绩是，至少不低于国民生产总值的 60%。当农业经济的发展在中国明显地落后于国民生产总值的增长速度时，工业生产和技术服务各自以超过全国经济发展速度大约 8.1% 的强势在上升。这两个行业的快速发展同时也就意味着，那些主导产业的服务业没有衔接上[①]。正像中共十八届三中全会所强调的那样，在这一点上正是政府想改变和扭转的。中央政府因此就这个行业制定了五年计划。它规定，到2015年，技术服务行业要第一次在中国历史上超越加工业。在这个五年计划中，中央政府将鼓励和扶持12个行业，其中包括金融服务、手工业、旅游业、医疗健康以及养老服务业。到这个五年计划的末期，在这些行业的就业人数至少要达到整个就业人口的39%以上[②]。可以想见，整个行业现在的就业人数已经超过2.6亿，而且自2011年以来，已经超过工业生产行业而成为最大的就业场所。即便如此，从就业人数在全国就业总人数中所占比例这个角度上讲，中国第三产业所容纳的就业人数依然非常低，譬如低于马来西亚的60%和美国的81%。“以中国目前的发展水平而言，人们可以期待着，中国服务业占劳动力总数的比例会达到一半左右。”中国社会科学院的专家徐奇渊就这么写道。[③]

徐奇渊把这种落后状态与多次提到的“中等收入陷阱”联系在一起。他以此认为，当一个国家的收入达到某一水平之后，这个国家快速增长的经济往往会出现停滞。在徐奇渊看来，中国现在正在掉入这种陷阱，所以“需要找到新的经济增长点”。他因此而呼吁：“新的经济增长点会在哪里？答案是，服务业。”这一点也在于要打破垄断和寡头垄断，如果想一想国家垄断的电讯供销商或者银行的状态，那不妨考虑今后在服务行业增大投资，在教育、金融以及医疗保险设施方面加大投资。一种这样的调整不仅能带动国内消费的提高，也会改善资本回报。这不仅在于使资本回报率高于工业生产，尤其在于它使数以百万计的受过良好教育的大学毕业生

① 国家统计局2013年2月22日：“中国人民共和国关于2012年国民经济和社会发展统计公报”。

② 中国政府网2012年12月12日：“国务院关于印发服务业发展‘十二五’规划的通知”。

③ 徐奇渊：“中国经济放缓是给服务行业需要自由设定的信号”，英国《金融时报》2013年4月15日第13版。

比以往更多地获得了高薪就业机会。所有这些也许就是致力于结构调整的意义，而整个国家未来的稳定也将随之而得到确保。这位高级研究员认为："中国能否跳过中等收入陷阱，取决于服务业的改革。"

《龙洲经讯》驻京机构也持类似的看法。他们指出，服务行业的增长速度远比工业生产领域要高得多。

"不仅民族企业，也包括外国企业，都开始随着中国增长期望值的变化，不再致力于加工业和房地产，而是着重于服务行业。这是一种明智的选择，因为相当大一部分中国人已经从收入上得到满足，并因此而使他们足以有能力在生产性的开支之外，逐渐增大自己在服务领域的开支。"①

长期以来，外国直接投资的 50% 以上都在加工工业领域，这已司空见惯。到 2012 年，这一部分还保持在 44%。服务业的分量也以类似的水平在提高，2013 年，这一行业的直接投资额首次超过了资本增加的一半。只要中国像中共中央在 2013 年 11 月三中全会上所做出的决定那样，继续开放服务行业、打破国家垄断，这个行业的分量就可能继续增加。在此，关键的还在于，这种自由主义意图也要有益于国际服务业的发展。尽管在市场化的道路上，还一如既往地存在有许多的障碍物，但葛国瑞（Greg Gilligan）——中国美国商会主席——肯定地说："可事实上，不仅中国的民族企业，也包括外国企业都在得益于中国政府的这种战略意图，并进行经济的再调整。"②

在这个重建计划中，人们也可以看到，中国新一代领导人还有意要跨越这个五年计划对服务业继续扶持。因为他们从这个产业中，看到了中国经济"持续性健康发展的新动力"，国务院总理李克强就这样明确地表述。作为城镇化的组成部分，这个行业将变成为国民经济重组的最重要的推动

---

① 姚丽蕾（Rosealea Yao）："寻找投资的未来"，《龙洲咨询》，2013 年 5 月 16 日。

② 美国商会驻华分会："中国服务行业的竞争和机遇"，《政策指南系列》，北京 2013 年。

力之一。因为这个行业不仅有助于消减对出口经济的依赖性，而且有助于刺激、提高内需。“因此，促进服务业加快发展，培育服务消费热点，改善服务消费环境，能够实现有就业、惠民生的发展。”李克强2013年5月对这个目标就是这么概述的。中国何以在此总这样地强调它们在服务业领域的努力？李克强的回答是：“中国将进一步发展服务贸易，扩大服务领域对外开放，并以此促进国内改革发展和经济转型，促进与各国在服务贸易领域实现互利共赢。”①

正好是在李克强致辞之后的4个月：2013年9月29日，中国政府在上海举行中国大陆第一个国际自由贸易区开幕式。尽管此举的价值、意义有待于进一步证明，可此举已经非常清楚：在金融服务行业，中国在自由经济方面有可能确实是认真的，而且它们有可能确实见好于对外国投资者开放。由此，非中国的投资者今后可以在这个29平方公里的地方进行自由货币兑换和存储。这些外国人以此就有权在华从货物市场、服务市场和资本市场尽情收益。包括一些被批准的外国银行，准许在这个金融实施垄断的国家开设分行。作为第一家欧洲金融机构，德意志银行于2013年11月提交了一份相应的开设分行申请。基于这种方式，国务院做出决定，清除对外国金融机构以及中国私有金融机构的限制，强化竞争。这就把新的银行客户和强化生产率的问题引入这些国家机构，使他们不得不考虑着，从利息业务进入商业交易，并对或迟或早、总有那么一天面对国际金融机构的挑战和竞争及时地进行预演和锻炼。②

在这个“自由贸易区试点”以及中共十八届三中全会相关决议中所包含的新意，也就意味着一场金融服务行业小革命。因为迄今为止，这个国家的货币——人民币——除了贸易业务之外，是不允许兑换的。而严格的

① 新华社2013年5月29日消息：“把服务业打造成经济社会可持续发展的新引擎”。

② 《中华人民共和国中央人民政府，国务院关于印发中国（上海）自由贸易试验区总体方案的通知》，2013年9月27日。

资本控制也使直接的外国资本流动绝对被禁止。属于这一改革步伐还有，在南部的私有经济重镇——温州，正在进行借贷款利息放开的试验。中央银行所做的也就是设定一个参考利息值。因为按照利息放开的原则实施竞争的话，存款人就可以期待高红利，并有可能给自己的个人消费多投出一些，至少从理论上讲是这么说。至于这种新的自由规定究竟何时生效，人们尚不清楚。文件中的说法是，在未来的两到三年内，也就是大约到2016年。最晚到2020年，上海将变为类似纽约或者伦敦那样的金融中心。只要金融机构设立权限放开；只要取消了对资金自由流动的控制；只要利息依市场的浮动为基础，那么这是可以想见的。当然，也包括人民币汇率放开。

总体来说，人们就上海这里所希望的是，对18个服务行业限制要取缔。从而使外国人自己搭台唱戏、招自家的角儿、建自家的班子。允许他们建立学校、进行职业教育，只要有一家国内合作者参与。外国医疗保险机构有权在这里试验性地销售保险，非中国的医疗健康机构，如医院，要保证设立分支机构。律师、金融服务以及旅行社可以比以往更多地开展业务。某些确定的电讯服务在未来也将获得许可，譬如为电子游戏生产和销售游戏机。而这在以前、在中国是绝对禁止的。

对这个新自由贸易区的反应相当好。有些评论者甚至以此与20世纪80年代建立第一个经济特区深圳的意义相提并论。要知道，中国正是从深圳经济特区才开始其经济奇迹的[①]。欧洲商会赞扬这个上海之新，称之为在给中、外企业以平等竞争条件方面所迈出的最重要的一步，也同时为“中国在未来如何对待外国投资问题上的一种突破”。欧洲商会负责人期待着这种自由贸易区能够很快地在上海拓展开来，并且在中国的其他城市也能出现这样的试验田。[②]

---

① 彭博社2013年9月27日消息：“中国希望在上海重复邓小平的深圳成功”。
② 2013年9月27日《欧盟商会快讯》：“上海自由贸易区：显著的外国投资新自由主义”。

而这恰恰是中共中央三中全会稍晚些决定的，这个决议还没有为大家所熟悉，新疆自治区党委就在 2013 年 11 月底宣布，与邻国建立一个自由贸易区。在德意志银行看来，中央政府所决定的这个尝试，是在“继续推动投资和金融业的自由主义经济政策。上海的这个自由贸易区将作为这项改革的试验区”。德意志银行认为，对于中国有可能加入美、日以及其他许多经济大国基于《泛太平洋战略经济伙伴关系协定》（Trans-Pacific Partnership，简称 TPP）[①] 而构建的太平洋自由贸易区来说，上海这个自由贸易区所带来的改变是必不可少的。因为太平洋自由贸易区之大，以至于世界经济总产值的 40% 都将包括在其中，而且它的重要性有可能甚至超过世贸组织。“假如中国被排除在这个太平洋自由贸易区之外，那世界市场的一个重要部分就将失却了，而且也因此有可能给外国投资形成障碍”。对此，德意志银行表示担忧。[②]

有一点是非常明确的：中国在服务行业努力着，而且显然也愿意融入世界经济。自 2001 年加入世贸组织以来，这一点首先尤其表现在外国投资和商品买卖上。而今开始拓宽到服务行业上。我们准备细致地看一看这一领域的某些行业及其地下潜藏的宝藏。了解一下，在西部那里已经发现了些什么宝藏，即便是还没有上海那么大的尝试性动作，即便是听不到中央政府那富于价值、意义的改造计划。譬如说，旅游，现在已经属于富有成就的大型服务业之一。

① 美国推动打造的跨太平洋全球最大自由贸易区。（译者注）

② 李林、马俊 / 德意志银行：“上海保税区及其影响”，2013 年 9 月 30 日。

02
世界旅游大国中国——我们旅游蛋糕的一块儿

2013年夏，陶伯尔河上游（德国拜恩州）的罗腾堡（Rothenburg）。登上市政厅塔楼的台阶是那么的狭窄，而前来参观的人又是那么的多，以至于市政府不得不在入口装上一盏小灯。当这盏灯变绿时，也就是说，上面的观望台有空地了，然后下一位客人才能获得进去的许可。站在下面教堂里等待的也有中国人。“好主意，”一位年轻的中国女孩说，可她那位站在十多位旅行者队伍中的男友却摇着头抱怨说，“他们为什么不把这个塔楼修得大一些？”

罗腾堡是德国一座保持最完整的、带着城墙的、彩色的中世纪古城，更是亚洲人旅行德国参观的重磅旅游景点之一。城市的中央区——法兰克区甚至还特别考虑到日本人。城里的许多景点还都同时有德语、英语和日语说明，也包括教堂、博物馆的指示标，甚或有些餐馆都有这几种语言的餐牌。可许多来自远东的客人却不是日本人，而是中国人。“您别生气，我分辨不出日本人还是中国人。”酒馆的一位女服务员操着浓郁的土音、耸耸肩膀说。她们这里曾一段时间有一位日本同事，可他不会说汉语，也似乎不怎么愿意尝试。“他们真的不愿意进来吗？”这位年轻姑娘问道。对于这些东方客人的民族归属，她也许辨认不清，可是她确实突然发现，并且想了一下后马上郑重其事地说：“我有一个感觉，这些客人要的酒比日本人多得多，不是吗？”

也许是这么回事儿，中国人旅行中肯花钱，买纪念品、买礼物，而且在一个旅游团里相互比，看他们有多么雄厚的经济能力（参看图十一）。尤其是那些奢侈品，在德国除了葡萄酒之外，还有博世西装、万宝龙（Montblanc）钢笔、完美福（WMF）锅等。2013年春节期间，中国人以63亿欧元的消费，创了他们购买奢侈消费品的新高，比上年度同一时期的旅游时期高出18%。一份调查报告显示，几乎四分之三的中国游客承认，他们在国外旅行时经常购买类似的高档消费品。[①]

图十一：中国第一次超过德国成为世界旅游大国

国家	国外旅行开支（美元、亿）				市场占有率 %	人均美元
	2005	2010	2011	2012	2012	
世界	6800	9310	10440	10740	100	153
中国	218	549	726	1020	9.5	75
德国	744	781	859	838	7.8	1025
美国	699	755	787	837	7.8	266
英国	596	5000	510	523	4.9	830
俄罗斯	173	266	325	428	4.0	302
法国	318	390	441	381	3.5	601
资料来源：世界旅游组织（UNWTO）。						

中国人是世界旅游大师，而且别忘了，尽管他们最早是从千禧年才可以不受太大阻碍地到处走动。以 8320 万人次外国旅游总数，中国人第一次在 2012 年超越德国人，也同时超越了 2011 年还保持着第二名记录的美国人。在这一方面，这些亚洲人属于第一个在一年内给外国旅游行业付出了 1000 亿美元的民族。这相对于上年度几乎增加了 41%。即便是这些来自中国大陆的游客们，把他们最重要的旅游地选择在香港、澳门，但以一年大约 3000 万的出国旅游人次，中国人依然属于外国游客中的第五大群体。世界旅游组织因此也提及外币兑换问题。中国人创旅游纪录，也要感谢人民币兑换率的因素。

按照世界旅游组织的介绍，十多年来，中国一直是世界旅游客源增长最快的市场。仅仅在 2000 年到 2012 年间，中国的游客数字就增加了

① 冯氏集团利丰研究中心（Fung Business Intelligence Centre）："中国的奢侈品市场"，香港 2013 年，第 10 页。

八倍。如此的高速增长我们前面也从消费支出增长上看到了。对于这种疾速增长的原因，世界旅游组织把它归之于随着快速城镇化而带来的收入猛增以及出国旅行手续的简化。“还有其他的一些新兴经济体，它们也给旅游业带来了增长的力量”，世界旅游组织（UNWTO）秘书长塔利布·里法伊（Taleb Rifai）介绍说。在中俄两国旅游业增长幅度最大的事实也显示出，这两个国家的中产阶级在不断地崛起。“这一点无疑将改变这些国家在世界旅行构图中的形象。”①

前景很美，尤其是中国。中国出境旅游研究所（COTRI）预计，在2013年，中国游客在世界各地约有9500万人次（增长14%），他们在世界各国消费约为1100亿美元（增长8%）。德国作为旅游目的地尽管在排名上位居13，可在欧洲范围内已经仅次于法国、俄罗斯而位居第三。2012年，来德国旅游的中国人大约75万人次，虽然他们平均在德国停留的时间也就两个晚上②。这一点也有可能会改变的，因为游客群体的结构情况在变化。专业人士的说法：除了大团旅游之外，有一个“中国人旅游的第二次浪潮”。在出国旅行的中国人总数中，这一部分游客的数量有可能达到30%到40%，而且增长的幅度会相当快。这一部分游客不仅不差钱，而且比跟团旅游的客人更有旅游经验。他们懂英语、年龄在45岁以下、生态环保意识浓、参观也注意放眼长远、停留的时间比较长，而且在诸如为什么、在何处、花多少之类的问题上，都是自己说了算（完全不同于许多被送到指定的商店、餐馆和酒店的旅行团）。专家们建议说，只要德国、奥地利和瑞士（德语区）希望从中国旅游业未来那1000亿美元的蛋糕中切下一大块儿的话，就不能忽略这一部分人。③

---

① 世界旅游组织2013年4月4日：“中国——世界新的头号旅游客源市场”。http：//media.unwto.org/en/press- release /2013-04-04/china-new-number-one-tourism-source-market-world

② 中国出境旅游研究院（COTRI）：“中国出境旅游的新发展”。

③ 沃尔夫冈·格奥尔格·阿勒特：“中国出境旅游第二波”，《旅游规划与发展》2013年10/2，第126-133页。此处参看第130页。

还是用淘宝者的语言来说话：在旅游行业中，尚有许多期待挖掘的宝藏：虽然说，中国眼下在世界旅游市场中所占份额几乎达到 10%，可人均每趟旅游的支出却还不足 75 美元。这充其量也就是国际平均值的一半，而且在 15 个最喜欢旅游国家排名中，倒数第一。作为比较：每名去国外旅游或者出差的德国人，在境外平均支出约为 1000 美元，高支出的新加坡旅游者甚至高达 4200 美元。也正是因此，许多人都认为，要更多地考虑到中国的个体旅游者。调查统计显示，在个人旅行的这一部分中国人中，三分之二的人每次外出旅游的境外开支都超过 980 美元。这 13 倍于与中国人的平均境外消费；6.5 倍于世界各国人士境外旅行消费平均值；甚至还超过了英国人在境外旅行消费的平均值。另外的一种统计显示，半数以上的个体旅行的中国人，在境外每天的消费约为 100 美元，这确实是一块儿很肥的肉。

值得注意的是：在欧洲，德国是这些远东来的新游客群体最重要的选择地[①]。您也许可以给酒店、餐馆、娱乐场所以及度假地介绍：如果中国游客不仅从数量上以两位数的方式增加，而且他们在欧洲的消费也比迄今为止所知道的都更多，那这将意味着什么？！为有助于我们就这种有可能在旅游国家出现的浪潮形成一个量化的感受，建议我们不妨看一下在中国本土所形成的旅游浪潮，这更加令人震惊。在中国本土旅游的数字是：2012 年，参加旅游的大约 30 亿人次（增加了 12%），其消费总数 2.3 万亿元人民币，相当于 3600 亿欧元（增加了 18%）。每旅游人次约 120 美元[②]。如果考虑到中国不断增长的生活质量水平，那可以想见，今后国内游客中将会有越来越多的人加入出国旅游的行列。那也可以想见，尽快地在罗腾堡的旅游景点和路标、餐牌上增加上中文，并把市政厅的塔楼修大

① 项逸仙（音译）：“中国独自出境游客的特点”，《旅游规划与发展》2013 年 10/2，第 134-148 页，此处参看第 145 页。

② 中华人民共和国国家旅游局 2013 年 9 月 12 日：“2012 年中国旅游业统计公报”。

一些，将不失为一件非常有意义的事情嘛！

我们怎样吸引更多的中国人到德国来：靠（海员）大杂烩。

在德国，就中国人出国旅游这个主题来说，沃尔夫冈 · 格奥尔格 · 阿勒特（Wolfgang Georg Arlt）教授属于知名的专家之一。他在德国攻读了旅游管理。此外，他还负责他自己筹建的那家研究所（COTRI）。这家研究所研究中国人的旅游情况。阿勒特还在柏林自由大学——自己家乡所在城市、台湾、香港攻读了汉学和政治学，并且在中国举办旅游活动。自 1978 年第一次进入中国以来，他已经 130 次到中国了。“德国可以从世界旅游大国中国获得巨大的益处”，这位旅游研究者说。[①]

问：阿勒特教授，我们现在坐在北京市中心的一家德国啤酒花园。这气氛感觉相当不错。可问题是，是什么促使那么多的中国人去喝啤酒、吃煎肉饼?

阿勒特：对于许多中国人来说，这就是一次德国小旅行，一种异国风情。您不妨瞧一下那边，就是旁边餐桌上的那位先生，他正在吃一个猪肘子，这仿佛就是一种勇敢的尝试，他以此表示，他是国际化的。这也就有些像我们订一条蛇。

问：可这个勇气尝试价值不菲，因为半升啤酒几乎就 8.2 欧元。

答：就像在上流社会一样，钱不重要。这家餐馆所选的这块儿地方原本就贵得够厉害。中国人有一句话；穷家富路，出门在外就别想省钱。

问：对外国人也是这样吗?

答：没有错。中国人 2012 年第一次超过德国人成为世界旅游大国，而且在国外的消费超过 1000 亿美元。

问：为什么中国人这么喜欢出国旅游?

答：出国旅游是一种社会象征。谁有好房子、好车子，有一个在国外

① 参阅“我们怎样吸引更多的中国人到德国来？”，“法兰克福汇报在线”2013 年 7 月 1 日 .http: //blogs.faz.net/asien /2013/07/01/wie-wir-noch-mehr-chinesen-nach-deutschland-locken-462/

大学读书的孩子，那他下一个投资的目标就可能是旅游。我们的调查显示，许多人其实并不喜欢这些。他们讨厌长时间的飞行、不喜欢国外的气候和餐饮。可正像人们愿意展示他们的古奇手提包和奥迪汽车一样，他们也愿意给别人展示一下在悉尼的留影。这也有商业方面的好处，谁有经济能力去纽约玩，这本身也许就是一种贷款信誉。

问：万达公司想在伦敦建一家高档豪华中国酒店。伦敦还缺高档酒店吗？

答：不缺，可没有一家是按照中国人口味建的。万达想在国外给中国人盖一家中国酒店，这听起来也不赖。况且，现在中国人已经在欧洲主动投资开始了一段时间。海南航空公司在欧洲至少已经介入了 50 家酒店。

问：通常的酒店难道赶不上趟吗？

答：这些酒店有许多不适应的地方，所以许多中国人对欧洲的酒店服务特别的不感冒。这常常从与酒店打交道就开始了。譬如，在前台接待称呼就搞错，因为中国人姓在前边。或者，他们被当作日本人。这肯定不行！

问：这种文化上的差异大吗？

答：在西方，在前台，总是女士们先得到钥匙；在日本是男人先拿到钥匙；在中国是老板先拿到钥匙，无论这个头儿是男还是女的。

问：不能忽视这些习惯吗？

答：很少有人像绝大部分中国人那样敏感。他们会马上觉得，自己受到慢待，尽管没有人有意识这么做。此外：谁在巴黎为一个总统套间花 600 欧元，那他就可能寄希望于，有人关照他，而不是什么都要自己干。

问：那么中餐呢？

答：在西方的连锁酒店中，自助早餐中有为日本人准备的寿司，这已经有一段时间了。可是，却没有粥、豆浆和咸菜，这些都是中国人早餐喜欢的。这些都需要酒店准备，尽管中国人也许在酒店早餐时选用西餐。所以这些目的就在于，对住店的客人表示尊重、强调和突出酒店对所有客人一视同仁。此外，还应该有中文的指示牌和餐牌，以及指示何处有亚洲艺术品商店。

问：假如我们在威尼斯看到这样的牌子，“我们讲德语”，那我们也许更不愿意走进这样的餐馆！……

答：中国人对于“会说汉语”却看得很高，而且餐馆、酒店应该在此方面下些功夫。我刚刚在柏林的一家酒店住过，这家酒店可以接收 150 个频道，有秘鲁台、巴西台以及其他许多台。可遗憾的是，只有一个中国台，而且是英语台。

问：怎么样才能赢得更多的中国人？

答：工作人员要多。中国人不喜欢等待，而且乐于被照顾。我估计，万达在伦敦的酒店会安置五倍于其他酒店的接待人员。只要工作量确定，那不妨计算一下，提供完整的旅游服务。万达原本也是一个旅游组织公司。

问：那酒店以外呢？

答：假如一位导游能够在亚琛说“卡尔大帝生活在你们的唐代时期”，那他就已经赢了。那么随后，他、他的组织机构以及这座城市将被继续推荐。以尊重的态度去接待中国人，这种付出会有所回报。

问：中国人对德国有多重要呢？

答：中国人到德国旅游的人数是有限的。在绝大部分情况下，德国只是中国人欧洲旅行的一部分，因为在每个旅游点的时间都很少。即便是去特里尔的卡尔·马克思故居，可也就是十分之一的中国游客进去参观，而其他的也就是照照相。可问题是，如果没有卡尔·马克思故居的吸引力，谁还会去那里？（笑）

问：是不是过高估计了中国旅游者的含义了呢？

答：绝对没有，因为我们还处在起步阶段。来德旅游的中国人数将会以 20% 的年增长率急剧增加。这是其他任何国家都不可能创造的成绩。

问：怎么样才能从中获益呢？

答：德国的每个地区都有的做，但他们最好从中国人身上下些功夫。譬如，您从哪里来？

问：就不来梅说。

答：为什么不来梅不给中国人拿出一个（海员）大杂烩餐的烹饪班呢？最好在老的议政厅。外加录像带、证书以及一两名要员来问候，甚或用汉语说一声：“您好”。谁想坐在市长的座椅上照一张相，额外交 150 欧元就成了。我们也许觉得这没劲儿，可中国人却乐于诸如此类的活动。他们对德国有好感，乐于到德国来，并且大包小包地采购。不单是杜鹃鸟挂钟，还有锅盆、小工具、博世西装。只要德国表现得聪明些，就可能从中国这个世界旅游大国那里赚到大把大把的银子。

03
保险业——一个涉及 13 亿人生活问题的话题

在中国人可以考虑旅行、考虑用更多的钱去度假之前，他们无疑也会先考虑着，预防家中的意外，也就是保险。中国保险业务的潜能非常大。百宝箱中的财富正在膨胀：2012 年，保险业毛收入增长 8% 达到 1870 亿欧元。其中增长率最高的是医疗保险，以 25% 的增长幅度先于意外事故险和财产险[①]。保险行业的发展还将继续加快。当然，对这一行业也有一个五年计划，而且按照这个计划，保险业总额到 2015 年要翻一番。代替 2010 年 1140 元的水平，要使保险费增加到 2100 元，大约 250 欧元。这里指的是每人每年的保险费。这富于诱惑力的前景早就呈现在这些保险业集团公司的面前。据德国安联保险集团公司（Allianz）估计，保险行业的个人保险费收入在今后十多年间，将以 12.1% 的年平均增长率快速增长，这明显地高于中国国民经济 7% 到 7.5% 年增长率。到 2023 年，中国在世界保险业市场的份额有可能翻一番达到 13%。到这时为止，恐

① 中国保险监督管理委员会 2013 年 1 月 22 日：“2012 年保险业经营情况表”；中国保险监督管理委员会 2012 年 2 月 3 日：“2011 年保险业经营情况表”。

怕也就只有美国一家还排在中国的前面。另外的一种说法就是：到2023年，世界新增保险费收入的四分之一有可能都在中国。在安联保险公司看来，除了整个经济增长的因素外，这种急剧增长的主力还在于中国中产阶级的快速发展和形成，我们从中国西部地区就可以看到这种增长的生活期待和追赶需求①。

可是，这项业务现在确实非常费劲儿，至少对外国企业如此。中国市场的管制程度很高，既不开放也不公平。在人寿险领域，外国保险公司仅仅获得了总额4.3%的业务；在意外事故和财产险领域，甚至仅仅获得了1.2%。这些外国企业觉得受欺负，尽管中国政府在2001年加入世贸组织时曾应诺说，它们将开发人寿、医疗、退休以及财产保险业务市场。虽然阻力不小，可在华的50家国际保险公司并不想把这个诱人的市场仅仅留给中国保险公司。咨询公司普华永道（PWC）的一项调查显示，绝大部分的外国保险公司期待着，到2015年止，它们在人寿保险行业的收入以15%到30%的年增长率发展；在意外事故险和财产险行业的收入有可能以20%的年增长率发展，但这也与此相关，那就是：究竟是否对这个汽车保险市场能够松绑以及如何进行赔偿②。琢磨不透的恐怕是，这些大型保险企业集团公司怎么样去赢得它们在中国市场的份额。法国最大的银行——法国巴黎银行（BNP）——在2013年7月，与北京银行就共建一家保险公司达成协议。法国的安盛（Axa）保险公司以五亿欧元的代价，完成了对中国天平汽车保险股份有限公司50%的股权收购。这家法国保险公司以此就成为中国这个保险领域最大的外国公司。

因为人寿保险构成了最大的保险群体——其规模两倍于财产险、十倍于医疗险之大，而且也因为德国保险公司在此的声誉最佳，因此有必

---

① 米歇尔·何塞（Michael Heise）/安联2013年4月13日：“世界经济展望——亚洲与中国”。报告投影图片第20页：“安联消息”2013年4月13日：“全球经济——喜忧各半”。

② 普华永道会计师事务所：“外资保险公司在中国”，香港2013年第9页。

要对这个领域进行详细的介绍。按照职能管理部门的介绍，2012年人寿保险总额约为1070亿欧元——自2005年以来增长了三倍。作为咨询公司，麦肯锡国际研究所预计，到2020年，达到4800亿欧元，以此使中国在这个市场从如今的第五位一跃而成为仅次于美国的第二位[①]。相对于西方工业国而言，中国人寿保险的绝对优势是难以理解的。来自德国的德国安顾保险集团（Ergo）保险集团公司董事会主席托斯滕·欧磊（Torsten Oletzky）介绍说："不同于西方的是，中国人寿保险市场发展的速度远比财产保险快得多。因此可以想见，中国给我们带来特别有意义的增值率。"

为了在大蛋糕上抠上一点儿奶油尝尝，德国安顾保险集团于2013年夏季迈出了第一步——把公司总部设立到山东省会济南，并开始销售人寿保险业务。因为还涉及合资企业的责任构成问题，所以安顾保险集团与国有投资机构山东省国有资产投资控股有限公司合作。据计划，它们的保险收入要在第一个五年，也就是到2018年，从120万增加到480万欧元。最晚十年后，就要越过盈利的门槛。最初的投资是7200万欧元，合作双方各50%。在第一个十年间，共计投资2.4亿欧元。"就安顾公司自身的50亿欧元资本来说，这不是什么大问题。可这却能够令我们在世界最令人惊心动魄的保险市场之一打造一个长期增长的立足点。"欧磊满怀信心地说。[②]

为了在中国打出一张王牌，安顾保险公司走过了一条艰难的路。为了一个许可证，他们等了六年。这个许可证使这家德国的公司有权在中国的一个省进行人寿保险业务。欧磊对此打击一语带过。他说："我们以为，也就是等上三四年的时间。这个延误的收获就是，我们从这个市场上学到了许多东西。"中国市场上的竞争之剧烈是毋庸置疑的：仅仅在山东就有

① 麦肯锡："在不确定条件下成长的中国保险实践"，上海2012年第5页。

② 参阅"在涉及13亿人生活之处"，《法兰克福汇报》2013年9月7日第1版。

75 家人寿保险公司，而安顾是唯一的一家把总部设在这里的外国企业。应该承认，在这个位于北京南部的省区里，居住、生活的人口从数量上比德国还多。另外的一个阻碍就在于，投保人对红利的期望值。作为世界上最能存钱的民族，中国人首先把人寿保险看作一种存款的方式。因为中国的公共养老保险不足，所以人们就自己存钱养老，也因此而对存款期待着高红利。中国的人寿险也因此对一些风险很大的项目进行投资，因为项目的风险越大，高红利回馈的可能性也就越大。可在通常情况下，欧洲人和美国人在自己的家乡对此是绝对禁止的。所以可以想见，面对这种红利竞争，他们恐难成功。

可欧磊并不这么看。据说，许多所谓的有利可图的保险都有可能被提前终止，因此他们无法支付投保人。他认为，一个长期、稳定安全保障性产品也许更好一些，尽管这些产品在整个投保阶段所承诺的红利都比较低。恰恰是在这一点上，欧磊看到自己公司的机遇。“我们在中国可以打出质量、信誉的王牌，安顾公司所赖以生存的不是豪赌，而是一种可靠的咨询、优质的产品以及风险保障和可持续性节约。”在中国，突然死亡保险经常被取消。可是，越来越多的快速成长的中产阶级家庭成员已经意识到，这种保险对于家庭是何等的重要。对于未来，欧磊所期望的不仅是一个增长速度比国民生产总值（GDP）还要快的市场，而且是一个两倍于估计 10 年内达到 10% 的外国份额。中国政府要提高保险的质量，这是有益于外国保险公司的好事情。由此可以想见，西方的最低资本要求今后也许应该借鉴。

安顾保险公司的例子显示，中国必须而且也能够不断增加对其薄弱地区的补偿。对于安顿保险总部而言，他们迫切所需要的就是在人寿保险方面的成就，因为这个行业对于慕尼黑再保险集团公司——安顾属于子公司——来说，这是一个新领域。由于利息下跌的原因，使得安顾保险公司也像许多其他的德国保险公司一样，很难找到丰厚的盈利性投资项目，也同样很难对投保人维持他们的承诺。2012 年，安顾在德国的人寿保险新业务下降了五分之一，并且以900万欧元的亏损代替了上年4500万欧元的盈利。因此，只要像计划的那样，安顾能够在比较短的时间内在中国有所盈利的话，那就是一个很大的成就。

04
用服务去赚钱——福利保险

“铁饭碗”早就空了——中国必须改革调整

你们相隔千山万水，可却天天相见。“当然是通过网上聊天，这并非什么难事儿”。马慎梅（音译）一边说，一边指着她那装着摄像头的手提电脑。不由人不对这现代化的通信技术感到惊讶，因为马女士已经年逾八十。她和老伴生活在北京的一家老人院，女儿生活在加拿大的多伦多（Toronto）附近。在放着手提电脑的写字台附近的橱柜上，放着一张四个外孙的合影。“如果我女儿住在中国的话，那她就只能生一个”。马奶奶耸了耸肩膀说。

现代的敬老院类似这家位于北京市东北方向的“寸草春晖”在中国还是少见的。然而，独生子女政策、不断提高的生活期望值以及年轻人的职业流动性——类似马奶奶的女儿这样的——已经使这种老人院的建设变成为一件相当紧迫的事情。中国经济的崛起——也包括医疗卫生，已经令许多人在过去的30多年间获益不浅。这也包括对一代人的合同协议式的剥夺，这样的一种后果不仅表现在中国，也同样地表现在许多农业国，而且一直就这么地流行着。按照传统习惯，子女照顾父母，养老送终，而且经常是在同一地方，通常也就是在家。可随着中国东南沿海不断提高的工业化，成千上万的年轻人作为农民工，离开故乡的农业省区，搬迁到沿海城市。也有越来越多的接受了高等教育的年轻人在其他的地方获得了机遇，其中不乏海外。他们的父母则回到故乡、村庄，在那里经常照顾第三代并且接收从远方汇来的工资。农民工通常在父母去世后，才返回故乡经营自己的田园——如果他们一定要返回故乡的话。

资本和劳动力的运作一直很顺利，就像电汇足矣，也仿佛这些年纪大的人由此变得几乎很少生病似的。可是，这种人口老化和快速增加的老弱病的数量形成了这样的事实：年轻人相对的越来越少、需要照顾的人越来越多，而这势必对整个社会的稳定造成威胁。因此，政府努力在福利保险方面进行改善。建立一个在医疗和退休养老方面给 13.5 亿人的保护屏障，这个目标不小。作为相应保护的也包括一些法律法规的制定，因为仅凭敬老与儒家的教育是不够的，所以自 2013 年夏季以来，法律把成年子、孙辈对老人的定期访问规定为一种责任。在这条法律生效的第二天，一位女士就被判每年至少有两天与她的残疾母亲在一起。①

在毛泽东时期，整个经济实际上都是国家的，所以生老病死都属于政府和单位的事情。按照“铁饭碗”的原则，事无巨细，都归单位管。不仅住房、买东西、就学归单位管，就连医院和退休金也归单位管，没有什么需要当事人考虑。随着 80 年代的改革开放以及 90 年代的国企和人民公社的改制、重组，中国人突然一下子要对自己的生老病死考虑了。尽管有国家的帮助，而且保险也按照市场经济的模式进行经营。可这个系统尚未达到这种状态，也就是无法像快速发展的经济那样以更好、更到位的方式运作。相反：这主要负担仍然压在个人的头上，因此人们不得不从自己兜里掏钱解决自己的病、老预防问题。与金融改革相关联的鼓励内需就是针对这种强制性节约而来的。主要的是，在这一点必须看到：盒子里的钱——无论是前面的，还是后面的——都不够，所以与其花了还不如存起来。麦肯锡国际研究所的一项民意调查显示：中国人省吃俭用却大幅度存款的一个重要原因就在于，他们对大病降临时大笔医

① “陌生来客”，德国《世界报》2013 年 11 月 2 日第 16 版；“中共为敬老立法”，奥地利《新闻报》2013 年 7 月 7 日第 38 版。

疗费用的担心和恐惧。[①]

05
三分之一的糖尿病患者是中国人——医疗改革

为了改善医疗补助、减轻消费者的压力，医疗改革方案作为法规在2009年生效，这项自千禧年以来一直持续的努力终于加快速度并付之于实施。按照这个新规定，96%的国民现在都享有法律规定的医疗保险，包括住在农村的人和农民工。2006年时，享受医疗保险的人只有46%；在法律生效的那个时候，当时享受医疗保险的人只占全国人口的86%[②]。自2001年以来，医疗费用支出从国民生产总值的4.6%增长到5.2%，而按照亚洲其他国家的先例，这个比例还要继续增加。在韩国和日本，医疗费用的支出相对地达到国民生产总值的7.2% 和9.3%[③]。在中国，人均年支出不到278美元，这只相当于非洲斯威士兰王国（The Kingdom of Swaziland）[④]的水平。可2001年时，这项开支在中国才47美元，在2009年医疗改革法案生效前，也就是157美元[⑤]。自此，这种法定的医疗保险只承担一种基本的医疗费用和大约一半的住院费，其余部分还像以前那样，仍需患者自己承担。就医疗健康方面的全部开支而言，国家现在大

① 亚历山大·Ng（Alexander Ng）、克劳迪娅·苏斯穆特·迪克豪夫（Claudia Sussmuth Dyckerhoff）、弗雷安·醇（Florian Then）：“中国的私人医疗保险——寻找制胜法宝”，《健康国际》2012年12期第74-82页。此处参看第77页。

② 孟庆跃（音译）、唐盛兰（音译）/世界卫生组织：“中国医保覆盖全民——世界卫生组织报告”（2010），日内瓦2010年。

③ 世界银行：“医疗卫生在国民生产总值的百分比”。

④ 斯威士兰王国（The Kingdom of Swaziland）：非洲南部的一个内陆国家，北、西、南三面为南非共和国所包围，东北面与莫桑比克为邻。（译者注）

⑤ 世界银行：“医疗卫生在国民生产总值的百分比”。 http://donnees.banquemondiale.org/indicateur/SH.XPD.PCAP

约承担全部费用的56%，2001年时国家所承担的比例还不到36%。在这个时期，国家在医疗方面的支出为3900亿欧元。到2020年，只要现在所推行的这种医疗保险制度继续推行，那——按照麦肯锡国际研究所的估算——就可能达到一万亿美元。这也许就是这个国家国民生产总值的7%。[①]

导致成本增加的原因首先在于医疗手段和方法的改善，昂贵的“文明病”[②]如糖尿病、癌症、心血管和呼吸系统疾病等的增加，城镇化加速了生活的富裕程度以及国家大幅度地承担医疗保险和医院开支。此外，除了中医之外，注册开业的医生和诊所也非常少。浪费、不必要的处方和护理以及医疗健康领域内的腐败猖獗也起到一定的推波助澜作用。人们在2013年得知，甚至连某些国际制药企业也介入了黑箱操作丑闻中[③]。但这并没有改变，或者说，恰恰正是这些证明，中国消费者对外国生产商更感兴趣。麦肯锡国际研究所的研究者这样写道：

“中国的医疗行业以令人难以想象的高速度向前发展……从药物到医疗器械直至自我药疗。中国属于世界上最活跃的市场，也是新兴经济实体中增长最快的国家…谁晚到，那只能是自罚。”

2006年到2011年间，药物市场的总额增长了大约163%，达到710亿美元，从而使中国由世界第九位向前一跃成了第三位。这个国家如今在医疗技术领域大幅度提高，而且以150%的增长率达到200亿美元。大型的制造商如通用医疗（GE Healthcare）和菲利浦医疗保健（Philips Healthcare），都每年在华超过10亿美元的销售额。制药业的情况也类似于此。英国该行业的领头供应商葛兰素史克公司（Glaxo Smith

① 弗兰克·乐·申等/麦肯锡：“医疗保健在中国——踏入未知水域”，上海2012年，第2页。

② 文明病（德语：Zivilisationskrankheit，亦称都市病）：一种随着国家工业化以及人的寿命延长而经常出现的多种疾病的统称。其中包括诸如阿尔兹海默病、动脉硬化、肿瘤、肝硬化、糖尿病、心脏病、中风、肥胖症等。（译者注）

③ “中国医疗保健中的性别和犯罪问题”，《法兰克福汇报》2013年8月24日第15版；“红包主导一切”，《法兰克福汇报》2013年7月25日第15版。

Kline）2012 年在这里拿到了大约 16 亿美元。类似于此的欧洲主要的制药公司在华有 3000 ～ 4000 人并且以每年 1.5 亿美元的投入进行着研发工作。大约在华外国企业的 40% 都来自欧洲。中国之所以如此的具有吸引了，也因为欧、美以及日本市场萧条。按照麦肯锡国际研究所的观点，这有助于“中国成功地作为对于欧洲和北美购买力停滞和投资力下跌的一种平衡”。

何以令中国在这个领域如此的活跃、富有生命力？除了著名的市场大且增长率高的要素外，在健康卫生领域还有一个特殊的要素，世界卫生组织称之为“双重疾病负担”：类似在第三世界所经常看到的那样，在新兴经济实体国家也出现了大规模的传染病，这就是那种在工业国家司空见惯的“文明病”，或者说“城市病”①。由于这种病发率的特点——在所波及的面积上，城乡之间的差别是如此之大；在漫延速度上是史无前例地如此之快，从而使得这种双重负担在这个世界，没有哪里像中国这样的严重、突出。这种疾病的传染速度确实令人瞠目结舌，可它却同时也给商人们提供了某种机遇。譬如糖尿病，按照中美两国 2013 年 9 月共同提交的一份研究报告，没有哪个国家的糖尿病患者像中国这样多。成年人的 11.6% 或者 1.14 亿人患有糖尿病，科学工作者基于 10 万名调查群体的结果得出了这样的结论。这是第一次超越糖尿病患者占成人总数 11.3% 的美国。大约 50% 或者说 4.93 亿的中国成年人处在糖尿病前期。所谓前期是指，患者体内的糖调节功能已经受损，但是尚未发展到糖尿病 II 期的状态。②

由此，中国的糖尿病患者高达世界的三分之一，并非像中国人口总数与世界相比的五分之一。“糖尿病在中国已经变成为一种灾难”，国际糖尿病联盟（IDF）的名誉主席保罗 · 齐梅特（Paul Zimmet）介绍说。

---

① 世界卫生组织：“慢性病的负担”。http：//www.who.int/nutrition/topics/2_background/en/

② 徐玉（音译）等：“中国成年人的糖尿病患病率及其控制”，美国医学协会杂志《JAMA》，2013 年 9 月 4 日。http：//jama.jamanetwork.com/article.aspx?articleid=1734701

造成这种“富贵病”的原因就是“快速繁荣的经济”。1980年时，中国患糖尿病的人也就只有国民的1%，中国糖尿病患者的这种剧增现象，确实是“世界上史无前例的”[①]。这种现象只能用错误的营养摄取和快速的肥胖剧增予以解释，因为这不单表现在孩子和年轻人身上。还有类似的令人惊愕的破纪录数据：十分之一的中国人是乙肝病毒携带者，每年大约有35万人被诊断为肝癌，几乎占世界的半数。[②]

正像人们能在中国靠新、旧的“双重病负担”挣钱一样，凯杰公司（Qiagen）已经在这一方面这样做。在分子诊断试验方面，这家在法兰克福上市的技术达克斯股公司是一家领先企业。在SARS猖獗的时期，凯杰公司在2002–2003年的中国市场上获得了成功。当时，这家企业把他们相应的疾病诊断测试捐奉出来。“我们以此打开了大门”，公司董事长比尔·萨茨(Peer Schatz)——一位在华的淘宝者，他就这么简单地声称——说[③]。在随后——2005年和2009年——的几场猪瘟和鸡瘟流行病中，他们成为“第一供货商”。2005年，凯杰公司在上海建立了分公司。一年后，在深圳收购了匹基生物工程（PG Biotech）公司。目前，这家公司在华有400名员工，其中10%属于公司派出人员。2012年时约为其12.5亿美元中的6300万，其5%的产值来自中国。他们公司总产值中的中国份额在逐年增长，因为在远东的年产值是以两位数的幅度增长，并以此两倍于整个总公司的增长率。如今，中国已经成为这家公司的第三大市场。“亚洲，尤其是中国绝对属于我们的未来市场”，萨茨先生说。12年后，亚洲的产值将肯定超过欧洲。

凯杰公司在深圳的研发部也得益于许多新企业的专利在亚洲无效，并因此而无权获得专利费。凯杰公司立足于深圳，对中国的“富贵病”开展

① 彭搏社2013年9月4日：“中国承受着1.14亿糖尿病的灾难性折磨”。

② 凯杰公司：“2012年度报告”，第44页。http：//www.qiagen.com/～/media/35E8B8B9C25D4FF78608A347D1F77410.ashx

③ 参阅“在华快速发展的凯杰公司”，《法兰克福汇报》2010年9月18日，第17版。

攻势。作为市场领先者，人们无疑也理解为试验者，正是借助于试验，人们才能对所谓的病菌进行确认。这一点也同样适用于对宫颈癌的确认。“只要能够及时地摘除，那不仅能够救人，而且也能够减少许多开支”。萨茨介绍说。测试的费用只是治疗费中极小的一部分。在未来的几年中，凯杰公司将致力于从城市到农村乡镇的大众医疗保险的拓展。政府对此也非常欢迎，因为如果农村的医疗卫生保障明显地落后于城市的话，他们担心造成社会矛盾冲突。萨茨进行介绍说。尽管所有这些都一帆风顺，可在这个大市场上也确实有许多问题和障碍，譬如经常遇到的专利保护问题。“许多竞争者尝试着，抄袭我们。”这位企业家摇了摇头说，“有时甚至模仿到了以假乱真的地步。”

类似的情况也反映在制药业和生物技术领域，中国的医疗保险市场给外国企业也同样提供了许多机遇。正像前面所提到的那样，进入中国保险市场难度大、风险多。可另一方面，这个门在逐渐地开启。权力很大的发改委以及医疗卫生行业的现行五年计划就这么建议：建立一种私人的、附加的医疗保险制度。此外，作为中央政府，国务院在 2013 年 8 月还保证说，降低个人加入医保的门槛，允许更多的个人资金——无论来自国内还是国外——进入医保体系，并且建立市场化的医疗保险体制。在上海的新自由贸易区，已经允许销售外国保险单。另一方面，中国人增长的富裕生活也给个人保险公司的发展创造了生存空间。尽管法定的医疗健康保险在拓宽，可是在保险收入上仍然缺很大的一个口子，尤其是需求量最大的医疗和药物方面。也包括住院时要单人房间，这是不许可的。“这些不足恰恰给个人保险提供了一个很大的发挥空间”。麦肯锡国际研究所的专业人员这么写道[①]。根据这些专家们的数据，越来越多的中上流家庭的成员对额外的个人保险感兴趣。大约 30% 的城镇居民已经办理了这样的保险，

① 亚历山大·Ng、克劳迪娅·苏斯穆特·迪克豪夫、弗雷安·盎格鲁：“中国个人医疗保险——寻找制胜的法宝”，《健康国际》2012 年 12 期第 74-82 页。此处参看第 77 页。

还有20%的人有可能加入这支保险大军。尤其是那些家庭收入稍微好一些的，也就是月收入在1.1万元人民币（大约1320欧元）以上的家庭。市场中的这种良性发展将会大幅度地增加，麦肯锡国际研究所的专业人士所期待的，不仅是对国内的保险公司而言，也同样是对外国保险公司而言。因为在这个世界上，在其他任何地方都不可能有一个让您一起去赚钱的为13亿人建立的保险制度。

06
未富先老的中国——养老金保险

再回到养老金和养老院问题上。“寸草春晖”老人院在北京。这个诗意般的名字源之于唐代（公元618年到907年），寸草春晖所传递给人们的是一种敬老，也是对子女们要回报父母以爱的提示。过去的情况是，后代要接受年迈、体弱的长辈，给父母养老、护理。如今，就像所有的工业社会一样，后人不需要自己亲自动手去做这些，而是掏钱，让他人负担这个工作。这就是人们熟知的社会化、专业化。

按照房间的大小，“寸草春晖”每月的宿费在2000到2500元人民币；餐费900元人民币；根据个人自理能力的状态，护理费最高到3000元人民币。所有费用加在一起，那最高费用就是每月6400元人民币——大约770欧元。这对中国人已经是够高了。家属子女对此要狠狠咬牙的。解决这个养老院费用的另外一个资金来源就是老人平时存的钱以及自己把不住的房子出租所得的收入。“退休金也是一部分，”这家养老院的负责人和创立者王晓龙介绍说，“当然，这一部分没有多少。”

与许多别的国家一样，中国面临一个严重的人口老龄化社会问题：太多的老人将来却面临钱非常少的问题，因为他们那增长的人数和寿命的延长远远超过了他们的养老金总额及其子女们的承受能力，即便是维持住这一代的社会契约。2013 年，介于 15 岁到 59 岁的人口占总人口的 68%。所以就国际标准看，中国还属于有创造力的国家。可是这同样的年龄段和比率，韩国近似于中国；在美国是 61%；在德国是 60%；在日本是 55%。从坐标线的另一方面看，也就是年逾 60 岁者目前在国民总数中所占比例的情况：中国为 14%；韩国为 17%；美国为 20%；德国为 27%；日本为 32%。换句话说，每一位中国老人差不多面对着 5 名有工作能力的国人，所以他们的养老就绝对的有保障。①

图十二：年轻人越来越少、老人越来越多

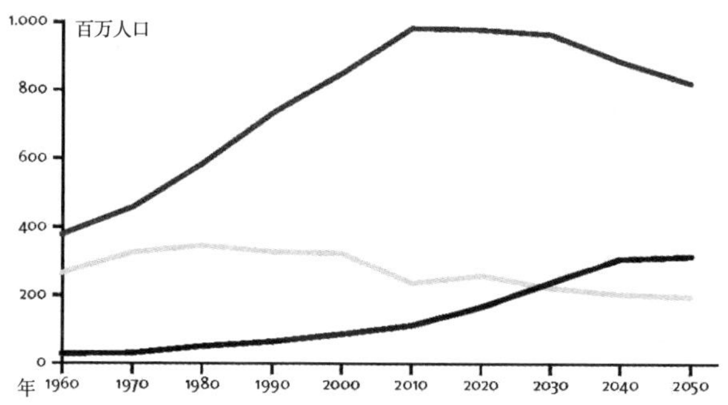

0–14 岁的人口 15–64 岁的人口 超过 64 岁的人口

资料来源：世界银行，http：//datatopics.worldbank/hnp/popestmates

然而，需要提请注意的是，这是一张动态图表，而且变化很快。中国已经跨过了其劳动力人口比例最高的美好时代，在 2012 年，中国的劳动力人口已经减少了 350 万人。大约到 2050 年时，代替现在 4.9 个劳动力人口去抚养一位老人的将是 1.6 个劳动人口去负担一位老人。在其他国家

① 联合国经济和社会事务部：《世界人口展望》，2012 年修订版，纽约 2013 年，第 23-26 页。

和地区的情况，譬如在欧洲、日本、韩国或者新加坡，情况将更加糟糕。但总有那么一天，这种老龄化的迅速发展就像在中国的那样，使其跨越了自己的极限，从而在某种程度上回到了类似以前那种经济发展初期的状况。1980 年到 2050 年间，中国的平均年龄有可能从 46 岁这个基础上翻一番。一言以蔽之：这个国家未到富裕却已经老化了，或者说“未富先衰”。哈佛工商学院的罗伯特 · 波曾（Robert C.Pozen），对这种矛盾状态做了这样的概述：“中国将作为第一个以发展中国家的身份进入老龄化社会的国家。”①

毫无疑问，中国政府也看到了这一点，并想方设法去进行疏导。这也就是他们何以努力着，要在医疗健康方面对养老保险建造一个基本保障的原因。取得了一些成绩：2013 年，按照政府所发布的数据，还应纳入参加养老保险范围的人口有 9.8 亿，其中已经有 7.88 亿人获得了养老保险，占相关人口群体的 80%。形成这种成就的主要在于两个新的规则，它们在 2009 年终于发展成为最重要的脊柱，至少从参保人数上如此。其一是包括城镇所有 16 岁以上的人口，即便是尚无正式工作者；其二是包括农村所有在此年龄段的人。在 2009 年以前，这两个群体根本就没有确定的国家养老保险，现在实施的新政策使 4.84 亿人得到了养老保险。②

此外，还有 3.04 亿缴纳医疗保险的人，这部分人在城镇有他们形式上的“雇主（或者说：单位）”，按照德国的说法就是，他们属于“社会福利保险责任就业者”（缩写：UEPS）。他们及其雇主们长期以来一直向某个法定的机构缴纳保险金，这种机构在城镇称之为“社保”。社保的数字这些年也在不断地猛增，仅仅在 2012 年就有 4700 万人，大约占 18%。按照五年计划的要求，到 2015 年，大约 3.6 亿的人必须以这种方式获得保障。城镇退休人员在 2013 年从国家手中所获得退休金每月平均

① 罗伯特 C. 波曾（Robert C. Pozen）：“中国养老保险制度之应对——保尔森政策备忘录”，芝加哥 2013 年，第 3 页。

② 2013 年 7 月 16 日“新华视点， 人社部：我国近两亿人未参加养老保险”。

值大约为207欧元，比上年同时期增长了14%[①]。这虽然比有些在岗员工的工资的增长幅度还要大，可却还不到类似“寸草春晖”这样的养老院收费的三分之一。

无论是否参加了这些保险，在中国属于贫困者的老人，在城镇依然有近乎5%；在农村甚至有22%。[②]缺乏保障的也包括农民工，对他们来说，这个福利保障并非像在全国范围内所普遍推行的那样，早就不多么有吸引力。理论上讲，这些流动的劳动力尽管可以把他们的这种权利随着流动而从一个地方带到另一个地方；可实际上，却只有在经历了没完没了的公文旅行和额外掏钱之后才有可能。对于缴纳养老金压根儿就没有一个国家登记目录。2012年，交纳养老金的农民工总数下降了10%，可这仅仅是从一个很有限的基础所获得的一个数据。农民工总数是2.6亿，可只有4500万有这样的保险，这不到总数的五分之一。[③]

在养老金保险方面，还存在着许多缺陷。譬如这样的问题：如何来协调不同的养老金保险基金；如何进行管理；怎么样用这些基金去投资，等等。最大的一个问题就是，如何对当年“铁饭碗”似的国家员工发放养老金，因为他们当年并未把钱交给这个养老基金。那在养老保险方面最稳定的这个群体当属于前面所提到的社会福利保险责任就业者（简称：社保）计划。这个计划由两部分组成：一个是分配制，以此就可以从现在的养老金基金中要求支付；另外的一个是资本保障制，在这种情况下，投保人可以平时把个人的钱为自己的养老长期零存。这第一个基金由企业主支付，他们以此把本单位工作人员个人工资的20%交给这个基金会。在第二个养老保

① 2013年5月28日中华人民共和国中央人民政府：“2012年度人力资源社会保障事业发展统计公报发布”；2013年1月30日中华人民共和国人力资源和社会保障部：“2012年人力资源社会保障工作情况和2013年主要工作安排”。

② 安德纳·维莱拉(Andrea Vilela)/国际助老会(Help Age International)：“中国养老保险以及新型农村社会养老保险之发展”。《养老观察简报》11期，伦敦2013年第1页。

③ 2013年5月28日中华人民共和国中央人民政府：“2012年度人力资源社会保障事业发展统计公报发布”。

险基金中，投保人又把自己工资的8%投了进去，以便以后退休时再拿回来。因为这些放在分配基金中的钱不够，而且也由于来自以前的许多原因，诸如所谓的遗留支付，地方政府作为养老金的保护者就可能对个人的保险账户伸手。在极端特殊的情况下，它们对个人保障储蓄的掠夺甚至高达90%的程度。

在所提及的这些不足之处，已经有一个涤除弊病的建议，那就是：对养老金实施中央化，使不同财政补贴融合在一起，并且在未来由（富有的）中央政府代替（贫穷的）地方政府来对养老金进行管理。还有，开发额外保险市场，促进个人保险公司在这个领域的发展，从而形成更多的资本型保险，并使其向养老金基金开放。那在今后很难得到经济保障的分配型养老金方式尽可能借助于资本保险来缩小。同时，中央政府要从原来的“单位”养老金责任重负中解脱出来，并且以税金解决这个问题，以便使养老金行业由此摆脱束缚。

另外的两个——也许更加重要的——调整点就是，在2013年11月召开的在三中全会上，中共中央就此做出了调整：提高退休年龄；放宽独生子女政策。就像前面所提及的那样，中国的男人60岁退休；女人基于其所从事的工作，而在50到55岁之间退休。退休后的返聘是在特殊情况下作为例外被准许，可许多退休人员仍然以继续在岗的方式获得额外的收入。这种出路实际上也就是黑工。据说，城镇中大约有三分之一的退休人员就以这种方式而继续工作。“退休年龄段界限规定尽快地提高，”中国人民大学老年病学专家——杜鹏教授——呼吁，“它（中国的劳动保障制度）源于50年代。在那时，作为寿命期望值的平均值是在42岁，而且每名妇女有6个孩子。今天寿命的期望值是75岁，而且将来能照顾老人的孩子更是非常稀少。”所以，杜教授建议，首先要把妇女退休年龄与男人的拉齐，然后再把整个的退休年龄统一延长。正像三中全会所显示的那样，这种想法现在已经为党和政府所接受。为了缓解劳动力的短缺；为了拯救中国养老保险制度，今后所有从业人员的退休年龄都应放宽到65岁。人社部社会保障研究所所长何平认为。从2016年开始，每24个月都必须把退休年龄延长一年。到2026年，男人的退休年龄界限就可以达到65岁；2036和2046年，女人的退休年龄界限也就到达65岁了。这实际上也就是延长退休年龄。按照工会的统计资料，现在的平均退休年龄在52岁。①

造成中国社会人口老龄化的主要原因是1978年的独生子女政策。如果没有这个政策限制的话，那么从那时到现在，中国至少多出生四亿孩子，安联保险集团公司统计认为②。只要中国的政治家不把现行规定的退休年龄延长，那么在未来的十年中，就会对劳动市场产生严重的负面打击。米歇尔·何塞——安联保险集团公司的首席经济学家介绍说。"即便是放宽或者取缔独生子女政策，市场上的劳动力势能倒退也就只能减缓些，而不可能阻止。"假如政府把退休年龄延长到65岁，那这种劳动力充足的状态在2016年就达到了极限。何塞随之用数字证明说："算一算看，即使把现在的退休年龄延长，可在市场上可供长期选用的劳动力充其量也就1.1亿。"

从所有这些调查研究所得出的结果可以看出：只要中国继续朝着更富裕的方向发展，并且要更多的社会阶层同步并进、别落队，那中国的经济和社会就需要"人口稳定的社会制度"（何塞语）。一连串突如其来的事情令这个国家应接不暇，类似延长退休年龄、放宽独生子女的政策也就需要修正，这虽然不可避免，也不能改变过去。此外，这种调整由于为数众多的例外也仅仅对三分之一的家长有效③。这件事情的敏感性是不言而喻的，从中人们已经意识到，这届新政府要进行相应的改革。借用原国务院总理温家宝的说法就是：先打一个虽然并不充分，可却无一遗漏地覆盖全

① "老龄化导致了中国的劳动力不足"，《法兰克福汇报》2012年7月5日第9版。

② 米歇纳·格林（Michaela Grimm）："中国的一胎化政策——成功的故事还是自食其果？"《安联人口浮动调查》2011年6月号，第1-5页。在此参见第2页。

③ "大规模的退休潮"，《法兰克福汇报》2012年7月5日，第18版。

国的保险网络基础。“只要做到了这一步，那我们就可以在这个基础上进行完善，并且使保险的水平随着国家社会和经济的发展而提高”[①]。

恰恰在农村，福利的状况非常差。基础养老金每月也就是55元人民币，尽管实际水平也许好于由银行兑换率所计算出来的水平（8.2美元）。即便是每月以35美元计的购买力，现如今在中国也买不了多少东西[②]。这点以人民币计价的购买力，远远低于这个国家的贫困线，而且也就是农村平均收入的8%，即便是平价购买力值也低于世界银行的贫困线。城镇里那些以前没有单位的老人，譬如路边摆摊的、打零工的或者非正式单位的，也拿到类似农民那样的象征性养老金。

在这种人口和社会福利变化中，对企业有什么机遇吗？当然有。消费品生产商必须把注意力放在这个新消费群体上。正像在工业国家所出现的那种情况一样，一个“金牌基层”（Best Ager）正在中国消费群体中异军突起，这个群体的消费观念绝对有别于后来者。在此所考虑的不仅仅是那些像药物、家用医疗器械、牙齿辅助品、护肤用品、节制力补偿产品等老人产品，而且也考虑到这个特殊年龄段的服饰以及那些易消化、低糖或者低盐的食品，或者相应的电子电器。“寸草春晖”老人院的那位亲切的马奶奶拉开一个抽屉，从中拿出一个键特别大的计算器。她也希望，自己的手机和计算机有朝一日有类似这样的大键。“有这样大键的，大部分来自日本。”马奶奶说。除此而外，他们老两口也喜欢旅游，譬如“走出北京，即便是单单进一次山”。可遗憾的是，这不行，因为他们老两口对自己也心里没数。女儿远在加拿大，可要说和一帮年轻人一起参加一个团去旅行，那根本就没戏。马奶奶在网上看到了，有些给老人的旅行项目。“这是好消息”，她说，而且也肯定对这些活动的组织机构——这些以自己的努力想从新的客户群体挣钱的公司——这么说。

---

① “2013年前实现养老金覆盖”，《中国日报》2011年6月20日。

② 安德纳·维莱拉/国际助老会：“中国的养老保险以及新型农村社会养老保险之发展”。《养老观察简报》11期，伦敦2013年第13页。

当然，老人们的购买力是有限的。在这个迅猛增长的社会群体中，相对富裕的人越来越多，他们能够承受类似“寸草春晖”这样的一流老人院，而且也必须承受，因为除此而外，他们对自己的晚年没有更好的去处。现在，集中照顾老人的项目在中国就像雨后春笋。“这是一种戏剧性的发展，有些地方进住的老人没人照顾。”杜鹏教授说。因此在2012年年末，国务院就老人院的建设通过了一个议案。这个议案的目标是，2012年到2015年间，要使老人院的床位翻一番达到610万个。随之，就可能解决3%的老人去处。在西方工业化国家，这个比例两倍于此。杜鹏教授说：“因为我们面临一个类似西方工业化国家的问题，所以我们也必须付出类似的努力。”

在中国，今后在每个乡镇都要建立一个类似的老人院，最简单的办法就是在那废弃了的旧学校的基础上修建。即便是当事人没有钱，但收费每人每月36欧元还是现下的富裕生活者可以承受得了的，杜鹏教授建议说。可在城镇，费用就非常高了。在北京，社会福利型养老院的一个床位每月就要250欧元。这笔数目不小，可明显地要比类似“寸草春晖”这样的私人、高级养老院便宜多了。在老人院，要建立的是一种基本的生活护理，所以钱不能少，但也不能太多。杜鹏教授明确地提出：“至于到底该当多少，还是让市场自己去调节。依我看，五星级的高档养老院，外国人要是愿意开，为什么不可以？”

汪小龙也是这样的看法。他是“寸草春晖”的创始人、主要投资者和责任人。50名员工负责这里的100名老人。这些老人中，年纪最大的102岁——年纪之长就像这个宁静的老人院中的那棵雪松。“这个市场特别大，而且正以大踏步的方式向前发展。”汪小龙一边从他喜爱的那个带盖的杯子抿了一口茶，一边说，“因为每一名客户、每一名投资者都能找到相应的。”汪小龙及其另外的四名合作者在这个项目上投入了120万欧元，从而把一家旧旅店改成了一家现代化的老人院。仅仅一年的时间，所有的房间就全满了，一旦有空床位，至少有三名申请者。2017年，在进入市场六年后，债务就会全部还清。没什么大惊小怪的，只要不辞劳苦，全世界的商人就都想取得这样的成绩。他们觉得，中央在十八届三中全会上所做出的对外国人开放养老市场的决定，给他们以极大的鼓舞。一名美国人给汪小龙和他的合作者许多钱，希望他们把这个养老院护理的整个设想转卖给他。“他（这名美国人）想建 40 家类似的老人院，”这位身穿蓝西服的老人院老板吹了一下他杯中的热茶，继续说道，“可我们更喜欢自己干。”汪小龙他们还想按“寸草春晖”的模式再建一个连锁老人院。下一家老人院要比现在这个大三倍。

第五节 综述：城镇化的财富

未来经济的增长率将主要发生在新兴经济实体的城市中。在这一方面，全世界提供最大潜能的就是中国。在此有一个进入城镇化的自然过程，而中国政府的城镇化政策使这个过程的力度更大。全世界600座富于发展力的城市，有242座在中国。在2010年到2025年期间，它们将在世界经济总数中，呈上自己高达28%的贡献。毫不夸张地说，未来世界三分之一的宝藏就潜藏在中国城镇化的进程中。关键还在于，当类似北京、上海或者广州这样的东部早起的一线城市的发展、增长意义相对减弱时，那充满活力的发展动力就继续朝着二线、三线以及四线城镇转发、传递。

在这些城镇居民中，有越来越多的家庭超过5.2万欧元年收入，或者140欧元的日收入。到2025年，在所有新兴经济实体中，这样家庭的数字将增加三倍，而且中国将占绝大部分。所有这些就意味着，一个大规模的投资风潮和消费风潮——就像过去几十年已经在东部带来富裕的那样——也随之将在中国西部地区出现，从而使城镇化居民阶层的大部分在生活质量上也不断地向前迈进。从未来的这种发展、进步中，获益的不仅是西部的人们，也同样包括来自世界各地的生产商、贸易商以及所有其他为之提供服务的企业。

走向胜利的路是曲折而艰难的。在此，户口制度必须改变，因为这种体制制约着劳动力的自由流动，并且限制了成千上万的农民对城镇化生活的全面投入。正常的人口流动就可能给中国城镇化释放出提高生产力、经济增长率和富裕生活的巨大力量。城镇的网络化只有通过大规模的投资才有可能。中国把其国民生产总值的一大部分投放在交通运输业和基础设施建设诸方面，这个投资比例之大是世界其他国家和地区——包括美欧在内——无法比拟的。就这样，在这个人口密度非常大的国家里，大型城市、港口、机场、世界上最长的公路、最快的火车网络在不断地向前发展和推进。外国企业从中可以尽力地获益，譬如楼房设施、机场设施以及建筑设计。

城镇服务行业潜藏着巨大的发展力，譬如快速发展的保险业。在中国大量的保险体系要被建立，其规模之大、数量之多当属世界上从未遇见过的。其目标——为13亿人在医疗和养老保障方面形成一个基本的保险——基本上已经达到。中国以此而成为世界药物和医疗器械的领导性市场，许多大型国际集团公司只能把这里作为自己的本土、基地，并集中其强势于此。在所有那些国家财力还不能完全顾及之处，譬如人寿保险、医疗保险以及护理保险等，就形成了一个可以获利的潜在市场。在旅游行业，今后也同样会有许多赚钱的机会。中国人尽管已经在国外成为世界旅游大师，可是人均消费却很少，而且在亚洲旅游的远比到欧洲旅游的要多得多。这种情况会随着具有个人购买力群体的增大而有所改变。他们同时寻求文化，也探讨自然，而这是最有利于欧洲中部地区，特别是德国、瑞士和奥地利。

在谈及自然环境这个话题时顺便提一下：在能源行业和环保行业，也同样的潜伏着大宗的机遇。由于2013年元月那史无前例的空气污染，从而也加速了对这一领域的改造，中国政府要把“绿色经济”作为发展的重点，这是史无前例的。即便是在今天，在再生能源的投资量方面，也没有哪个国家和地区可以和中国相比拟。最新的计划显示，到 2017 年，每年为环保投资 1500 亿美元。此外还有确定的责任性义务：把“绿色经济”到 2015 年建成为一个“重点行业”，每年的产值要达到 7300 亿美元。所有这些都是迫切、必需的，因为据估计，粗鲁地对待自然每年所付出的代价不少于 4900 亿美元，这种可怕的人为代价还在于每年有 120 万人因为环境污染而死亡。

从环境和能源的转变上，外国企业有可能以两种方式获益。巨额内陆投资应当快速地取得成果，从而使那些由于空气、水、土地以及食品的污染而骚动不安的国民平静下来。而快速见效只能借助于稳定、成熟的产品和方案实现。这就有益于那些多年甚至几十年专门致力于再生能源、节电、省热、楼房保暖以及其他领域的绿色经济的企业。这类企业中的许多都在德国、奥地利或者瑞士，其中有一些甚至属于这个领域世界领先的企业。2013 年 11 月在北京落幕的“欧洲 – 中国城镇化论坛”已经明确地显示了这些行业的未来机遇。国务院副总理张高丽和国家发改委主任徐绍史公开向欧洲企业发出邀请，欢迎欧洲企业在华加入城镇化和绿色经济建设的行列。欧洲理事会主席范龙佩（Herman Van Rompuy）也广告说，在这些问题上，世界上没有哪个地区在专家、技术方面可以与欧洲相比。因此，可以肯定，中国城镇化“也将成为我们行业发展的一个强大的推动力”。

即便是不在中国这块儿土地上具体地动手做什么，外国人也同样地能从中国赚钱——只要他们作为股票投资者在中国或者国际企业上正确投资，他们也将会随着这场繁荣而共同获益——一个明显的非现金性交易的好处。中国是世界最大的能源需求国和最大的废气排放国家。不仅在绝对数字上，也包括在人均数字上都超过世界平均值部分，然后才是其他的新兴经济实体。在这个人口大国，把大气污染、原材料浪费、能源浪费、自然毁坏等尽快地减退，这不仅仅是有益于中国人的事情，也是有益于整个人类的事情。这笔财富在此时此刻似乎并不怎么特别辉煌。可是，不消除这些，其他的珍贵财宝只能透过令人厌恶的灰蒙蒙尘埃去辨认，也就是像许多生活在大城市的中国人在雾霾之日在眼前所感受的那样。

第三部分

国内需求：最大的宝藏

中国是一个大数字的国家，如前所述，中国的基数大得令人瞠目结舌、赞叹不已。这个世界上人口众多的国家也面临着世界上最严峻的挑战，原国务院总理温家宝对这个挑战的严峻程度的总结是一针见血，其恰当、准确的程度恐怕无人比拟。温家宝在2003年入主国务院后，基于不同原因开了一份既简单又令人震惊的真实账单，按照他的说法：只要用13亿来乘的话，再小的问题都会成为大问题；只要用13亿来除的话，那再大的问题也会变成微不足道的小问题。

第一节　消费加速度：中产阶级作为消费推动力

01
假如每千分之一的中国人……中产阶级到底有多少？

中国是一个大数字的国家，如前所述，中国的基数大得令人瞠目结舌、赞叹不已。这个世界上人口众多的国家也面临着世界上最严峻的挑战，原国务院总理温家宝对这个挑战的严峻程度的总结是一针见血，其恰当、准确的程度恐怕无人比拟。温家宝在2003年入主国务院后，基于不同原因开了一份既简单又令人震惊的真实账单，按照他的说法：只要用13亿来乘的话，再小的问题都会成为大问题；只要用13亿来除的话，那再大的问题也会变成微不足道的小问题。①

这句勾画中国所面临的困难的句子，也就是留给这届新政府的这句话，也可以倒过来，从正面这样来理解：只要用13亿来除，再大的问题也能化小；如果用13亿乘，那再小的问题也会变成惊天动地的大问题。无可争辩的是，这种国家的发展及其大宗的人口数同时既是一件坏事，也是一件好事。说是一件坏事，因为13亿的衣食住行必须解决，13亿人需要饮水、吃饭、需要能源和医院。说是一件好事，因为13亿人作为消费者，这绝非小数目。

---

① “温家宝接受采访”，《华盛顿邮报》，2008年1月23日。

多年以来，企业和市场战略家们就苦思冥想着，究竟怎么样才能充分地利用中国这个用之不尽、取之不竭的潜在市场。“假如千分之一的中国人买我的喷雾发胶……我的灯泡……我的瑞士刀……我的红牛饮料……”他们心里想，而且这答案无疑令他们顿时眼睛都直了。除此而外，在世界上哪里还有一个 13 亿这么大的消费群体可以让你去琢磨？在印度，迄今为止还没有。在印度，不完善的交通设施把供销商死死地困在那几个死角里，动不了身。完全不同于中国的是，在这个次大陆的纵深处缺电、没有输电网，就连使用电灯都不可能。

然而在这里，规模性销售并非像想象的那么简单。日产生活必需品绝大部分出自于国内甚或当地生产厂家，许多市场对外国人不开放，消费者的品位和质量要求与西方工业化国家消费者的看法相去甚远。在许多领域，外国产品从价格上就失去了竞争力，无论这些外国产品是原装进口的，还是在中国加工、生产的。相当大一部分中国人只把钱花在维持温饱上，即便是有一点儿例外，也是把钱花费到廉价的民族企业产品上去，不会去买那些贵的外国货。就此还有一个令人印象深刻的数字供参考：尽管 2012 年，中国的人均纯收入几乎增长了 11%，第一次达到了 7917 元人民币，但这也就是年收入约为 1000 欧元。那所谓的中间值也就是在 7019 元人民币，这就是说：一半的人有可供支配的剩余钱，而另外的一半收入较低。低收入中几乎 40% 的钱都花在吃饭上。

城镇的情况也并不怎么太尽如人意。在城镇，除了吃饭的开销之外，另一个大头就是支付房租。此外还有一个为晚年生活保障的存储、看病以及子女教育投资。2012 年城市人均可支配的纯收入增长了 10%，从而达到年收入 24565 元人民币的数据，实质上帮不了太大的忙。这笔钱也就是人均每年大约不到 3000 欧元，而中间值维持在大约 2.2 万元人民币。[①]

在这些数字背后潜藏着一个重要的信息：中国人的购买力在改革开放35年后还仍然很有限。农村仍然是自给自足经济，也就是说，他们吃的，主要是自己种的；他们住的，是自己盖的房子。在城镇生活着几亿也就刚刚解决了温饱，并且把每一块钱都掰两瓣花的人，其中首先是那些刚刚离开农村并靠城里打工来养活农村家的2.63亿农民工。这里生活的人口不是一个小数目，这个人口数字比世界人口第四大国印度尼西亚还要多。所以说，从中国的人口数来谈它的市场能量，这恐怕是一种误区！

那是否可以说，消费品生产商寻找财富的努力是徒劳之举呢？当然不是！恰恰相反，准确地把握目标消费群体是必需的。它不在于中国的总人口数量，而在于拥有购买力的中国人群体，也就是所谓的中产阶级或者中层。中国过去的几十年间，既没有这种现象，也没有这个概念。在毛泽东的时代，这个国家只有三个阶层：工、农、兵。随着80年代的改革开放，尽管出现了企业家和消费者这样的不同社会群体，可他们不适合于这种阶层的范畴，所以人们一直排斥这样的现象和表述，直到新老两个世纪交替时。科学和社会界最初以“中间层”、“中间收入阶层”，或者以“中等收入群体”进行讨论，后来逐渐地过渡到使用“中产阶级”这样的概念[②]。

由于在概念上存在许多分歧，所以中国的中产阶级也基于不同的定义而计作为2.4亿到10亿人口。无须争议的是：他们所包含的范围相当大，而且在不断地扩大并增加其富有的程度。按照纯购买力每天消费在2到20美元之间这个水平，亚洲发展银行来定义中产阶级。如果依次来计算的话，在中国大约有89%的国民属于这个阶层，也就是超过10亿人

---

① “中国人民共和国关于2012年国民经济和社会发展统计公报”，中华人民共和国国家统计局，20113年2月22日版，第11章：“人口，人民生活和社会保障”。http://www.stats.gov.cn/english/pressrelease/t20130222_402874590.htm.

② 李成（Cheng Li）：“中产中国——超越经济转型的新兴中国中产阶级”，华盛顿2010年，此处参看第8页。

口[①]。如果按每天 4 美元的可支配收入算，有 66% 的国民属于中产阶级；如果按每天 6 美元的可支配收入计算，那这就形成了中上层，大约有 44% 的中国人，也就是 6 亿人口达到这个水平。

对于官方提供的数字来源要谨慎些。按国家统计局的介绍，那些收入介于 6 万到 50 万人民币（7200 到 6 万欧元或者 9700 到 8.1 万美元）之间的属于中产阶级。中国社会科学院的一个调查显示，2009 年，中产阶级有 2.3 亿人，占城镇人口的 40%[②]。李成（Cheng Li）——华盛顿智库布鲁金斯学会（Brookings Institution）的一名政治学家，他就中国的中产阶级出版了一本专著——从收入、财产、教育、职业、消费状态以及归属感的相互关联中，对中产阶级做了一个定义。他把中国中产阶级的数量预算为 2.43 亿人，接近于中国社会科学院的算法。[③]

争议不休的也包括在中产阶级增长的强度问题上。即便是在中国社会科学院内部，也对增长幅度有不同的预计，譬如从 1.8% 到 3%。按照有些预计的说法，到 2015 年时，就有大约三分之一的中国人进入中产阶级，约为 4.5 亿人。五年后，就期望达到 40%，总数超过五亿人口。按麦肯锡国际研究所的预算，在 2012 年约有 1.74 亿个家庭进入中产阶级，按每户三口人计算，也就是 5.22 亿人口。到 2022 年，应有 2.71 个城镇家庭约 8.41 亿人口达到中产阶级水平[④]。按照这些不同的数据可以推论说，2013 年大约有 3 亿中国人属于中产阶级，这个数字随后将以每年最少新增 1000 万

① 张远（Zhang Yuan）、万光华、Niny Khor：“中产阶级在中国的崛起”，《亚洲开发银行经济工作通讯》系列第 247 号，马尼拉 2011 年，第 8 页。

② 2011 年 8 月 24 日《北京晨报》：“社科院报告称 10 年后中产阶级将占城市人口半数”；中科院有些科学家认为，现在中国中产阶级占国内总人口的 23%，约 3.1 亿人。参阅 2010 年 8 月 30 日“新华社网”消息：“陆学艺：当代中国社会结构与社会建设”。

③ 2010 年 12 月 14 日“布鲁金斯学会讨论纪要”，《安德森考特报告》，亚历山大（弗吉尼亚州）2010 年 12 月，第 2-55 页，此处参看第 5 页。

④ 鲍达民、陈有钢、金春芳：“勾绘中国的中产阶级”，《麦肯锡国际研究》季刊，2013 年第 3 期第 54-60 页。此处引文出自第 58 页。

人数的速度发展。每三年预计进入中产阶级的中国人口数，相当于马来西亚、加拿大甚至中国台湾的人数。

02
数以万亿计的消费——中国人进商店

麦肯锡国际研究所的研究发现，2012 年到 2022 年期间，中国中产阶级的消费支出将增长 2.5 倍，也就是从 1.2 万亿美元上升为 3 万亿美元。亚洲发展银行把 2010 年中国中产阶级的购买力预计为 6410 亿美元明显的太低[①]。即便如此，可这个价值却也相当于瑞士一个国家的国民生产总值。中产阶级问题专家——霍米 · 卡拉斯（Homi Kharas）和杰弗里 · 格茨（Geoffrey Gertz）——认为，一个“新的国际性中产阶级”正在中国茁壮成长，并依据他们对不同价值的估计，把 2009 年的纯购买力定位在 8600 亿美元。中国以此在世界排名中位居第七，并且囊括世界需求的 4%。到 2020 年，中国将一跃而成为世界购买力最强的国家，并将名列美国之前。到这时，中国国民的年购买力将达到 4.5 万亿美元，并且占世界消费支出的 13% 左右（参看图十三）。[②]

① 亚洲开发银行：“亚洲中产阶级在崛起”，《2010 年亚太地区主要指标》第 3-57 页，马尼拉 2010 年版，此处参看第 8 页。

② 霍米 • 卡拉斯、杰弗里 • 格茨：“新的国际性中产阶级”，《中产中国——超越经济转型的新兴中国中产阶级”，李成主编，华盛顿 2010 年，第 32-51 页，此处参看第 40 页，第 50 页。

图十三：庞大的购买力——中国中产阶级消费支出

国家 2009	亿美元 *	世界分额 %	国家 2020	亿美元 *	世界分额
美国	43770	21	中国	44680	13
日本	18000	8	美国	42700	12
德国	12190	6	印度	37330	11
法国	9270	4	日本	22030	6
英国	8890	4	德国	13610	4
俄罗斯	8700	4	俄罗斯	11890	3
中国	8590	4	法国	10770	2
意大利	7400	3	印度尼西亚	10200	2
墨西哥	7150	3	墨西哥	9920	2
巴西	6230	3	英国	9760	2
资料来源：卡拉斯、格茨的《新的国际性中产阶级》第 40 页。					*= 纯购买力

当人们只注意中产阶级对西方产品的购买兴趣时，这些大数字就可能使人们夸大中产阶级的意义。麦肯锡国际研究所因此对此做了进一步的细致考察，并对中产阶级进行了详尽的划分。这个结果令人感到惊讶：在 2000 年，只有 4% 的城镇居民家庭属于中产阶级，因为他们所拥有的可供支配的年收入在 6 万到 22.9 万元人民币之间（按现在的兑换率约为 7200 到 2.8 万欧元）。在 2012 年时，属于这个群体的（纯收入）已经上升到 68%；到 2022 年，无疑会达到 75%。重要还在于：中产阶级中购买力最强的上层（简称：中上层），也就是每年可供支配的收入至少在 10.6 万元人民币（1.3 万欧元）以上的这些家庭，其数量增加的强度将是非常大，确切地说，从 2012 年的 14% 在增长到 10 年后，达到 54%（参见图十四）。

与中上层从数量上剧增相对应的是，中下层的人口数目则明显减少，并且从 54% 下降到 22%。贫困阶层，也就是那些家庭支出只能低于 6 万元人民币（7200 欧元）的群体，其份额从 29% 下降到 16%。另一方面，年收入为 23 万人民币（2.8 万欧元）或者更高的富人所占比例增加了三倍，从 3% 上升到 9%。如果认可这个预计的话，那么在 2012 年到 2022 年间，中国城镇的消费品支出将增长 2.5 倍达到 3.2 万亿欧元。其中富人将以 25% 的份额呈现出极度的发展，而贫困阶层将以 5% 的份额显得消费极少。中上层在整个家政开支方面所占比例，将基本上相当于他们这个群体的增长情况，即在 56% 左右。可是这个群体在个人消费品支出的平均增长率方面，却远比其他所有群体都快，甚至比富人群体的增长力度都大。这种增长幅度保持在每年平均提高 22.4% 的水平上。麦肯锡国际研究所由此推论说：“中上层群体将成为未来十年消费品支出的主动力。”

图十四：中国中上层所显示出的消费对比图

	占城镇家政的 %		个人消费在城镇所占 %		收入阶层 *	预计 2012-2022 每年平均增长率 %
100%=	256 百万	357 百万	10.1 万亿元	26.8 万亿		10.3
	3	9	11	25	富	19.6
	14	54	20	56	中上层	22.4
	54	22	54	14	中下层	–3.3
	29	16	16	5	贫穷	–1.5
	2012	2022	2012	2022		

* 依据 2010 年可供使用的家庭收入。富：超过 22.9 万元；中上层：10.6 万元 –22.9 万；中下层：6 万 –10.6 万；贫穷：低于 6 万元。

资料来源：麦肯锡国际研究所。

当然，在其他新兴经济实体国家中，中产阶级的增长力度也非常强大。但在市场吸引力方面，中国是绝对领先、无与伦比的，在香港、曼谷（Bangkok）、墨尔本（Melbourne）都设有分部的丝绸之路咨询公司（Silk Road Associates）发现：如今亚太地区这个中产阶级的三分之二都生活在中国[①]。但还有一点：一个众多的人口数和可支配的收入还不足以形成市场。可丝绸之路咨询公司却证明，在156座城镇的调查中显示，家政开支增长的强度确实与收入增长相似。这一点给人们带来的影响，远远超过了这种现象本身，因为在新兴经济实体中，消费增长的曲线通常与收入增长的曲线不是平行线，而是S形的，确切地说：起初，需求增长很快，一旦达到某个顶点，那随之就逐渐地趋于平缓，而且市场越成熟，越平缓。可在中国，却并非如此，这似乎就形成了这么两个结论：要么是，中国的发展还没有达到其最高点，这有可能是因为收入增长的幅度还不够大；要么是，这个收入阶层所期待的是更高价值档次的产品。

贝哲民（Ben Simpfendorfer）找到一种有说服力的解释。作为丝绸之路咨询公司的创始人，他曾经出任苏格兰皇家银行以及摩根大通（JP Morgan）驻华部的首席经济师。他的解释是：实际上，这种所谓的直线是由许多种S形曲线组成的，他以购买牛肉作为例子来进行证明。起初，人们只买当地的牛肉，但随着收入的增加，便开始购买进口的甚至纯生物、自然饲养的。贝哲民称这种现象为“中国中产阶级的上升趋势”。只要这些消费者正常、健康地发展，那么情况就像在食品领域那样，或者就像在手提包方面的品牌意识那样，而且在化妆品进口方面也类似。

所有这些的直接意义就是，中国中产阶级更多地发展成为中国消费品的主要驱动力。那位出生于上海、生活在华盛顿的中国政治分析家和中国问题专家李成（Cheng Li）把这种现象总结为：

“在为数众多的影响中国消费市场发展的力量中，就它们各自的影响

---

① 贝哲民等：“上升的中国中产阶级”，丝绸之路咨询公司刊物《中国内幕》（China Insider），2013年3月15日，第2页。

力程度而言，没有哪一种比中国中产阶级的快速发展与崛起所形成的作用和影响更大……这么多的人，在一两代期间就形成一个这样的经济进步，实属史无前例。”①

在一个不太长的时间里，中国的中产阶级先是从人口总数方面，然后是以其购买力势必会超越美国，然后超越欧洲。按照世界货币基金组织的看法，在世界消费品的增长率方面，中国大陆在2011年所做出的重大贡献就已经超越了美国。就是在这一年，中国人的消费支出比2010年多出了6000亿美元，而美国人在同一时期也就是5000亿。按货币基金组织的观点，这种记录提供了“中国消费潜力的一种基本的印象，那就是：中国消费力构成了全世界终极消费的关键来源”。②

03
变化着的购买力有益于西方生产商

只要看一下麦肯锡国际研究所的研究报告就会了解到，到2022年，中国中上层的增长幅度就会达到三倍，并将以1.9亿家庭、约5.8亿人口的数量在这个世界最大的市场上构成城镇消费的最大部分。这个群体兜里揣的、购买外国商品的钱也将明显地增多。中国消费者中的这种“新主流”——就像那些咨询专家所称呼的那样——已经准备着，从一个更高层次去接受那些新的、更贵的产品系列，并在人们迄今为止一直购买的商品中，选择那些质量更好的产品。在英语中，人们称之为“向上走势”，也就是消费、使用物品水平的提高。尤其引人注目的是消费者中的下一代——

---

① 李成：“中产中国——超越经济转型的新兴中国中产阶级”，华盛顿2010年，此处参看第3页。

② 史蒂芬·巴尼特（Steven Barnett）、阿拉·米沃达（ Alla Myrvoda）、马哈·纳巴（ Malhar Nabar）：“中国消费”，《金融与管理》（国际货币基金组织季刊），2012年9月，此处参看第30页。

人们称之为第二代（G2），因为他们属于80年代中期改革开放后出生的人。他们的年龄基本上在20岁末，或者更年轻些，在一个相对比较优越、富裕的生活环境中成长起来，伴随他们的是城镇物质生产质量、水平的不断提高和改善的岁月。市场研究人员称这一代人为“在做决定方面自信、独立而且坚决。这种独立性也决定了他们的消费态度。这些人中的绝大多数都属于独生子女，因为在他们出生的那个岁月，政府严格的实施“只生一个”的政策”。[①]

这些专业人士接下来的一句话更耐人寻味：“这一代的消费者是迄今为止对西方最感兴趣的。”在这一代人看来，贵的就比便宜的好。他们乐于尝试新的，对数码通信和娱乐等电子产品、设备特别热衷，而且许多购买决定都是以网络信息为导向。他们的品位要比前辈们更加精细；他们寻找商品看重于社会地位象征，而且热衷于他们所信奉的品牌，对小规模生产的兴趣要比大规模的高得多。因为这些中产阶级对独生子女特别溺爱，所以这些孩子们的购买兴趣就足以得到满足。一项民意调查显示，甚至连这些家庭购买的一部分，也完全取决于这些孩子的兴趣。也就是说，这些孩子决定父母的采购行为和态度，甚至包括影响和决定着爷爷奶奶和姥爷姥姥们。

这种变化可以从商业销售中就感受到。在不久前，城镇中产阶级中的绝大多数还是按照习惯的观点来购买。对日用品考虑比较多的是价格和功能，而产品的设计和美感在购买决定中所起作用则很小。然而，正像对40种消费品所进行的一项民意调查所显示的那样，设计和美感在人们的商品选购决定中的作用和意义最近在增加。调查统计显示，对中上层来说，在重视纯粹“实用”的同时，“感觉功能”也越来越重要。可以说，“感觉”属于购买决定的五大要素之一，在某些产品类型中甚至成为两大关键的决定因素之一。在此方面，中上层喜欢靠品位和介绍、推荐去选购，而

---

① 陈有钢、金春芳：“勾绘中国的中产阶级”，《麦肯锡国际研究》季刊，2013年第3期第54-60页。引文出自第58页。

不是靠价格和理性。这种选购决策的程度比下层高出 50%。[①]

西方生产商如何就这些变化来定位呢？一方面，这种“上升”无疑是有益于这些外国企业，因为他们的产品质量和品牌是世界公认的，即便是在进口受阻、外国产品很少进入中国市场的时期。为了接近中上层，尤其是接近我们所说的这个第二代，现代广告、市场以及销售攻势是必需的，其中包括大众媒体或者通过网络、电子销售渠道。美国体育用品生产商耐克公司就是以这样的方式在中国城镇开展攻势的。它们设立了成千上万的“快速反应码”——信息扫描，并且借助于出租车、公交汽车、地铁、广告牌上甚或大学告示板。

想方设法与潜在客户取得联系。耐克公司的广告也活跃在人们所说的微信中，因为这个第二代几乎人人都使用这种短讯服务。尽管，除了中国之外，微信这种方式在其他国家和地区还不怎么特别的流行。

因此，西方企业必须拓宽自己的广告区间和方式，以便接触到那些迄今为止的重点市场之外的消费群体，也就是人口以数百万计的中产阶级家庭成员。因为内陆的经济和富裕程度现在增长的速度要比沿海城市大得多，所以向中国内陆、西部以及东北的销售是一个新问题，销售的渠道和网络还不畅通。但重要的是，不要忽略了这个规模巨大的销售市场。在此，某种双重战略也许不失为一种最佳选择：以简单产品供应中下层；以高价值产品供应中上层。企业如何在这种情况下来避免自己内部的竞争，麦肯锡研究所借助于一个匿名甜食生产商的例子介绍了这一点。这家甜点公司在富裕程度高的城市推销自己的高档产品，同时在一些偏僻的地区通过小店销售自己的普通产品。专家们这么介绍说：德国拜尔集团公司以其“消费卡”——提供非处方的药物和食品——的方式，开始了自己的模式。这家公司在 28 座大型城市中，有针对性地建立了与中上

① 马克思·马尼（Max Magni）、费里克斯·蒲（Felix Poh）：“赢取中国新中产阶级”，《麦肯锡国际研究》季刊，2013 年第 3 期第 61-69 页。此处引文出自第 62 页。

层的联系，又同时把自己的销售网络向小城市扩展，以便使更多的城镇化人口进入自己的销售网络。这种双轨方式可以很快地见效。正是以这种方式，那家甜食生产商在他们实施这项战略策略的第三年，就使其在华的营业额增加了15%。麦肯锡国际研究所把它们的成绩以及其他以此获得成功的公司范例归结为：

“中国新的中产阶级不仅变得越来越重要，而且这种变化的速度远比绝大部分企业所预见的还要快。那些尚未开始把自己的注意力放到这些富裕且充满活力消费群体上的国际型企业集团，现在就应该改弦更张。否则他们就会自食其果，因为市场有可能就因此而从它们的身边溜走。”

致力于这个日渐增长的中国消费群体的企业，其中如德国汉高（Henkel）集团公司。对这家公司来说，中国首先是作为富有吸引力的工业胶市场。因此，这家公司在上海修建了世界上最大的胶生产基地。尽管，这家贝西尔牌洗衣粉生产商在第二领域——销售洗涤剂和清洗剂——方面没有进展，可在第三领域，也就是“美容护理”产品却成为最赚钱的。其中也包括个人护理产品，如香皂、沐浴露、洗发水、护肤霜以及在中国被看作特别重要的染发剂。迄今为止，这些产品构成了这家公司在华营业额的15%，每年大约1.7亿欧元，而其余部分则来自胶的生产。这家集团公司董事长卡斯贝尔·罗思德（Kasper Rorsted）已经决定，在未来的几年中，要把个人护理品在总营业额中的份额翻一番，增大到30%的比例。为此我们也必须大规模投资，罗思德宣称，“尤其是在美容护理方面，我们要扩展”。这符合罗思德的战略，到2016年，2000万欧元产值的一半要在这个新兴经济实体完成。①

中国，也就是汉高公司每年实现其产值增加10%到20%的地方，属于奔向这个目标道路上的最重要推动力。以165亿欧元总营业额的7%，对于汉高公司来说，中国已经成为仅次于美国和德国的第三大基地，而且

① “汉高在华开始工业胶生产”，《法兰克福汇报》2013年9月13日第19版。

在不长的时间里，甚至有可能上升到第二位。对于汉高公司来说，中国不仅是一个巨大的市场，也是一个盈利高的地方。罗思德这么透露说："我们在这里赚的钱比其他任何地方都多。"这家企业所生产的品牌如施华蔻（Schwarztkopf-Schauma）以及花牌（Fa）等，在中国归属于丝蕴（Syoss）系列，而且是为亚洲人特别研制开发的产品。类似听装的剃胡子泡沫那样，有些染发素也用听装的包装：这种产品有两个瓶（听、小桶），使用时分别打开两个盖子，各自倒出来些进行混合后即可直接向头上涂抹。"这个护理品市场活跃得简直要发疯了似的，"罗思德解释说，"从正面意义上讲，中国人特别虚荣。"尽管人均支出有限，但谁喜欢使用这些爱美的商品，那他为此从收入部分所花掉的份额就比欧洲人还要高。"这对中国人来说，是支付得起的奢侈，这也许就是人们所要显示的。"罗德思说。中国城镇化水平越高，进入中产阶级的人越多，那这个市场对于这家公司越有利可图。

从所有这些得出的最重要的认识就是，喜欢消费的阶层在中国不仅茁壮成长，而且他们的消费观念也在迅速转变。这里所需要的，不仅是普通的产品，也需要高档产品，包括奢侈品。只要西方生产商有竞争力，选择了正确的战略策略而且进入市场不受阻拦的话，他们就能在各种价格范畴中取得成绩。随后我们将具体展示几个例子。但首先要明确的是，那些在未来的岁月中加快购买力发展的因素，因为如此的强大实属史无前例。

04

不同的肤色、不同的头发——为什么欧莱雅集团用漂白剂和人参进行洗净实验

法国企业欧莱雅集团（L’Oreal），一家世界著名的化妆品生产商。上海一家大型实验室里，看着一个个身着白大褂的人穿过走廊，有点儿让人联想起医院。在其中的一个房间里，趴着两名光着上身的自愿者，他们的后背让人似乎想起了国际象棋的棋盘，表面上有许多被烤得很厉害的小块儿——以这种方式进行防晒霜实验。获得合格证所要求的条件像西方的一样严格。研究室主任沈雷杰（Didier Saint Leger）介绍说：“我们必须精确地对亚洲人的皮肤进行实验。”①

几乎所有能叫上名字的化妆品生产商都在中国销售他们的产品。在这个大约120亿欧元产值的市场上，中国的化妆品几乎没有多大竞争力。中国最大的民族生产商是霸王集团，其名列第十。即便是国际生产商的品牌和包装看上去像西方的一样，可80%的化妆品在亚洲都是另外的成分组合。这与皮肤和头发的色泽和构成有关，也与品位和环境条件有关。因为亚洲太阳的紫外线照射的强度，三四倍于欧美，所以家长们对自己的新生儿从小就开始使用护肤霜。中国女人的皮肤晚十年老化，这是一种特别令人惊奇的现象。使用让皮肤变白的粉、霜，在中国也是一个传统，所以它们的销量也相当的大。尤其重要的是在护肤用品市场上，欧莱雅集团占有绝对的地位。需求量最大的属于防衰老产品，因为这个社会正在迅速衰老。

也像梳洗的习惯各异，洗头发的也同样不同。许多理发店把洗发液涂抹在干头发上，所以欧莱雅集团也就开展干头发上的洗发液研发工作。在实验室发现，中国男人脱发的现象比西方人少，可头发却变白。“人们之所以很少看到白头发，就是因为许多中国人男人染发，或者说中国男人染

---

① “皮肤白被视为漂亮”，《法兰克福汇报》2010年5月28日第20版。

发的人要比欧洲人多，而且也最不喜欢讨论头发的事情。”沈雷杰介绍说。可是对于欧莱雅集团来说，这是挣钱的好机会。

这家集团公司希望，今后在中国所实现的产值要比其他任何国家和地区都大，其中包括法国。因此，它们在亚洲的生产厂从五家增加到八家，其中三家在中国。这潜在的势能似乎非常大，不妨看一组数字：每年使用的护肤用品以生产价计的平均消费，每名日本人约为150欧元；每名韩国人约为44欧元；每名泰国人约为16欧元。相反，中国人现在仅仅是人均5欧元。为了改变这种状态，法国人准备在头发和男人皮肤的护理品方面下功夫，并且要把销售至少扩展到660座城市去。欧莱雅集团是90年代中期进入中国的，如今在这个行业，已经没有什么只有通过企业合资才允许去做的限制了。1996年，欧莱雅集团在苏州建了一家自己的工厂；2004年，为了占领大众市场，这家公司又买了两个中国品牌：小护士（Miniurs）和羽西（Yue Sai）；2005年，基于开发专门面向亚洲消费者的思路，在上海浦东建立了一家实验室；一年后，产量翻了两番。

除了护肤和护发品之外，中国的化妆品市场还比较小。化妆之所以在中国比较少的原因就在于传统思维的障碍以及中国妇女对化学产品的恐惧。沈雷杰介绍说：“假如中国女士上了口红，那么当她吻自己的孩子时，必然先揉去了口红，然后才去吻。”而欧莱雅的中国子公司羽西对中国女人的这种担忧心理展开攻势，它们使用传统的中药成分：用牡丹制作增白剂；用茉莉制作护肤膏，并且用人参制作再生剂。

第二节　中国的新财源：购买力为什么会继续增长

01
“造汽车的不买汽车”[①]——关于提高工资问题

中国中产阶级的购买力是令人惊奇的，但它也许还能再高些。迄今为止，个人消费刚刚达到这个国家经济成绩——也就是国民生产总值——的三分之一。在西方工业国家——像在美国这样的国家里，个人消费在国民生产总值中所占份额比中国份额的两倍还要多。不仅如此，这个份额在中国甚至呈现为一种下降的趋势：1999 年占 45%；十年后，只占 36%。对于这种发展有两个特别原因：有限的现实收入增长；个人存储高。

尽管有令人印象深刻的富裕生活水平增长，然而中国人收入的增长并不像国家经济增长的幅度那么强。人均可支配收入与人均国民生产总值的比例关系就可以说明这种情况。截至 2002 年，从广义上讲，一名中国工人所创造的价值，超过 82%的部分都作为钱而进了工人的腰包。十年后，这个比例就变成为 64%（参看图十五）。这就是说，中国普通老百姓并没

① “造汽车的不买汽车”（Autos kaufen keine Autos）：据传是著名企业家和美国同名汽车公司创始人亨利•福特(Henry Ford)的名言，而且多为工会所引用。意即工资越多，消费越多，就业机会就越多。按照这一理论，高工资不仅无损于扩大就业，而且是必要的，因为只要对商品和服务有足够的需求，就业机会就会增加。（译者注）

有从这些继续繁荣的部分获得什么。假如他们从中同步获益的话——不妨想一想，那么消费品生产行业的销售额也许会更加惊人的大，这里的德国机械制造商、汽车制造商也许会更大声地欢呼，随之，经济发展的速度可能无疑更加快、更令人惊奇。

图十五：繁荣的一大块儿正在从消费旁边溜走

年	人均国民生产总值	可支配人均收入	可支配收入在国民生产总值的 %
2002	9367.838	7703	82.2
2003	10510.401	8472	80.6
2004	12299.469	9422	76.6
2005	14143.700	10493	74.2
2006	16456.274	11760	71.5
2007	20117.484	13786	68.5
2008	23647.643	15781	66.7
2009	25545.359	17175	67.2
2010	29943.307	19109	63.8
2011	35114.668	21810	62.1
2012	38353.527	24565	64.0
资料来源：中华人民共和国统计局、国际货币基金组织。单位：元 / 年			

可实际上，经济之间的关系并不完全这么简单。中国经济之所以在世界市场的发展是如此的富有成就，中国之所以作为投资对象如此的招人喜欢，就是因为现实工资增长的速度落后于经济的增长速度。中国经济竞争力的一个重要部分至今依然在于劳动成本低的优势上。如果想提高工资而且不带来销售的损失，那么就必须提高生产力，而这只有通过提高自动化程度和更合格的员工、相应实现高效率。或者转入一个全新的产业，在其中价值创造和利润率较高，从而使公司能够负担得起昂贵的、但训练有素

的员工工资。

在本届政府2013年执政时所提出的并且在2013年11月中国共产党著名的十八届三中全会上再次得到确认的结构调整中，中国希望对这两种方式都进行尝试。这种调整、重组之后应该出现一个可以感受到的明显的工资提高。

只要您认可中国领导人的说法，那您就会觉得，他们正是基于这一点而做这个努力的。当年的国家主席胡锦涛早就明确地确认了这个目标，而且是在他最后一次作为党的总书记并且把权力要移交给他的继任者习近平时。在2012年11月召开的中共中央代表大会上，他发表了告别演说——这份演说无疑也征得习近平的同意。胡锦涛在这次演说中讲，到2020年，中国人均可支配收入在城市和乡村应该翻一番。按照2010年的价格，每个城镇居民年可支配收入当为38220元，每个农民每年可支配收入当为11840元。虽然折算后，仅约为4600或者1400欧元，可在今天毕竟是一个巨大的进步。必须确保的是，“实现发展成果由人民共享，”胡锦涛继续说，“为此，要提高居民收入在国民收入分配中的比重。”胡锦涛也知道，增加的程度也不可以太高，否则就会有损于中国的竞争力。因此，他补充说：努力实现“劳动报酬增长和劳动生产率提高同步”。①

这是一个很高的要求，兑现起来并不那么容易。尤其是对于2.6亿农民工来说，因为他们的受教育程度和生产力都有限。然而到现在为止，他们的工资增长幅度最大。这个收入以国家规定的最低工资收入为导向，而各省区都有自己的规定。按照现行的五年计划，农民工的工资每年要提高13%，几乎两倍于其他类型工资的提高水平，也超过了国民生产总值的增长率。尽管高度有限——目前数额最高的最低工资收入在深圳：每月1600元人民币，折合200欧元，可基于如此多的人口，这个动作依然有可能释放出巨大的购买力。如果这种提高的工资再一次受到货币贬值或者

① 2012年11月17日新华社消息：“胡锦涛在中国共产党第十八次全国代表大会上的讲话全文”。

税收和收费的蚕食，那它们的价值就没有多少了。故此，政府和中央银行有责任进一步地稳定价格。按照这个五年计划的要求，消费价格每年增长率不得超过4%，2013年的目标是3.5%。

中国政府也准备对税收和收费进行控制。第一步是，在个人所得税中大力提高免税收入这一部分的数额。这也就意味着，个人收入的相当大一部分都是免税的，从而在理论上就有可能进入消费领域中去。谁在福利保险缴纳后，年收入低于3500元人民币，就不需要缴税。在2011年，免税个人收入界限定位在2000元人民币。这看上去似乎微不足道，可确实波及75%。据财政部计算，以此就令税收减少了1600亿元人民币。预计可能有200亿进入消费领域。由此而令人感到惊讶的是，在中国，个人缴税的人数特别的少。财政部的数据显示，改革前有8400万人，现在只有2400万人。可中国的人口是13.5亿，有劳动能力的人数是8亿!

02
10毛是一块钱——中国货币的正确叫法是什么?

在这本书中说来说去的，就这么一个话题：钱。可中国的钱到底怎么叫？人民币，人们有时也说：元，不是吗？何以在中国这两种说法都可行？人民币只是这种货币的标志。元表示的是这种货币的最大单位。如果做一个类比，这就类似英国人的英镑和先令。简单地说，只要涉及支付，人们就要使用元，或者人民币。在一家银行您可以说：“我想把人民币换成欧元。”或者说：“我想把1万元换成欧元。”

人民币也就是人民的货币，最早可以追溯到国内战争时期。由共产党人所建立的人民银行——至今一直保持这个名称——自1948年起，发行自己的货币。他们最早称这个货币为人民银行券，然后新币、人民券，到1949年，最后定为人民币。人民币的单位起源于以前的元，那是清朝时在1889年作为银元而引入的，而元这个词更多地被用作圆形的元（圆）。元作为货币字也在日本、韩国具有特别的影响。至今香港、澳门以及台湾的货币仍然称为港元、澳元和新台币（单位：元）。也包括对其他国家的货币，中国人也乐于在译名时予以元，如美钞为“美元”；欧洲货币为“欧元”。

中国人也通俗地把人民币的元称之为块，原本也就是一块的意思。一元有10角，大部分也称“毛”。这个“毛”字也和中华人民共和国的缔造者毛泽东的姓是同字同音，所有人民币大票面上都用毛泽东的头像来装饰。最小的单位就是分。这种铝制小硬币——其制造价值比这种硬币本身的价值还高——现在流通比较少。相反，在中国大量的流通着非常非常多的红色毛泽东头像纸币：这种100元的纸币是人民币流通纸币中票面价值最高的。这虽然显示出低通货膨胀，但就这个国家的财富程度来说，100元面值似乎已经不够了。绝大部分买汽车的人都喜欢用现金付账，所以买主就需要一个结实的手提钱箱，而卖汽车的就需要一个像样的点钞机。

由于人民币的单位分成了元、毛、分，所以有时候就让外国人傻眼，而且常出岔、闹笑话。譬如，假如卖主对一条真丝手绢说售价“一百三”，那他并非说是103块，而是130块。否则，他就会说“一百零三”。这只是做个提醒，以免被装进去了。

特别重要的是，在中国一定要重新掌握数字。对于“一”和“二”各有两种表述方式，这取决于相互关联。比较复杂些的，譬如，中国人对像9999这样的数字完全是另外的一种组合方式；10000称之为“万”；15000称之为“万五”；50000称之为“五万”；100000称之为“十万”。一百万必须说“百万”。相反，100个百万则称之为“亿”；350070330则称之为“三亿五千零七万三百三十”。10个亿则称之为“十亿”。自金融危机以来，在中国让人头疼的不单是那些更大一些的数字，如万亿等。①

① 参阅“一元有十毛”，《法兰克福汇报》2010年6月26日，第21版。

03

枕头下掖得太多：存款比例必须下降

中美两国相互依存。从金融的交错和商品的依赖上讲，在世界上最大的与第二大的经济实体之间，确实构成了一段貌似朗朗上口的两行诗：

美国省得少、进口的多；

中国进口的少、省得多。

美国人花钱一撒而光，尤其是对中国产品。由此就形成了中国出口贸易顺差的持续猛增，直至外汇储存数额之大，到了从未有过哪一国政府能够有过的程度。从中，中国把数千亿美金借给美国，中国政府成了美国政府最大的外国债权人。在美国，这么多的钱重新流入经济领域，当然交给进口中国货物的也不少——这两个国家的故事就这样地又从头儿来。不可否认，这也属于一种简单的多种合作，但有一点是非常确定的：中国人是世界上储存大师。如果算一下这个国家、企业以及老百姓个人的存储总和，就会发现，这个存储数目几乎达到整个国民生产总值的一半。这个比例之大，几乎是20个工业国家平均值的一倍①。其中绝大部分是个人储存。而且这种家庭储蓄逐年增长。20世纪90年代中叶，这种储蓄约占国民个人可支配收入中的20%，如今在农村达到30%，在城镇达到25%②。也就是说，中国人四分之一的收入存到的银行，或者藏在枕头下面。

中国人之所以如此多地存钱，就是因为他们对福利保障系统不放心。他们要为以后或者情况不好的时候攒钱，以便供孩子上学、支付医院的账单——其中也包括给医生的红包，以及晚年开销做些准备，以应付自己不能或者不可以工作时的境况。就像前面所提及的那样：中国的男人60岁退休，女人55岁退休。中国领导人也看到了这个问题，并且试图去解决

① 国际币基金组织、20国集团："中国可持续发展报告"，华盛顿2011年，第4页。
② 史蒂芬·巴尼特、阿拉·米沃达、马哈·纳巴："中国消费"，《金融与管理》（国际货币基金组织季刊），2012年9月，第30页。

它们。只要有了健全的社会保险系统，并且有足够的钱在那里的话，那估计，人们就会有兴趣减少存储，把更多的钱用之于消费。就中国社会保障制度来说，按胡锦涛的话就是，要“建立一个完整的、多层次的、可持续的制度，以便使城镇和农村的居民拥有一个基本的社会福利保障”。

从这项艰巨的任务中已经提到的细节就是：一个给 13.5 亿人口的养老和医疗保险制度，这是世界人口的五分之一！不可避免的是，中国政府的社会福利支出将剧烈地增加，即便是——就像所致力于的那样——想从一个中等收入的国家变成为高收入的。在此，不妨看一下经合组织所做的比较资料，其中不仅包括了工业国家，也包括了土耳其、墨西哥和智利这样的新兴经济实体的情况。这些成员国把他们国民生产总值用于社会福利保障的平均值为 28.3%。在中国，现在也就刚刚 9.6%，也就是这些国家平均值的三分之一[①]。可以这么说，即便是与其他正在崛起的国家如巴西、俄罗斯相比，中国的份额也非常低[②]。

就像国际货币基金组织所介绍的那样，中国人在他们的私人家庭开支中，必须靠省吃俭用的存储“来弥补保险制度中的缺口”[③]。世界银行对此是这么表述的：“他们为防阴雨天而积蓄。”[④]那不妨把这些人从这种重负中解脱出来，那消费就可能快速地增长。国家投放到医疗保险中的每一块钱，据计算都将相应地给国人家庭带来大约两块钱的开支。每当政府在财政预算中对医疗健康保险、教育以及养老领域多增加国民生产总值的 1%，那么国民个人家庭支出就会增加大约国民生产总值 1.25% 的总数。从总体上讲，世界银行和国务院所期待的是，到 2030 年，在养老保险领域至少让中国份额翻一番。医疗卫生保险在国民生产总值中所占份额的增长幅度有可能超过一半。如果政府要真正地实现自己的

① 经合组织：“经济调查——中国 2013”，巴黎 2013 年版，第 7 页。
② 世界银行与国务院发展研究中心：“中国 2030”，华盛顿 2013 年版第 284 页。
③ 国际币基金组织、20 国集团：“中国可持续发展报告”，华盛顿 2011 年，第 2 页。
④ 世界银行与国务院发展研究中心：“中国 2030”，华盛顿 2013 年版第 284 页

计划——其中也包括所有那些在非正式经济领域内工作的人员，那养老金保险领域甚至可能翻三番。

现在必须回答的问题是：国家从哪里弄这么多的钱来建设社会福利保险体系？从保险者及其雇主那里？这恐怕有悖于期望的支出效益初衷。即使是在目前的情况下，税率对双方都已经够高的了：在一名员工的薪酬中，雇主对各种责任保险要支付薪金的44%，而员工自己还必须另外缴纳22%。在中国，一名普通工人的纯收入不到其毛收入的三分之二，其余部分都进到保险这个大锅中，然后还有房子的储蓄基金。其实最值得注意的是那些国有企业。到目前为止，它们只是把自己几十亿利润中的极小一部分缴给了企业的所有人，也就是人民及其政府。他们把大部分的资金用作再投资，可再投资的对象常常是那些产能过剩的部分，或者以令人可疑的方式把它们作为房地产之类不使用的物业存储起来。在这些国企存储份额上所反映出来的账面情况，不仅从数目上类似个人家政那么高，而且增长的速度也不亚于后者。可这笔钱往往却并非投资于生产性行业，无论如何都很难惠及普通民众。

三中全会决议已经注意到这一点。会议决定，从2020年开始，国企必须把自己盈利的30%拿出来，尤其是交给社会保险行业。迄今为止，它们所吐出来的部分充其量也就只有规定的一半那么多。按照新的规则，2012年，国企作为纯盈利部分要交给社会保险部门的数目大约为600亿欧元——一个绝对令人精神为之一振的数目。社会服务行业迫切地需要资本和员工，因为在这个行业潜藏着巨额的增长希望。尤其是，这种方式的财力有可能令员工和雇主明显地在消费压力上得以减负。按华盛顿布鲁金斯学会两位科学家——霍米·卡拉斯和杰弗里·格茨——的计算，通过增加实际工资和降低社会保险负担所实现了的家庭收入提高，会显著地扩大中国人的消费能力。富有购买力的中产阶级在总人口中的比例——不考虑其自身的强势增长——由此将进一步的增加六至十个百分点。[①]

04
百宝箱的钥匙——金融改革

为了提高中国人对花钱的兴趣，金融市场的改革也将是异乎寻常的重要。迄今为止，中国人尽管存款不少，可由于国家规定的低息也使得现实的利息少得可怜，甚至红利还赶不上货币的贬值幅度。中国的金融市场不仅向内受限，向外也同样的管制。当一名德国、奥地利的个人储户在瑞士或者美国、英国和日本随意进行股票的入仓、出仓交易时，一名中国股票投资者却有可能受阻。因为人民币不能自由兑换，既不能大宗购买，也不可以随意出售，它的兑换率不是由市场的供求关系来决定，而是由中央银行来决定。钱不能简单地出入境，因为有严格的资本管制。所以，中国人每年从国外最多只能接收价值五万美元的外币，每年最多向国外汇出价值为五万美元的外币。国内的定期储存也非常麻烦，既不安全，也不怎么赚钱。一如既往的是，大量的钱就流入房地产行业，作为投资，可政府现在不断地提高门槛，目的是防止投机。

股市属于世界最弱的。2010 年到 2011 年间，上证综合指数的领先指数下跌幅度在 13% 到 23%之间。在随后的一年里，的确有一个小幅上行，但在 2013 年又来了一个崩盘。与此同时，国债以及其他证券的交易整体上还处于起步阶段，作为可供选择的替代品尚未铺开。替代性金融产品，如资产管理产品（理财产品）等，虽然更多地被看作预期收益的产品，但其市场销量在最近几年激增。可是，这个灰色的资本市场难以看透，更不

① 霍米·卡拉斯和杰弗里·格茨：“新的国际性中产阶级”，《中产中国——超越经济转型的新兴中国中产阶级》，李成主编，华盛顿 2010 年，第 32-51 页，此处参看第 46 页。

好把握，因此被看作高风险的。玩家可以参与，但并不适合于那些必须为自己的晚年、生病、住院或者子女教育投资保险的人。

因此对于这一部分人来说，唯有乖乖地把钱存到银行去。给他们每年存款的利息大约 3%。可随着通货膨胀，也就是物价的升高，它几乎相当于利息水平，所以上下抵消，最后的实际价值就基本相当。在此，人们可以反驳说：在工业化国家，利率水平也非常低。这是正确的。即便如此，银行之间都在努力着，通过提供不同的利率来抢夺客户。此外，在自由世界中，外国的门户也向投资者敞开着。换句话说就是，客户还有一种选择，有国际市场的储蓄产品。可在中国，情况并不是这样的。因为在这里，央行不仅规定利率，而且也为银行客户书写限定。这一点不仅现在对存款有效，而且对贷款直至不久前还这么做。所以这些金融机构凭借着这些规定就能活得舒舒服服的：它们有规定的、并经过仔细计算的利息收益率，也就是借方和贷方利息之间的距离，所以旱涝保收、吃得挺肥实。

借款人当然幸灾乐祸。因为储户的存款数额有增无减，所以贷款的利息势必就很低。一年期贷款 6%，现实 3%。德意志银行亚太地区首席经济学家——迈克尔·斯宾塞（Michael Spencer）称这种体制为“金融抑制：储户得到的利息几乎是零。这种廉价的贷款也因此而变成为一种财政资助”[①]。这种金融模式的受益者是大型国有企业和房地产公司，而民营的中小企业却几乎很难获得信贷。金融专家迈克尔·佩蒂斯算了一笔账，这种储户给贷款人所带来的这种“隐性补贴”产生的经济成就相当于国内生产总值的 8%。“它鼓励了不负责任的放贷，并强迫家庭收入缴械投降”[②]。人们从金融领域就可以看到，中国经济在改革开放 30 多年后，国有化和中央化依然还那么的强。中央银行——它不独立，而是属于政府的一部分——规定利率，以此便可以为国家银行和国家企业搞到便宜的资本。

---

① “中国有可能介入欧元救市”，《法兰克福汇报》2012 年 3 月 3 日，第 22 版。
② 迈克尔·佩蒂斯：“短期增长还是持续发展——中国面临一种选择”，《金融时报》2013 年 9 月 3 日，第 9 版。

到现在为止，在中国节省存钱尽管还是必要的，可并没有什么利息。这一点确实要从根本上改变，只要三中全会的改革决议还让人们相信的话。计划的人民币兑换率放开就是一个典型的例子。从本质上讲，兑换率不外乎是一种货币在外汇市场上所得到的一种价格。如果人们在外汇市场上用欧元买美元的多，那么美元的价格相对于欧元就上涨。购买一种外币的原因也许非常多，但最重要的一个就是，希望介入相应国家经济增长，或者说从经济的繁荣中也得到一点儿益处。因此，中国货币，也就是人民币比较紧俏。只要它的价值——就像欧元和美元那样——取决于供求关系，那么人民币就会坚挺地升值。可这一点眼下是有条件的，因为就像前面所介绍的那样，并非市场确定它的兑换率，而是中国央行设定着这个兑换率。许多人讲，人民币的价值被定低了，这虽然有益于中国出口，因为以此就使得中国的产品在世界市场上的价格更便宜些。可是却有损于中国的消费，因为这样就使得中国所进口的货物比实际应该有的价值少了。这不仅对于进口德国的汽车或者进口加利福尼亚的甜橙是如此，而且对于进口哈萨克斯坦的天然气、进口俄罗斯的石油也是如此，即便是对于许多在国外完成初加工或者原料进口的中国商品，也同样的如此。低估人民币价值也同样地对中国人的购买力打了折扣，因为以此使货币贬值在一定程度上也被进口了。

人民币的这种低估是怎么来的？直到2005年中期，这种中国货币还与美元挂钩。用一个金融的术语就是人民币和美元“捆绑”在一起。人民币随着美元而升值，而不是相对于美元而自己变化。2005年7月，人民币的兑换率稍微有所松动。随后人们马上清楚地看到，中国经济的发展力有多么强大、人民币的需求又多强。在短短的两年半里，人民币相对于美元升值18%。可随着这场金融危机的爆发，中国央行重新引入了这种“捆绑”方式，以便帮助中国的出口企业。在中国度过了这最糟糕的时期后，央行再次解除了人民币对美元的捆绑。2010年6月以来，人民币在一定程度上得以增值。

有些经济学家，尤其是中国的贸易竞争者仍然坚持认为，人民币依旧被低估，特别是美国人这样认为。但没有人可以否认，人民币的这种发展是在沿着一条正确的道路往前走。假如对人民币升值的这一阶段做一下总结就会发现，2005年以来，中国货币已经升值30%。不妨想一想，通货膨胀，也就是国内的货币贬值比例，在这一段时间里，在中国要明显比美国高得多，那人民币随之也就相应地经受了一个（外部）价值的剧烈下跌。除非就像中国央行在2013年11月所宣布的那样，今后对人民币的兑换率不再进行控制，而是由外汇市场来决定其价值的状况，那么随后，人民币以及中国人的购买力将持续大幅度增加。

中国政府一直在努力着，逐步解除对国内、外资产的限制条款和规定。在此，人民币所遇到的不仅仅是保持一个自由兑换率的问题，而是一个完全自由兑换和流动的问题。现行的五年计划已经提出，到2015年要实现这些。在上海的新自由贸易区，有望提前开始对这种货币自由进行尝试。这是可以想见的，但前提是：只要资本流通控制也同时被解除，或者至少得到松绑的话。三中全会的决议以及中国央行显然也有此意。所有这些也就意味着，有那么一天，中国人可以在世界任何地方去存款、贷款。银行家们对此的说法是：随之就实现了资本和金融收支的可兑换性。这一步也将对中国金融市场产生巨大的影响。靠着固定的利息差和独家经营已经舒舒服服地生活了这么多年的商业银行，就一下子突然进到整个金融世界的竞争漩涡之中。如果它们不愿意被摔掉的话，那它们就不仅要更追求高效并以客户为导向，而且还要提供更具吸引力的金融产品。

为了进行这方面的准备，周小川领导下的中国中央银行已经在对这种利息规则进行松绑：银行有权对存款利息参考值进行10%左右的浮动；同时，商业银行也必须提供新的证券及其他的存储、投资形式。这个目标是漫长明确的：臃肿、自给自足的国家机构要进入相互竞争并与第三方竞争的状态，以便使自己在即将到来的自由的金融市场富有生存竞争力。它们竭力抵制此举，但只要中国的改革政策得到贯彻，那整个的消费群体随之获益不浅。当然，在此还大有文章可做。其中不乏重要之举，就像在中央三中全会决议中所规定的那样，存款利率放开，以便在中国的储户中真正地出现竞争。就2013年年底所知道的情况看，第一试点将在温州进行。由于私人经济信贷受阻以及储蓄利率缺乏吸引力，在温州，影子银行死灰复燃。一旦供求被自由释放，那么温州以及其他地方的正规商业银行就等于启开了客户储存的回潮流，那这种回潮就会明显地强化金融领域的流通，也将极大程度地提高家庭消费。 自2011年以来，储存与借贷之间的利息差已经明显缩小。但正像金融专家迈克尔·佩蒂斯所说的那样，这个差距还必须继续缩小："这对以扩大个人需求、减少投资浪费为宗旨来进行经济方向调整而言，具有决定性的意义。"

只要中国人今后不再使劲儿地往银行储蓄，并且能够平静地消费它们的存款；只要中国人获得更好的红利并用自己的钱获得更多的东西，那么巨大的经济力就被释放了出来。随着实际收入的增加，它就可能会给国民生产总值带来一个重要的推动力。迄今为止，投资的贡献依然超过消费所带来的，并且被当作经济发展的主要驱动力，随着计划的经济重组的继续推行，投资与消费对经济发展的贡献比例应该被调过来。中央政府和世界银行预计，到2015年国内总消费量——其中包括个人家庭，也包括公共消费——的经济成就要走到投资之前。到2030年，中国的消费贡献有可能构成其国民生产总值的三分之二，而且几乎将两倍于投资的分量。届时，中国领导人的目标将达到：内需发展成为这个大国最重要的经济支柱。

只要像计划的那样，真的把消费的阻拦移开，那就释放出了一种历史上从未有过的购买力。瑞士银行预计，中国人的家庭消费在今后的几年中将快速增长，其总数有可能从2010年的24.2万亿元人民币发展到2015年的55.8万亿元人民币。按照现在的兑换率，这大约是6.7万亿欧元。人们所期望的是，这笔钱的绝大多数真的能够进入消费，其中5.1万亿欧元能够进入零售业。而2010年时，这个数字仅仅为1.9

万亿欧元[①]。也许，5.1 万亿欧元是一个表象数目。中国人以此就把世界上最大的集团公司——荷兰皇家壳牌（Royal Dutch Shell）——13 年的总产值拿下了。或者把德国产值最大的企业——大众汽车集团公司——30 年的产值拿下了。但愿这不是一个玩笑！

现在可以明确的是，中国新中产阶级的规模有多大、潜在能力有多强，预计它们的购买力增长幅度有多宽。下面，我们将就几个从这种需求推动力特别获益的领域做详尽的介绍。

---

① 引言出自毕马威企业咨询（中国）有限公司："中国的十二五计划"，北京 2011 年第 2 页。

第三节　中国人的德国式追求：喜欢德国人的起居、生活标准

01
产之于伊达尔-奥伯施泰因（Idar-Oberstein）①的炒锅到了中国

一夜之间，一家火车站就从这个购物中心前面的地下冒了出来。一个弓顶的大厅——有些像法兰克福或者莱比锡火车站的那样，一座钟楼就高高地地矗立在那里。在钟楼前面是一列带着三根烟囱的黑色的蒸汽机车。令人瞠目结舌的是：钉在机车身上的厚铆钉是真的锅！钟楼上的指针是特大号的刀和匙子，它们正围着一个不锈钢锅在摆动。在这个火车站的屋顶上坐着一个特大的压力锅，在下面那闪闪发光的白色底上，是红色草书的标志：菲仕乐（Fissler）。这个即兴的建筑就位于首都北京东北的燕莎友谊商城——在华最大的德国制造的家居用品展位。在这个与众不同的建筑里，十几名销售人员正在介绍最新的炊具，有许多就直接放在这个看上去仿佛一列火车的里边的炉子上。炸鸡的味道弥漫在空气中，鲜榨胡萝卜汁的托盘被传来传去。在仿造的小车厢里，碟、盘、刀叉高高地摞在那里——那都是来自德国的菲仕乐公司的产品。在旁边的一节专用车厢里——一个

① 伊达尔-奥伯施泰因（Idar-Oberstein）：德国莱茵兰-普法尔茨州比肯费尔德县的一座城市，位于纳厄河畔。是德国厨房用品生产商菲仕乐公司总部所在地。（译者注）

用挂帘隔开的豪华车厢，里边被装饰成节日宴会的气氛，一场大型的中国自助餐，餐桌上摆满了德国餐饮。

菲仕乐这种奢侈似的豪爽不仅仅是为了向购买力不断增长的中国人进行广告宣传，也为他们这种疯狂的购物浪潮助威。因为在这里，购物既是一种时间消遣，也是一种经验感受。民意调查显示，中国中产阶级每周平均去购物的时间是 9.8 小时，而同等情况下的美国人却只有 3.6 小时[①]。这种在不断增长的质量和品牌意识中所显示出来的乐于花钱的意识与此联系在一起：有益于西方生产商，尤其是德国的。体现在房地产行业的就是，所有那些与之相关的生产商，直至厨房的布置，所有这些方面的消费，中国都已经成为主要的驱动力之一。即便是在经济疲软的时期以及政府努力打击投机市场的时期，情况依然如故。每年仍然有数以百万计的家庭进入城镇，许多家庭搬迁到更好一些的房子里去。那他们自然就需要更好的家具、浴室、厨房、家电，当然也包括锅碗瓢盆。应该明显的趋势就是：中国人喜欢德国的起居。

菲仕乐不失时机，抓住这个机遇。“最重要的消费推动力是在亚洲，尤其是在中国。这一点非常明确”。菲仕乐公司经理马库斯·凯普卡（Markus Kepka）介绍说。先前是韩国领先，现在中国正在超越。“最迟到 2014 年，中国就会达到最高点。并随之不可超越地居于领先地位”。这是马库斯·凯普卡的希望。在这些亚洲国家的生产销售成绩，早就把这家企业的故乡德国远远地落在后头。当它们的产值在欧洲充其量以 3% 增长时，亚洲的销售额却以超过 14% 的幅度增长，而中国甚至以 28% 的增值率。而且还有，尽管菲仕乐产品的价格在这里比德国还贵。那位女售货员保证，味达维快速高压锅（Vitavit Premium Schnellkochtöpf）可以给顾客打一个大折扣。她介绍说，这锅原价 4880 元人民币，现在是展销时期，特价出售：4280 元。

---

① 霍米·卡拉斯、杰弗里·格茨：“新的国际性中产阶级”，《中产中国——超越经济转型的新兴中国中产阶级》，李成主编，华盛顿 2010 年，第 32-51 页，此处参看第 42 页。

可这也相当于 515 欧元，可同样的产品，在德国才卖 180 欧元。这话听起来怎么就像把柴火往山里背，可菲仕乐确实是把德国造的锅朝中国市场推进。对这种锅似乎还没有合适的中文词，在这里，人们就简单地称之为“炒锅”。在德国，喜欢亚洲餐的人用不到 200 欧元便买到这种锅，在乐于炒菜的中国，菲仕乐希望至少翻一番。

对中国客户来说，只要名字、样子和质量没有错儿，那就好说。马库斯·凯普卡知道，在吃饭和做饭上，中国人比德国人在意。所以，中国人愿意为厨具、餐具“花大钱”。在中国，一名客户平均每年为菲仕乐的产品花费 500 欧元，可在欧洲，也就只有 150 欧元。这位利落的列车女售货员已经准备好了回答。走进这个火车站的人，差不多五分之一的都会买些什么。她说，“平均在 1 万元人民币左右”，那就是 1200 欧元。

这听起来似乎有些吓人，可这个火车站里边的价格确实不菲。一位先生刚买了一套修指甲的工具，这位瞧上去 50 岁左右的人士让我们看着发票：980 元人民币，或者说 120 欧元，是一套装在一个皮套里的小剪刀、小镊子和小锉。这个客户能够承受得起这样的开支，他是一家出版媒体集团公司的副总，他们公司出版图书、杂志，也给影院电影做广告。“我买菲仕乐的产品已经有几年了，德国产品设计美观、寿命长，既富于传统，也很注意现代化。”这位顾客解释说。这些产品加工精细，以至于它们能长期保留。许多常用物品，譬如修指甲的工具，就让你不得不经常更新。“因为我买了一套贵一些的，所以使用的时间也就能长一些”。一位 40 岁上下的女士对他的观点表示赞成。这位女士在一家美国汽车供货商工作，而且刚刚以 360 欧元买了一个炒锅。她十年前买的菲仕乐锅，到现在还能用。她介绍说。“像使用寿命这么长的锅，在中国（产品中）根本就找不到”。一位站在她身边的 26 岁的英语老师对德国刀的锋利特别崇拜，“这儿的产品是贵，但关键就看价格与使用价值的关系是否合理，另外还有，是否准备为好的式样花钱”。

当然，对于这样的赞誉不宜简单化的推理，但是有一点非常肯定：这种趋势是必然的。菲仕乐公司估计，炊具每年在中国最高可以达到两亿欧元，五年内有可能还会翻一番。在不锈钢厨具方面，最大的竞争者也是一家德国生产商：来自德国索林根（Solingen）的双人（Zwilling）公司。这家著名的德国刀具生产商名列菲仕乐之前。马库斯·凯普卡接着说："但我们与双人眼下骑虎相当，而且三年内在中国会超过他们。"到目前为止，菲仕乐的市场占有率约为25%，而双人的为30%。第三大德国公司就是来自施瓦宾（Schwaben）的完美福（WMF）公司，这家公司的产品在华同样的著名并颇受欢迎。来自远东的游客们常常喜欢从德国往回带。但据凯普卡说，完美福在中国市场的占有率要比其他两家德国公司小一些。

据统计数字显示，德国厨房用品生产商在中国以60%的市场占有率居于绝对统治的地位。即便是位于深圳的中国市场研究企业"中商情报网"只把它预测为40%，可这也是相当大的一个份额。德国企业何以取得如此大的成就，中德双方对此的解释都是基于这些因素：产品的质量和面向服务、"德国制造"的产地标志以及响亮的牌子。当然，名望也在此起着一定的作用，据凯普卡讲，许多家庭主妇根本就不直接用菲仕乐的锅做饭，而是把烧好的饭盛饭在菲仕乐的锅中，以它做容器。"他们把我们的产品放到餐桌上，为的就是显示，他们有能力买这些产品"。

02
中国每年需要3200万台冰箱

也像中国人喜欢德国起居一样，博世－西门子家用电器（BSH）也呈上了自己的市场成就。只要不是赝品，这家公司的家用电器品牌就产于它们在慕尼黑的总部。作为子公司，他们在中国有七家生产厂家，940名工作人员。全都在上海西北方向的南京市周围。在中国，他们生产并销售抽烟机、煤气灶、电热水器、电熨斗和吸尘器，尤其是电冰箱和洗衣机。

按照博世－西门子家用电器的说法，这种大型家用电器的终极销量大约160亿欧元，但最大的中国竞争者海尔和美的集团绝对领先。即便如此，这家德国企业依然以8.5%的市场占有率而位居第三。随后的、位居第四的也是一家外国企业——来自日本的松下电器，市场占有率不到4%。①

博世－西门子家用电器在华完成的营业额大约12亿欧元，占集团公司总营业额的12%。最重要还是德国故乡，可估计时间不会太久了。“在两三年内，我们就会超过在德国的营业额，”博世－西门子家用电器的地方负责人罗兰特·戈尔克（Roland Gerke）介绍说，“其根源就在于这件事情的本身，这里有一个富于潜力的大市场，这就是根源所在。”请您不妨算一算这个数字：在中国每年销售3200万台冰箱，而销售的洗衣机数量也大致如此。戈尔克心里非常明白，这种繁荣将给他的企业带来无限的益处。一方面是那么多的人迁入城市，而博世－西门子家用电器在这些地方的市场地位远比在农村要响亮得多。另一方面这家企业的总公司在一直拓宽产品链。

作为一家国际性企业，博世－西门子家用电器还可以提供、销售譬如烤炉、微波炉或者蒸汽炉这样的产品和设备，这些东西虽然眼下在中国仍处起步阶段，但很快就可能迅速地发展起来。另外，在中国每年有10万台洗碗机的买主，虽然相对洗衣机、冰箱来说，这不算什么。可是在五年内，洗碗机有可能10倍的增加，戈尔克就这么预计的，而这与其公司的能力是绝对不成比例的：“在中国，三分之一的洗碗机是我们公司的产品。”另一个见好于德国供应商的趋势就是，组合厨房数量上升。以往的习惯是，木工按照当事人的要求制作厨房家具，所以标准化的、工作台比较高的、与厨房电器结合在一起的这种比较少。据市场的分化和发展看，这个市场估计有120亿欧元销售额的规模。有一点人们是非常清楚的：每年大约要修建300万个厨房，这个销售额年增长率在30%。超过三分之一的属于中等水平，按每米360欧元起价；但质量更好些的每米大约480

① “中国人喜欢德国冰箱”，《法兰克福汇报》2013年7月17日，第15版。

欧元，这也同样的很受欢迎。

博世－西门子的最大竞争者海尔在组合厨房领域也是一个大家，另外两家其他的在华生产商是欧派（Oppein）和博洛尼（Bolni）。海尔是一家建立比较早的私人企业，在中国，这家企业属于世界最大的厨房用具生产商和市场领头羊，可除了中国之外几乎在国外连信息都不登记。这家集团公司有 8000 名职工，每年生产 60 万台冰箱。欧派集团公司声称，要把组合厨房引入中国，并且按照“欧洲风格、欧洲质量而拿出有竞争力的价格”。取得这种成就的前提条件是德国豪迈（Homag）[①] 集团公司的加工设备[②]。

这一点并不奇怪，因为“组合厨房是德国人发明的”，位于曼海姆的德国现代厨房家具行业协会秘书长弗兰克·许特尔（Frank Hüther）说。迄今为止，它们在质量、设计以及技术方面名列前茅。在这个领域的中国大众消费市场，外国企业至今都未能发挥出什么作用，可他们却正在越来越多进入这个新市场，尤其是在好一些的商品和价格方面，这一点与在许多消费品方面的情况类似。一个德国组合厨房——带着柜子、工作台以及电器——在中国的平均价格与在德国的相近，5500 到 6000 欧元；中国品牌的报价还不到这个的一半。对于德国高档厨房来说，中国人有可能要付出两三倍于德国的价格。为了支持本行业的会员公司进入中国市场，德国的这家行业联合会在北京设立了一个办公室。“我们从中国的城镇化进程中，看到了那随着质量意识以及生活水平提高而出现的巨大的市场势能”。这家办公室的代表蔡鸿毅（拼音）介绍说。对于这个收入不断增长的社会群体来说，现代的欧式组合厨房常常被看作社会地位的象征，也有那么一

① 豪迈集团公司（Homag Group AG）：德国一家木制家具以及组合元件生产机械、设备生产企业。（译者注）

② 企业信息：“欧派家居集团有限公司”。http://www.oppeinhome.com/about_optima/&FrontComContent_list01-1265099953037ContId=90b61e03-0c6c-43db-83ec-da2538933948&comContentId=90b61e03-0c6c-43db-83ec-da2538933948&comp_stats=comp-FrontComContent_list01-1265099953037.html

种趋势：自己做饭，并且把客人请到家里来。“所有这些，我们行业协会的会员都了如指掌。”

对于德国的厨房橱柜生产商来说，中国现在已经成为第七大出口目标国，而且是欧洲之外最重要的出口国。德国厨房家具行业对华出口总产值2012年时约为5900万欧元。这个数目虽然只占整个出口的4%，可相对于五年前已经是一个很大的增加。2008年，中国以不到这个数字一半的出口数额仅排列在第11位。“这个发展的程度还差得很远，”许特尔说，“我们认为，中国属于我们最具吸引力的未来市场，尤其是这个市场的增长力。”当德国和欧洲的厨房市场在不断衰退的时候，中国的客户却给产地和品牌以极大的关注。中国的市场研究人士对德国生产商在自己国家的机遇也非常兴奋。“谁想在高端市场购物，那就不可能越过德国制造商”。中商情报网分析师主管吴超国得出这样的结论。“西曼蒂克（Siematic）、美诺（Miele）、柏丽（Nobilia），这些品牌在我们国家的声誉都响当当！”①类似于此的是，在现代的中国家中，从客厅到厨房，再到浴室，德国产品比比皆是。

03
出自于铬和陶瓷的财富：浴室

在许多方面，今天的中国经常是自己把自己比下去。这一点也适用于世界上最高的饭店纪录。到目前为止，上海的柏悦酒店当属于位置最高的，它位于上海环球金融中心上方79到93层。这栋建筑看起来就像一个巨人的开瓶器，笔直地挺立在空中。它高492米，且（还）属于中国的最高摩天大楼。然而，这个纪录已经被打破。紧挨着这栋令人眼花缭乱的摩天大

① 这位先生的名字叫吴超国。他的名“超国”的发音与“炒锅”有点儿相近，可完全是不同的字意。

楼的是正在建设的上海中心大厦，高632米，计划在2014年交工。在南部的深圳，一个新的酒店——瑞吉酒店连锁——正在挑战柏悦酒店的高度。这家酒店位于深圳金融大厦的75到98层，因此认为，它也许比那个上海竞争对手更接近天堂一点点。

香港北面的这家高档酒店的水龙头、淋浴以及其他配件都是由一家德国中型企业——位于德国黑森林的汉斯格雅(Hansgrohe SE)公司供应的。该公司装备了这家酒店的所有290间客房，也包括最豪华的总统套间。这家企业的所在地是金齐希（Kinzig）区的希尔塔赫（Schiltach）镇，一座由中世纪的桁架式结构建筑群构成的约有3900居民的小镇。而这家公司在世界各地的员工数量，也大约与故乡的人口数不相上下。对他们来说，中国已经成为最重要的外国市场——8亿欧元产值中的730万欧元是在中国实现的。实际上，没有什么地方能比中国的市场增长率还快，他们公司2012年在华成交额的增长率是21%。对中国市场需求，企业现在还能勉强应付：原定的在2011年到2015年间把销售点从200扩大到500个的目标，在2013年就实现了。

汉斯格雅是一家超过百年的家族企业，它不仅在中国生产，也从中国对外出口，譬如向马来西亚、泰国和新加坡等。自1999年以来，他们在上海附近的松江修建了一家工厂。2013年又进行了扩建，从而使产量几乎翻了一番。与此同时，这家企业还逐渐地把十分之一的资金投资到中国，这个比例不亚于产值和员工的增长率。谁想给浴室销售配件，那就要就近生产，董事长齐格弗里德·甘斯伦（Siegfried Gänßlen）介绍说。不仅仅是因为代价和运送的时间，而且也因为更接近于客户的希望。他们就是这样地发现，对浴室配件，中国人比欧洲人更喜欢金黄色。此外，那固定喷头的柱子，也就是淋浴室能把浴头上下移动的那个柱子，被缩短了一些。“因为中国人的个子譬如不像瑞典人那么高”，甘斯伦带着浓郁的德国黑森林口音补充说。

就中国新中产阶级对价格提高一个档次的反应而言，汉斯格雅公司是一个很好的例子。因为这个阶层并非平板一块，而是分化成许多不同的收入群体。格茨林介绍说：在欧洲，浴室装修行业通常有三种划分或者三个档次：高档、中档和普通。可是在中国，当人们在简单的和中等的中间为“初级水平”找到一席位置时，也在高档上增加了一个豪华型。因为每个具体的群体都很大，而且也都很有吸引力，所以建议，要尽可能地多关注。汉斯格雅公司尝试着，不仅提供豪华型水龙头和综合型，也给中国生产特殊、专门定制的水龙头。而大众化用户就留给当地的企业。

德国这种进入方式——有所谓的“我的汉斯格雅初感”——尽管并没有带来多少利润，可是却开了一个全新的市场。不仅如此：谁最先与客户绑定，那他就可能赶上下一个高峰。因为中国收入的增长幅度或者说变数特别的大，因为这种崛起即便是在中产阶级内部，也发展得特别快，所以那些简单的买家也可能很快地就变成为中等的、上等的，甚至奢侈豪华型的客户。这家出自巴登地区的中型企业考虑的是，扩大销售，面向所有消费群体，用他们的说法就是，从洗盘子到百万富翁，从“我的汉斯格雅初感”，到高档稀有的市场，向所有的消费者提供他们所需要的水龙头。格茨这么说：“我们希望尽可能早地让汉斯格雅公司获得客户认可，并且与客户一起成长。”

当然，外国人的买卖在中国浴室设施配件行业并非一路绿灯。其中最头疼的就是经常发生在中国的剽袭、仿制。由于这种设计盗窃所造成的损失，估计可以达到总销售额的10%左右。假如没有这个问题存在的话，也许汉斯格雅公司至少可以多安置100名员工。正是因为这个，汉斯格雅公司必须对这种不守规则的剽窃行为进行反击，而且富有成果。其中之一就是，福建省的中宇集团仿制“福克斯S面盆”。“尤其是那些最成功的产品经常被复制”，副董事长理查德·高仪——创始人汉斯的孙子——这么介绍说。

汉斯格雅公司对中宇公司的剽窃行为付诸法律，经法庭比较鉴定并在2011年做出了裁决，由此之后，中宇集团公司既不可以生产，也不可以销售这种水龙头。汉斯格雅公司希望，这种司法的力量对于今后能产生一定的影响，尽管这样的问题太常见了。中宇集团损失不小，失去了声誉、客户，甚至上市许可证：自 2010 年起，这家集团公司把总部设在汉堡，在法兰克福股市登记上市。在中国，这家集团公司被看作这个行业最大的玩家，可剽窃的事情也非“可以藏着掖着的事情”，理查德·高仪说。有意思的是，中宇集团公司的 70% 已经为另外的一家德国企业所有，而这家企业就是：高仪集团公司（Grohe AG）。这家公司与汉斯格雅公司不是一回事儿，可是却追溯到汉斯格雅公司创始人汉斯·高仪（Hans Grohe）的一个儿子弗雷德里希·高仪。

如今，高仪集团公司已经从德国北威州迁到了卢森堡，更接近投资者，而且产值和员工人数都明显地超过了那位于德国黑森林的同姓亲戚的企业。这两家企业不仅属于同姓，尤其在水龙头生产方面还属于竞争对手。即便是在那属于远东的中国，它们也狭路相逢，因为高仪集团公司在那里的发展是非同寻常的快。当它们在德国的产值以 7% 的增长率发展时，它们在中国的增长率却是 72%。“这成就主要归功于与中宇集团公司——这家中国水龙头行业领头羊——的成功合作。”高仪介绍说。这些中国人在一定程度上创造了集团公司 14 亿欧元产值的 23%。

除了淋浴头、水龙头和配件以外，还有一个领域，人们也许在一眼之间并不把它与闪闪发光的财宝连在一起。这个行业就是：厕所和浴室陶瓷工业。然而意想不到的是，这个行业在中国的发展是爆炸式的。按照中商情报网的介绍，2009 年以来，厕所、盥洗池、浴池等的产值几乎增长了 60%，达到 63 亿欧元。从这种繁荣中获益的也同样是德国企业，一家来自弗莱堡的名为杜拉维特的企业集团公司。在重庆，这家家族企业修建了一家工厂，专门生产座便池、坐浴盆、抽水马桶和盥洗池，每年生产 34 万件产品。此外，它们也向上海——在那些冲浪式浴缸和那种淋浴－厕所被安装的地方——供应这种陶瓷产品。这是一种在亚洲特别受欢迎的坐浴盆和厕所系统，它甚至被归属于文明项目。杜拉维特

(Duravit) 公司所提供的是一种由法国设计明星菲利浦·斯塔克 (Philippe Starck) 所设计的模式。

这家企业 3.78 亿欧元的产值中，几乎 80% 的来自国外。中国属于这家公司的第五大生产地基，大约 10% 的职工就工作在这里。类似汉斯格雅公司的是，杜拉维特公司也在尝试着尽可能地满足不同层次客户的需要，以便从中产阶级那富裕的生活以及快速增长的收入中获益。他们不仅销售简单的卫生间设施，也推出类似奢华型浴缸这样的高档产品，观察家们称之为一种朝着高价值装修的“上升”，而这正是德国生产商的长项。杜拉维特公司与汉斯格雅公司一起，与那些高价值的项目都有着业务联系。这家企业大约三分之二的产值都是来自酒店、房地产开发商集团，或者其他的大型项目。一个重要的市场就是中国内陆，尤其是大西北。董事长弗兰克·雷希特 (Frank Richter) 因此对未来特别的自信。“就整个市场的势能来说，我们迄今为止仅仅获得了极小极小的一部分”。他说，现在的问题就在于，要一步步地开发新的客户群体。“即便是市场增长的速度减缓，但我们依然期待未来的一个巨大发展”。

尽管有某些不尽如人意之处，可家庭装修中的陶瓷、浴室配件行业依然犹如阳光下的金片。“在中国的厨卫装修中，德国企业尤其如鱼得水”。中商情报网的分析师吴超国总结说。浴室、厨房、家用电器或者厨房刀具的销售量在直线上升，驱动力就是不断增长的高收入和大规模进入城镇的人流。“在此，人们除了关注产品的能力外，也越来越多地注意其使用寿命、设计造型、环保以及节省能源。”吴超国说，“而所有这些，恰恰就是德国的强项。”由于价格相对的比较高，德国的东西在大众化市场上影响力有限，可是在上层消费群体中就不同。但情况也在变化，汉斯格雅公司已经证明了这一点。德国企业如今在中国已经够发的了，但是要与未来相比，现在的这些成就就不值一提。“就从中国快速增长的住房和家庭开支中获益而言，没有什么人可以与德国人相比，”吴超国对这一点非常清楚，“我们越富，他们挣得也越多。”

第四节　市场前景：漂亮的裤子、厚厚的钱包以及高档消费品市场

01
反对浪费和瑞士奢侈表

对超级奢侈品生产商来说，2013年开始了阴雨天。中共新总书记习近平——他于这年3月出任国家主席——大张旗鼓地开始了一场反对铺张浪费的宣传。在互联网以及其他许多地方，习近平都对整个精英阶层暴富以及大肆炫耀公开提出批评。为了防止这种情况继续蔓延，对所有公务员、军人和国有企业的工作人员提出了一个要求：禁止购买昂贵的产品、不允许举行奢侈宴会、不许收送奢华礼物。许多人不仅担心被官方的职能部门注意并引发地震，尤其怕数以百万计的网民的眼睛。

在许多情况下，腐败和铺张浪费都是被民众揭发出来的。譬如，广东省的一名城管执法部门的负责人，就是因为网民们发现，这位拥有许多套房子，而这远远是他的工资无法支付的，他也就这样被解除了职务。他以“房叔”之名而进入了中国官员受贿史册。这个名称也是“大表哥”的一个相对应的比喻。网民们以“大表哥”来嘲笑陕西安监局原来的一位负责人。这位也不得不以此而丢官，因为按照片显示，他至少有11块高档手表，其中的一块价值为1万美元。

社会监督也同样具有非常重要的作用，这也就是在网上出现的“人肉

搜索”。一个例子：为了装扮出廉洁的样子，一位地方官员出于谨慎，把自己腕上的表摘了下来。可当他2013年4月与总理李克强访问四川雅安地震灾区时，人们从新闻图片中发现，他手腕上有手表在太阳照射下所留的白印记。网民们马上对这名官员（县委书记）的奢侈表示怀疑，一番“搜”，就把他也给揭出来了。①

尽管，这种干部由于中央规定而表现出来的谦虚更多的只是一种姿态，可它对中国经济产生了巨大的影响。中国共产党有8000万党员；在国企有6700万员工；国家公务员有5000万；军队还有220万。即便是这几个群体有重叠，可一声号召，那响应的消费者比德国的总人口要多。由于传统习惯，中国的政府官员都比普通国人慷慨大方，所以此举对经济的损害就非常严重。个别银行专业人士认为，这种节俭的政策会造成中国经济滑坡。②

期望的节约是高档消费行业受到沉重打击，因为个人以及社会团体礼物构成它们产值的四分之一。在中国，一项这样的措施多么快、多么有力地显示出作用和影响力，不妨通过高档、贵重手表需求的下降来看一看。在中国市场上，高档贵重手表约占高档消费品的四分之一，随后是化妆品和香水以及皮货。在2013年的前几个月间，也就是在习近平开始这场宣传攻势后，瑞士手表出口中国大陆和香港的情况比上年度同时期萎缩了12%③。国际领先的高档奢侈品集团公司——路易·威登集团（LVMH）不得不承认，中国富裕阶层的购买明显比预期的要少得多。

路易·威登参股的家族企业爱马仕（Hermes）公开声称，中国人的这种不可预见的购买力退缩甚至是导致其手表销售失衡的重要原因。这就显示出，远东现在所扮演的是一个何等重要的角色。整个行业在2013年

① “中国要求对高档奢侈表节制”，《金融时报》2013年5月4日，第18版。

② “没钱给鲍鱼和高档酒”，《法兰克福汇报》2013年4月15日，第21版。

③ 瑞士手表业联合会2013年8月：“2013年1-7月瑞士表出口世界的分布情况”。http：//www.fhs.ch/script/getstat.php?file= mt3_130107_a.pdf

的出口相对于上年度仅仅超过了5%，这是自2009年金融危机以来增长最弱的一年[①]。世界最大的手表集团公司——瑞士斯沃琪（Swatch）集团尽管很高兴，他们的低价位和中等价位表在华取得了超过两位数增长，可在高档表方面却遭受了巨大的打击。受到这些措施影响的也包括诸如宝玑（Breguet）、哈利·温斯顿（Harry Winston）、宝珀（Blancpain）、雅克·德罗（Jaquet Droz）、雷恩（Leon Hatot）、欧米茄（Omega），蒂芙尼（Tiffany）这样的公司，以及萨克森的格拉苏蒂原创（Glashütte Original）[②]。那源于厄尔士山脉的颇受欢迎的品牌，如朗格（A.Lange & Söhne）作为历峰集团（Richemont-Gruppe）的一部分，也同样属于瑞士名牌表部分。

中国如今已经成为瑞士高档豪华表最重要的买主，世界上没有哪个国家和地区像中国大陆销售额增长得这么的快。2012年，中国从瑞士的进口额几乎高达17亿瑞士法郎（约14亿欧元）；而2002年时，仅为9400万瑞士法郎（7600万欧元）。10年间，进口额增长了18倍！假如把香港的进口额也计算在内的话，那就是：瑞士表生产商的生产总值的四分之一是由中国实现的。中国之后的最大市场才是美国，美国人以10%的水平只能对着中国望洋兴叹；而法国人也就是6.2%；德国人5.6%。

此外，中国人还大量地在内陆之外购买瑞士表，要么直接在欧洲，要么是在香港。这不仅与中国货币的价值坚挺有关，也与内陆进口关税高有关。谁明智而巧妙地利用这种兑换率，就有可能省40%的钱。譬如，中国对手表的进口税为20%，海关11%到100%。对于首饰和宝石，这两种税最多为10%和130%；对于化妆品是30%和150%；对于高尔夫球杆是10%和50%。

在香港，许多税被免除了，因此，成千上万的内陆人就拥挤到香港去

① 彭博社2013年5月28日："中国削减瑞士手表进口关税的自由贸易协定"。

② "中国是瑞士表的最大市场"，《新苏黎世周日报》（NZZ am Sonntag）2013年7月7日，第30版。

采购。2012年，香港特区进口瑞士表的价值为44亿瑞士法郎（36亿欧元），这座城市以此成为世界上最大的瑞士表销售市场。而在此购买瑞士表的绝大部分人，都是来自内陆的中国人。然而，这种局势却使得中国和瑞士之间的自由贸易协定被推迟。中国政府宣布，手表税今后逐步降，而下一步先减少60%。随后，也令那些愿意享受这种瑞士联邦象征物却因为它们在内陆太贵而不得不想方设法转道香港的中国人，能够如愿以偿。

02
三分之一的豪华奢侈品都是中国买了：最好欧洲生产

经济萧条的坑坑洼洼并不影响中国发展成为高档奢侈品的世界领先市场。瑞士高档奢侈品制造商历峰集团董事——伯纳德·福纳斯（Bernard Fornas）——对这种未来发展的确定性这么表述说："中国的潜力是令人难以想见的重要。尽管这一天的到来也许还需要时间，但潜力是绝对的大。在中国还有那么多的城市，在那里有我们应该获得的上层消费者。"① 假如这家来自波士顿的咨询公司——贝恩公司（Bain & Co.）——的说法还可以相信的话，那就是：中国人——也包括生活在海外的——已经在世界各地成功地走到了顶部。2012年，世界四分之一的奢侈品都为中国人所购买。在全球估计约2120亿欧元的高档奢侈品销售额中，中国人消费了530亿欧元②。排名第二的是欧洲人，高档奢侈消费占支出占世界总额的24%；美国人为20%；日本所占份额为14%。

① 引文源于"数码奢侈品集团"（Digital Luxury Group）："2013年中国的世界奢侈品指数"，日内瓦2013年，第4页。

② 冯氏集团利丰研究中心：《中国的高档奢侈品市场》，香港2013年版，第4页。

图十六：中国人属于最重要的高档奢侈品购买者

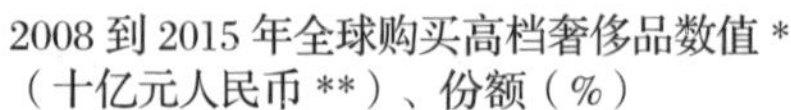

2008 到 2015 年全球购买高档奢侈品数值 *
（十亿元人民币 **）、份额（%）

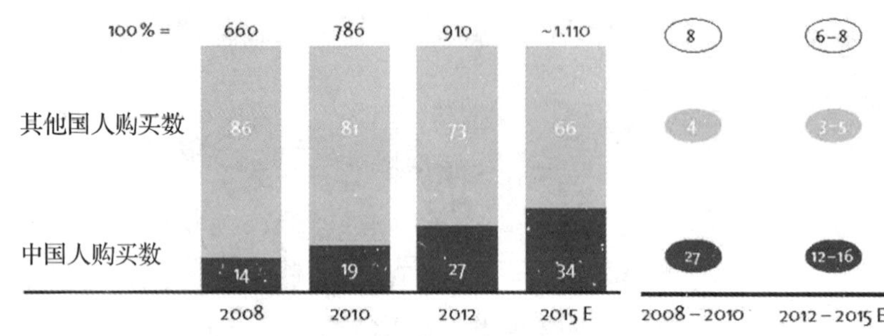

* 高档奢侈品包括时装、鞋、手提包和首饰。
** 根据 2012 年兑换率：1 美元 =6.284 元人民币。

资料来源：麦肯锡国际研究所。

没有哪个国家和地区的人群以类似中国人这样的速度增长。当其他国家的需求以平均 4% 的年增长率向前发展时，中国却以 27% 的年增长率迅速发展。作为一家咨询公司，麦肯锡国际研究所对未来中国在此方面发展的期望值是：12% 到 16%，且前提条件是：世界其他国家和地区的增值率保持在 3% 到 5% 的水平。到 2015 年，中国对其市场绝对地位的构思是：全世界三分之一的高档奢侈品都销售在中国。这也许是一个相当大份额，而且大的这个程度甚至超过了中国国民经济总产值在世界总量中所占份额的比例[①]。在 1995 年，也就是 20 多年之前，中国人在世界高档奢侈品消费总额中所占份额是 1%。由此之后，欧洲人、美国人和日本人明显地在逐渐失去其影响力，而且如今也就不得不更多地去捡小面包渣了。在消费

① 安宏宇（Yuval Atsmon）等：“麦肯锡中国奢侈品消费调查”，香港 2012 年版，第 11 页。

以及高档奢侈品市场上，也打着世界秩序变化的一种印记。

在中国，人们给予这些好东西的是1150亿元人民币的消费支出，如果加上在香港和澳门的单子，大约是1810亿元人民币（约合220亿欧元）。这个国家以此就仅次于美国而超过高档奢侈品乐园的日本，从而成为世界第二。德国以100亿欧元的高档奢侈品销售额还赶不上中国人的一半，充其量也就维持个世界第七位。即便中国的经济增长率有些不佳，可高档奢侈品消费额的年增长率依然不会低于20%。

中国几乎每年都新开张大约150家高档奢侈品商店。在五家有自己分店的连锁店中，有两家德国店：名列前茅的是雨果·博斯（Hugo Boss）时装店，有139家分店，其中13家在北京；名牌文具生产商万宝龙以101家分店名列第四。到2015年，博斯准备再开60家新店[①]。万宝龙作为贵重的书写工具虽然是汉堡品牌，可它已经属于瑞士的历峰集团，也像登喜路（Dunhill）公司一样，位居第三，而卡地亚（Cartier）公司则位居第13。瑞士的制鞋商巴利（Bally）公司以59家鞋店位居第七。[②]

除少数企业外，中国的生产商总体上在这种高档次市场影响力差些。“茅台”作为珍贵的中国高浓度酒是一个很受欢迎的品牌，这种也许当属于出口酒系列的高酒精含量饮料是中国最著名的高档奢侈品。还有创世男士服装牌子也不错，而“东北虎”和“上海滩”的品牌装也相当不错。有些国际企业集团也在收购中国的民族企业、品牌。譬如法国开云集团（Kering原巴黎春天集团）就在2012年年末收购了珠宝商连锁店麒麟珠宝的多数股。而路易·威登还收购了时尚品牌欧时力的10%。

毋庸置疑的是，外国人在所有这些领域都占有绝对统治的地位。在手表领域，最富有成果的品牌在瑞士人手中；卡地亚、浪琴（Longines）、

---

① 道琼斯－联合经济通讯社（Dow Jones-VWD）2013年7月11日：“雨果·博斯公司发展力在持续增加”。

② 贝恩咨询公司（Bain & Company）：“2011年中国奢侈品市场研究”，波士顿2012年，第8页；冯氏集团利丰研究中心：《中国的高档奢侈品市场》，香港2013年版，第27页。

欧米茄（Omega）、劳力士（Rolex）以及天梭（Tissot）。在化妆品和香水领域，法国人领先于美国人和日本人，占据领先地位有香奈儿（Chanel）、迪奥（ Dior）、雅诗兰黛（Estee Lauder）、兰蔻（Lancöme）、资生堂（Shiseido）。在皮货领域，占主导地位的是法国人和意大利人。蔻驰（Coach）、古奇（ Cucci）、爱马仕（ Hermes）、路易·威登以及普拉达（Prada）。在男装方面，阿玛尼（Armani）、雨果·博斯、登喜路和杰尼亚（Ermenegildo Zegna）名列前茅，英国的巴宝莉（Label Burberry）也属于其中。

在首饰行业，领先的属于宝格丽（Bulgari）、卡地亚、蒂凡尼（Tiffany）和梵克雅宝（Van Cleef & Arpels），这是毫无争议的。在这个行业中唯一的一家中国民族企业就是来自香港的周大福（Chow Tai Fook）。令人刮目相看的是，在中国市场上那些成功的企业中，几乎三分之一的奢侈品品牌都来自一个小国家——瑞士——的一家企业集团。可以说，这个瑞士联邦型的企业不仅是中国经济繁荣的最大赢家，而且随着中国的不断崛起，他们也将有资格从这里赚到更多的银子。作为瑞士的邻国，法国人却凭借那些富有的中国人所不断增长的另一个嗜好来获益，那就是：奢望昂贵的葡萄酒。

03
精品葡萄酒——龙之饮

单单用一个漂亮来介绍小岛鸭脷洲是不够的。这个港口小岛早在许多年以前就属于香港的一部分。码头上就能闻到刺鼻的油味、鱼腥味和海水的味道。一辆辆货车隆隆地轧过满是洞孔的沥青路面，高压汽锤那强有力的喧闹伴随着大型卸货起重机上的咆哮。海鸟标记着码头上的系缆柱和停车场的汽车。香港唯一的酒庄就栖身于这种喧闹的环境中，而且是在靠近水边的灰色产业大厦的上部楼层。这环境与德国、澳大利亚或者美国那风景如画的葡萄园酒庄环境不能同日而语。可是，当游客走出电梯，迎接他的却是那扑面而来的浑厚的发酵葡萄汁的气味。酒厂的设施非常现代化，是一个为品酒而精心用橡木桶装饰的空间。这里是第八酒庄公司所在地，这里不仅进口葡萄酒，而且还在这里真的酿造。因为这一带不种植葡萄，所以就从国外用船向这里进口冰冻葡萄，然后在这里榨压并酿制红、白葡萄酒。

第八酒庄公司每年酿制大约 10 万瓶葡萄酒，每瓶销售价在港币 195 到 245 元，换算起来最贵也就是 25 欧元。在酒瓶标签上写着“香港生产”，但原料葡萄确实来自全世界的各大葡萄园。一种 2008 年的桑娇维塞（Sangiovese）是来自托斯卡纳（Toskana）的葡萄；一种 2011 年的梅洛（Merlot）是来自法国的波尔多；一种 2010 年的设拉子（Shiraz）就来自澳大利亚。这家企业集团是 2007 年才开始投产的，它的奠基人麦慧兰（Lysanne Tusar）女士介绍说。她来自温哥华（Vancouver）。“葡萄酒不宜长途旅行，因此我们在香港为港人酿制葡萄酒。”[①]

这个特区是中国葡萄酒水平的大门。对于葡萄酒业的崛起来说，这座城市也许会成为世界最重要的基地。2011 年，四大拍卖行在这里成交了大约 1.5 亿欧元的葡萄酒。这个销售量数目远比随后的两大城市纽约和伦敦的总和还大。苏富比（Sotheby）、克里斯蒂（Christie）在香港几乎拍出了一大半的葡萄酒，其中创纪录的像 1985 年法国勃艮第夜丘地区的一个一等区一等园的葡萄酒，这种酒的原料葡萄来自沃恩－罗曼尼村（Vosne Romance）的克罗－帕宏图（Cros Parantoux）园的山坡上。这种勃艮第葡萄酒在 2012 年 2 月在香港每瓶售价大约 17.2 万港币，也就是 1.7 万欧元。

那外国从中得到什么好处呢？因为许多瓶子要运输、要陈放。葡萄酒

① “散发着芳香的葡萄酒世界与香港”，《法兰克福汇报》2012 年 7 月 27 日第 19 版。

以及其他高度酒运输行业的大家是乔治·高瑞（Giorgio Gori）公司，德国邮政快递持有这家企业 60% 的股份。“中国发展成为世界领先的葡萄酒市场，其中大部分还是从香港进来的。”高瑞公司的董事雷卡多·帕扎理亚（Riccardo Pazzaglia）介绍说，“我们必须就此做好准备。”与集团总公司一起，高瑞公司在香港建立了一个现代化的库房和转运大厅，这就是“德国邮政快递葡萄酒中心”。它最多可以容纳 23 万瓶，其中每个月可以接运 5 万瓶。对于那些更珍贵的——那些有一天将在中国卖到更好价的——甚至还修建了一个特别温度和湿度的葡萄酒窖。

尽管眼下的销售状态并不乐观，因为中国经济发展状况比预想的要差一些。“可香港依然是，而且将继续维持着亚洲最重要的葡萄酒中心的地位”，北京农业大学的葡萄酒专家马慧琴（拼音）教授认为。她解释说，随着富裕生活程度在中国的不断提高以及香港人对葡萄酒存储、运输以及辨别水平的不断提高，中国人对葡萄酒的需求就会迅速增大。“关键的一个因素也许还有，香港对葡萄酒不再提高关税”。几年前，也像在内陆一样，香港对葡萄酒增加了 60% 的进口税。随后在 2008 年，政府把这个关税减半，然后在 2008 年全部取消。随后，每年香港进口葡萄酒的数量，以 40% 到 70% 的增值率持续上升。其中绝大部分最后都进了内陆人的杯子或者酒窖了。

即便是富有同情心的香港人对葡萄酒只是略微地表示了一点点儿的诚意，那中国的龙之饮就是大利，尤其利好欧洲人。三分之二的进口葡萄酒——直接或者经过香港——来自欧洲，其中每年 2.6 亿立升的进口数量中，半数以上来自法国，上等酒庄的拉斐古堡（Lafite Rothschild）在这里销售其产量的十分之一；玛格（Margaux）在这里销售其产量的三分之一。德国的葡萄酒销量位居西班牙和意大利之后，名列第四。按照中国商务部的资料，自 2009 年以来，从欧盟进口的葡萄酒总数翻了四番，其价值超过 10 亿美元。也就是 790 万欧元[①]。

葡萄酒销售的飞跃还需要时间，因为人均消费数目还非常有限。如果每个成年人一年只喝一杯葡萄酒，那中国的销量就提高了 2.1 亿立升。这个数字可比喜欢饮葡萄酒的瑞典全国销量总数都大。当然，这样的事情也未必会发生，可葡萄酒销量的上升速度，全世界绝对不会有什么地方比中国还快。这就是国际葡萄酒与烈酒研究会（IWSR）得出的结论。按照它们的论据，中国内陆和香港已经成为世界葡萄酒消费的第五大市场。据国际葡萄酒博览会（Vinexpo）估计，在 2001 年到 2005 年间，葡萄酒销量翻一番，而且这个地区将成为世界第二大葡萄酒进口地。[②]

在国内，中国人也同样在扩大葡萄酒酿制。按照这家萄酒博览会的估计，中国属于世界第六大生产国。其中四分之一的葡萄酒来自山东省。沿着渤海湾的海滨带的这个地区，无论从地质上还是从气候上都特别适合于种植葡萄。而蓬莱作为中国葡萄酒重镇在葡萄酒种植行业也举足轻重。“我们在这里酿制中国最好的葡萄酒”，蓬莱葡萄酒协会副主席季春梅女士自信地说。这个协会代表着 70 多种葡萄酒，其中绝大部分是私人酒庄。季女士用手顺着一张以葡萄叶为底的世界葡萄酒分布图往前，并敲指着一片红葡萄说：“我们所出产的葡萄与法国的波尔多、加利福尼亚的托斯卡纳和纳帕谷（Napa Valley）的葡萄基本上是同一个水平。”尽管从地理学角度上并不完全相同，但从基本上条件讲，还是可以的。

对于那些想在中国酿制葡萄酒的欧洲葡萄种植者来说，蓬莱的斜坡以及其他地方也在很大程度上属于尚未开发的宝藏。这条道有许多的优势：当地生产费用低；市场的开放和销售相对容易些；不存在对酒精性饮料的关税。与中国人的合作有助于结识并把握客户以及职能部门。也像汽车制造商一样，对大的外国葡萄种植者来说，也不外乎从两方面着手：高档的

① 中华人民共和国对外经济贸易部 2013 年 6 月 5 日新闻发布会。

② “散发着芳香的葡萄酒世界与香港”，《法兰克福汇报》2012 年 7 月 27 日，第 19 版。

葡萄酒继续进口；但新的、大众化品种在当地生产。作为颇具盛名的香槟生产商，酩悦轩尼诗（Moet Hennessy）就属于比较早的认识到这一机遇者之一。他们要在西部的宁夏自治区按照法国模式来酿制气泡酒。

在蓬莱地区，有10家外国企业。就像副会长季春梅女士所说的那样，“八九年前还一家也没有”。那最有吸引力的项目当属罗斯柴尔德男爵（拉菲）集团公司（Domaines Barons de Rothschild [Lafite]），简写DBR）。这家法国企业隶属于拉斐古堡，在中国。这是一家名声很响的生产法国红葡萄酒企业。这家企业在蓬莱修建了自己的酒庄，并且种植了25公顷的葡萄。从远期目标上，计划种植50公顷。这个规模也就是他们公司在法国的一半那么大。在这家中外合资公司——罗斯柴尔德男爵中信酒业——中，罗斯柴尔德男爵（拉菲）集团公司控股70%，其余部分由中国的中信公司拥有。合资双方最初共投资1200万欧元。罗斯柴尔德男爵集团公司在亚洲修建的是法国之外的第一个生产基地，然后接下来准备在智利和阿根廷继续建厂。①

“中国市场是很有前途的，”这家合资公司的负责人杰拉德·柯林（Gerard Colin）介绍说，“也像我们所感兴趣的一样，这个市场将会越来越在意高质量的产品。”作为努力的目标，这位攻读葡萄酒专业的人士祖露，每年装一万箱，每箱12瓶。“依据质量和严格的筛选情况，我们有可能在2016年进入市场。”价格要在进口和国产葡萄酒之间进行等级划分。质量稳定的中国红葡萄酒如“怡园珍藏”②在商店售价约25欧元。因为新的罗斯柴尔德酒只在中国生产，所以葡萄就要从法国进，其中最重要的品种，如波尔多，赤霞珠。半数以上的生成过程都是在橡木桶中进行

---

① “给中国的红葡萄”，《法兰克福汇报》2012年3月16日，第16版。

② 一家于1997年由一位香港人和一位法国人共同在山西太谷县创办的酒庄，名为怡园酒庄。2002年酿出第一批红酒并先后推出五个系列葡萄酒，分别为“庄主珍藏”、“深蓝”、“怡园珍藏”、“怡园精品”及最入门级的“怡园系列”。其中“庄主珍藏”代表老庄主，“深蓝”代表少庄主，“怡园珍藏”更是直接由少庄主的英文名字Tasya命名，从酒庄经营到酒本身都打上了浓重的家族色彩。

的。葡萄酒必须是“以完整的方式发酵完成，从而才能够配上它那优雅名字”，柯林腼腆地说。拉斐肯定不会在中国出产，他挥挥手说：“世界上只有一个拉菲，而且只能来自波亚克（Pauillac）。作为总公司的所在地，这座城市位于梅多克（M è doc）半岛。

对于中国葡萄酒公司以及非常友好的季女士有关“纳瓦谷”形象的宣传，柯林以特别客气、委婉的方式表示了自己的不同看法。他暗示，因为这里的气候更像法国南部隆格多克（Languedoc）葡萄园，就这么一条也许就让人没法在蓬莱收获到酿制波尔多葡萄酒所需要的葡萄。其他的条件也许挺不错，可中国所具有的综合状况就是如此。柯林叹了一口气。所有的土地都属于国家的，土地租赁是20年前开始的。这对以几代人为出发点的葡萄种植者来说，时间不怎么长。而最大的挑战也许就是，给富有适应性的中国人解释清楚，到第一批葡萄酒真正地进入市场，至少需要七年的时间。柯林告诉说。话语间也流露着这样的自豪和魅力：“我们也想向世人证明，在中国也能酿制出一级葡萄酒，只要我们有时间和耐心。”

04
几百万的百万富翁——谁是中国的富人?

在中国，到底有多少人可以承受得起那类似高档手表和珍贵葡萄酒这样漂亮的豪华奢侈品？他们属于哪些人？对这个问题做出回答可不那么容易，因为亚洲人虽然乐于摆阔显富，可也像在世界许多地方常见的那样，不喜欢让人瞧见，他的牌到底有多大、到底是从哪里来的。所以就有：一方面，高档奢侈品销售额增长指数很高；另一方面，对富人有不同的估计数，而这些不同的估计和说法之所以不能不让人信服，因为有银行介入。按理说，银行对它们客户的账面情况有一个了解。譬如，只要客户们不断、大量地在银行申办信用卡，那就意味着：消费和富裕程度在持续增加。2011年，在中国，通过信用卡方式结算的数目大约1万亿欧元，超过上年度48%。研究机构估计：新发放的信用卡可能在2.85亿张左右，比上年度增加了24%；到2020年为止，万事达卡可能增加到9亿张。到那时，中国也许就先于美国，成为世界上最大的银行卡国家。[①]

为了更多地了解中国人的富裕程度，兴业银行和上海的胡润研究所合作调查，并且对此做出了一个结论。在一份调查报告中发现，如今中国有280万人拥有超过100万美元或者76万欧元的家产。而且这个数字的增长速度还非常快：在短短的一年间，又有10.8万名中国人也成为以美元计的百万富翁。其中的三分之一是私人企业家，或者属于主管，也就是所谓的“金领”。[②]

图十七：2013年最富的中国人

姓名；年龄	企业；行业	在华名次；胡润报告的财产	相对于上年增长幅度	世界名次；福布斯报告的财产	世界名次；彭博社报告的财产	福布斯报告的香港大富翁姓名；名次与财产
王健林；59岁	万达、房地产；文化娱乐	第一；220亿	114%	第128；86亿	第70；136亿	李嘉诚；第8；310亿
宗庆后；68岁	娃哈哈；饮料	第二；187亿	48%	第86；116亿	第88；122亿	李兆基；第24名；203亿
马化腾；42岁	腾讯；IT、网络	第三；101亿	55%	第173；68亿	第101；106亿	郭炳江、郭炳联；第26；200亿

① 冯氏集团利丰研究中心：《中国的高档奢侈品市场》，香港2013年版，第17页。
② 胡润研究所2013年4月15日消息：“兴业银行与胡润研究所联合发布《2013高净值人群另类投资白皮书》”。

魏建军；49岁	长城汽车；交通运输设备	第四；84亿	200%	第229；53亿	第153；80亿	郑裕彤；第44；160亿
最富女人：杨惠妍；32岁	碧桂园；房地产	第五；83亿	60%	第211；57亿	第174；73亿	吕志和；第98；107亿
资料来源：胡润报告、福布斯、彭博社。资产调查报告：胡润，2013年8月15日；财富2013年3月；彭博社2013年9月13日。财富单位：美元。						

拥有财富，并不意味着可以随意花钱。在中国，司空见惯的是，许多人是富有，但财产要么是房子的价值，要么是股票的价值，这些所有者以此可以很快地变成为百万身价的财产所有者，尽管他的兜里不一定有多少钱。也正是出于这一方面的原因，科尔尼管理咨询公司（A.T.Kearney）在估算中国的经济精英时，把标准确定为：在银行有1000万元人民币（120万欧元）可自由支配的个人。这种所谓的“高净值个人”（HNI）尽管从数量上不到所谓的百万美元人数的一半，可依然也超过95万人[①]。而那种特富阶层，这里是指那些拥有超过以人民币计一个亿以上的（1630万美元，或者1200万欧元）家产者，大约有6.4万人。家产在100亿人民币以上的中国人约有315人，他们的财产无论是用美元还是用欧元计算，都足足可成为十亿富翁。2010年，这个极富等级的身价第一次被确定在1890亿美元这个线上，而2005年时才是70亿，2000年时甚至还不到20亿[②]。“在生成美元价值的亿万富翁方面，中国的社会主义市场经济要比其他任何国家和地区都快。”德新社驻华办公室主任、“自由奖”得主安德里亚斯·兰德维尔（Andreas Landwehr）这么写道：“在中国，这种新富的人数不仅增长快，而且富裕的程度也提高得快：那1000名最富有的中国人的财

① 安德烈亚斯•格雷夫(Andreas Graef)：“2013年中国超豪华车市场研究综述”。上海2013年4月。

② 胡润百富榜2013年9月11日消息：“2013年胡润富豪榜：财富反映过去10年的发展趋势”。

富增长率，每年超过21%的幅度。”①

图十八：没有哪里的亿万富翁增长得如此快

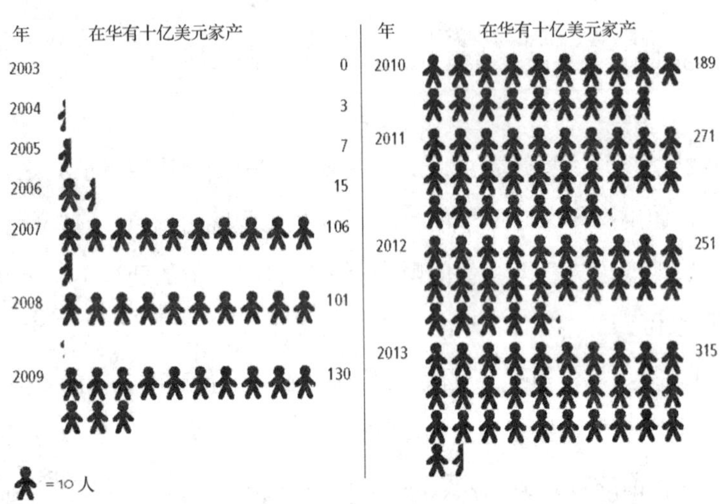

资料来源：《胡润报告》2013年6月18日；“财富反映过去10年的发展趋势”，《中国日报》2013年6月18日第一版。

绝大部分的亿万富翁都住在北京，其人数大约47.5万，占北京总人口的2.5%。从数量上相当于整个杜伊斯堡的居民数。随后就是经济中心广州、上海以及工业高度发展的沿海城市。居住在北京的中国富人数目之所以如此之多，也许与许多银行在京有关，同时也许与高层、权威的政治家以及党和国家领导人都云集北京有关。有意思的是，在港口城市天津，富人的增长速度也非常快。也许因为天津像北京、上海和重庆一样，直接归中央政府领导。

① 德新社2013年9月11日："在超富的国家中——中国亿万富翁的人数在增长"。

第五节　稳步抬头：汽车工业才刚刚起步

01
从零到 400——世界上没有过发展速度这么快的汽车市场

就中国消费需求的潜能以及工业国家如何去充分利用而言，汽车工业不失为一个实在且深刻的例子。要想明白只有一点，那不妨去每年一次的“中国汽车”博览会参观一下。这是一个隔年分别在北京和上海轮流举行的车展，从这里所获得的信息就足以让您明白其中的奥秘。无论在街道上，还是在这个行业在亚洲的重要成就展会上，您都会感到，这个行业似乎越来越现代化。如果您不介意的话，还可以说，越来越德国化。无论是 2009 年，还是 2010 年，从数量上讲，中国确实都是世界上最大的新汽车市场，并且超过美国。2012 年，全世界新车的四分之一几乎都是在中国出售的，自 2005 年以来汽车销售额翻了四番达到 1550 万辆[①]。如今，行驶在这个人口大国各种路面上的汽车有 1.1 亿辆，可 10 年前却只有 2100 万辆，而 1994 年还不到 1000 万辆。也就是说，在不到 20 年的时间里，中国汽车的数量就翻了 10 倍。在未来的 15 年中，从高水平的角度出发，有可能还会再翻四番，从而超过四亿辆汽车。单纯的小汽车的增长率也基本上如此，

① 国际汽车组织：“世界计算机销售”。http：//oica.net/category/sales-statistics/

目前拿到小车牌的约为7500万[①]。

对于2005年到2012年的发展情况，中国汽车工业协会（CAAM）做了一个逐年平均增长预计，并且记述为22.4%。而汽车行业疲软的2012年是7%的正增长率——一个欧洲人只敢在梦中想见的值[②]。在世界金融危机的2009年，中国汽车市场以53%的增长率，经历了自己最强的发展阶段。当时，中国政府以销售资助和减税的方式对汽车销售以大力的刺激。由于这种提前购买从而也使随后的增长率有些减缓，可不同于德国的是，在这种报废优惠补贴之后，并没有使市场陷入饥荒。

外国生产商在中国控制着整个市场。在出售的新车中，中国品牌的汽车占不到三分之一[③]。尽管外国品牌的汽车绝大部分都是在中国制造的，而且整装进口的数量极少。当然，有一点也需要说明，这些在华生产外国牌子汽车的工厂，半数以上掌握在中国人手中，而且绝大部分属于国企。因为对汽车制造商来说，所谓的原始设备制造商或者定点生产（OEM）在华难免都遇到某种建立合资合作企业的强制。谁对德国或者美国汽车生产商在华的成就感到满意，那他也应该知道，中国人也同样获得一半的盈利，而他们同时也为此负担了一半的投资。这些外国汽车生产商在远东的合作者就是“一汽”、“上汽”、“北汽”等，它们基本上都属于省、市政府的。他们除了这个合作企业之外，还另外在制造自己的汽车。所以，如果有人说，中国汽车生产商卖的那些汽车不如外国生产商的好，那就有些不明事理，这些中国大型汽车集团公司就站在这些外国公司的身后。

在中国，德国汽车生产商尤其的富于成果。中国给德国汽车生产商提供了一个非常大的市场，这些生产商供给中国驾驶员的汽车数量，比销售给故乡的至少要多出30%，而且这种销售的趋势有增无减。在中国汽车市场上，大众集团公司以大约20%的份额居于领先地位。第二位就是通用，

① 中国交通运输部2013年：“机动车数量”。
② 中国汽车协会2013年：“不同的机动车统计”。
③ 摩根斯丹利：“中国机动车辆”，香港2013年版，第9页。

不到大众的一半；尼桑位居第三，可份额不到大众公司的三分之一。统而言之，中国汽车市场上所销售汽车总数的 21.4% 属于德国生产的。在上层消费群体中，甚至奥迪、宝马、奔驰或者保时捷等这种高级品牌车达到 80%。

图十九：德国从中国汽车工业繁荣中获益特别大

相对于上年度的销售单位及其变化 *

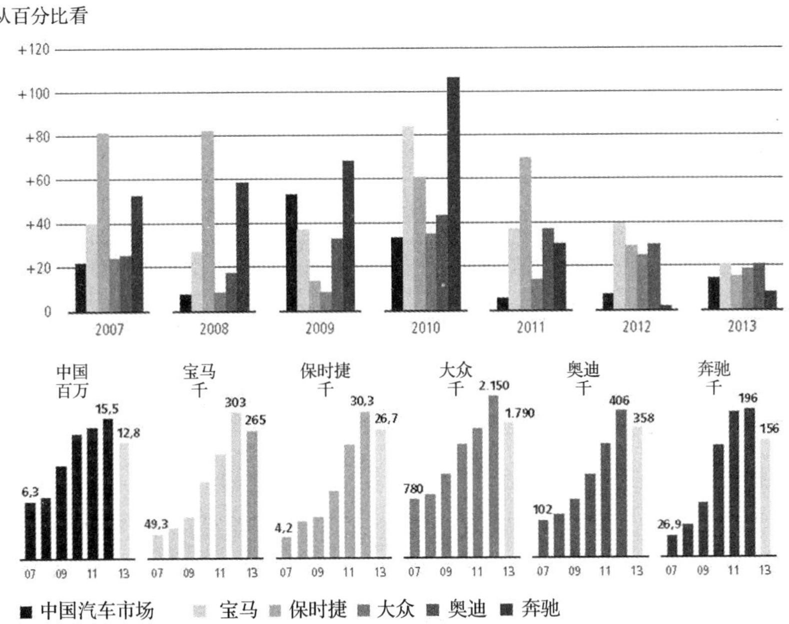

*2013 年 1 月到 9 月中国的数字。
大众、奥迪包括中国香港和澳门；奔驰包括中国香港。

资料来源：中国汽车工业协会（CAAM）。

德国的装备不仅在市场上占有绝对地位，而且它们的增长率也比平均水平发展快。在 2009 年到 2012 年间，当中国汽车市场以 50% 的增长率向前冲的时候，德国汽车销售量增长了 200%，达到 280 万辆。仅仅在 2012 年间，大众车的销售量就增加了 25%；保时捷增加了 29%；奥迪增加了 30%；宝马甚至增加了 40%。德国汽车销售量几乎比市场的发展速度快了四倍。由于过去几年间的增长速度特别快，以至于这种定向生产有时候超过了生产能力极限，从而导致供货时间的延误；劳动力的不足；员工的技能以及汽车的质量都面临压力。因此，即便是这种需求现在就像人们口头上常说的那样“正常”了，可人们却似乎已经不习惯了。

那么，这个汽车市场未来的前景如何？特别的乐观！如果您问德国汽车工业的话。对此的最好证明就是巨大的需求。尽管汽车厂每年都有几百万辆新车下线，可还没有达到每家至少都有一辆小汽车的水平。在中国，每 1000 名居民中也就 40 到 50 辆小汽车，可在类似德国这样的发达国家，已经达到 530 辆①。“中国的汽车化程度相对的还是非常低，”德国机车协会主席、原德国交通部长马迪亚思 · 维斯曼（Matthias Wissmann）愉快地说，“所以，这里的潜能还远远没有被挖掘出来。”

有趣的是，在德国汽车生产商大面积获胜的劲风之下，德国汽车零部件供销商业也在大踏步地向前迈进。去参观一下他们的企业，譬如揽线制造商莱尼（Leoni）在上海的工厂，也是非常值得的。

02
未知的巨人——德国和奥地利的供应商

A．在这些汽车制造巨商的影子里

在德国汽车零部件供应商莱奥尼（Leoni）在华的厂子里，员工在工作时间可以坐着旋转木马工作。准确地说，他们的脚下是一个滚动式转盘，面前的工作台上缠绕着色彩斑斓的电缆线。借助于模板的精确标记，工人们把缆线以电气的方式连接在一起。缆线盒以及诸如连接器、塑料盖、胶

① 汽车工业协会 2013 年 4 月 20 日：“德国汽车工业在华持续增长”；中国交通运输部 2013：“机动车数量”。

带等零部件几乎无声无息地从工人们面前转过。这不仅加快了流动的速度，而且也免于带着那些沉重的材料在厂房里奔来跑去。莱奥尼公司给汽车生产电缆线束，行话就叫电气系统（Bordnetze）。它们属于现代汽车的生命线。如今，越来越多的的电子设备不断地被补充到电气系统上去，从电动窗口到可调式头枕，应有尽有。在中国，莱奥尼仅仅给一台奔驰 E 级所供应的电缆线束从长度上就超过 3.6 公里，而重量约为 30 公斤。

分类、梳理、检查插头和组装线束等，不客气地讲，这些活儿相当的琐碎。郭靖（音译）——这家上海工厂的负责人——用了一种很美的说法："这是一种劳动密集型产业。我们需要大量的人力资本。"两句话是同一个意思：厂里的工作需要很多人，这些细小的活儿对机器来说得不偿失。迄今为止，也就只有剪线和接头采用自动化方式。郭厂长解释说："可是在四到五年间，我们就可能走到这一步：发动机舱线缆铺设整体自动化完成。"这一部分只占整个电缆线束耗量的 20% 到 30% 左右，所以说，今后莱奥尼公司将仍然需要借助于许多双麻利的手。

说句实在话，许多像莱奥尼这样的零部件供货生产商，是借着汽车制造业中的那些巨无霸的东风，或者说乘汽车生产商的荫凉。从这家上海工厂二层那镶着玻璃的楼道里，这家汽车电气系统亚洲部的负责人——克雷斯迪安 · 杜恩斯泰恩（Christian Zürnstein）——望着附近大众汽车厂的提货场。上千辆的汽车在晨光照射下闪闪发光，其中也有波罗（Polo）系列小车。波罗车上的电缆线束就是它邻居的莱奥尼公司生产的。"这些汽车制造商不能没有我们，而我们也离不开他们。"杜恩斯泰恩带着微笑谦虚地说道："可很少有人提到我们。"这并不奇怪，因为诸如汽车内部装饰、刹车或者像电气系统与终极消费者并不直接发生关系。恰巧正是在这个幕后行业中，也同样地存在着巨大的潜在势能，尤其是在中国。莱奥尼举例说：自 2007 年以来，中国汽车布线系统的产值从 2500 万欧元增加到 2.5 亿欧元。工人数量从 1300 增加到 6000 人。到 2016 年，产值有望达到四亿欧元。杜恩斯泰恩接着说："从凉风中，我们感受到的不是衰退，恰恰相反，我们将会大踏步地向前发展。”

迄今为止，这个行业已经在华有四家工厂。最新的一家就是为了距离大客户奔驰更近些，而于 2013 年 10 月在北京附近创建的。北京的这家工厂投资 3000 万欧元，并且准备在莱奥尼计划到 2017 年在华汽车电气系统所实现的 4000 万年产值中做出主要贡献。对下一步的继续发展已经有所计划，其中如扩展沈阳的工厂，使其生产规模比北京还要大。在中国东北地区，莱奥尼希望今后成为宝马汽车生产商的零部件供应商。

除了汽车电气系统外，这家集团公司也同样在两条腿走路，那就是：电缆线和电线业务。在电缆线行业，这家集团公司在华有六家工厂、年产值两亿欧元。他们除了给汽车生产行业供应电缆线束之外，也给家用电器和医疗器械生产商供应电缆线。就全世界而言，集团总公司 6.1 万余名员工，现在有十分之一在中国。这个国家之所以对于莱奥尼公司已经变得是如此的重要，这也就同时显示了，一个不断稳定的市场已经在这里形成了。确切地说：在 2012 年，莱奥尼的中国市场第一次越过法国，位居第二。如今，也只有德国本土还相对的略微重一些。

B．欧洲的损失中国补

对于德国的零部件供应商来说，中国是一个安全的（工厂）银行。如果它们在欧洲听到雷声，如果销售额和利润在老市场上开始萎缩，那么远东就拯救这些集团公司的资产负债表。这一点也适用于罗伯特·博世公司——世界上最大的零部件供应商之一。当这家集团公司在德国从一个危机滑向又一个危机之际，它在中国的子公司的盈利却一路向上、持续攀高。用欧元去计算，中国的产值在 2012 年增加了 10%，达到 50 亿欧元。其中三分之二来自零部件供应行业。尽管相对于常见的来说，这个增长并不怎么高，但这种下降状态的责任并不在于汽车零部件供应行业，而在于建筑设备市场处在一个疲软时期，因为中国政府在打击房地产行业的过热。乌韦·瑞世柯（Uwe Raschke）——集团公司负责亚太地区董事——肯定地说。随后，人们将重新看到一个在过去十年间司空见惯的 25% 的年平均增长率。“博世公司在中国现在是，而且将一直属于成功阶层。”瑞世柯介绍说。以占总公司总产值10%的份额，中国已经成为仅次于美国的最重要的外国市场，而且正象整个亚太地区一样，中国将对我们变得越来越重要。在五年内，博世集团公司产值中的亚太地区份额要从24%增长到30%；在2008年时，只有17%。①

类似莱奥尼和博世公司这样欢庆的还有其他的零部件供应商。由于巨大的市场价值和意义，德国大陆（Continental） 集团公司甚至特意把中国部经理的位置提高，同时作为集团公司董事。这家位于汉诺威的德国公司从亚洲所取得的成绩已经达到集团公司总产值18%，并计划提高到30%的程度。“在此，中国起着发动机的作用”，董事长艾尔玛·德根哈特（Elmar Degenhart）确定地说②。2012年，这家公司在那里实现了27亿的产值，这几乎占亚洲业务的一半，并且约为整个集团公司总产值的8%。中国的分量在不断增大，因为那里的增值率几乎两倍于整个市场的增长率。在仅仅三年的时间里，德国大陆集团公司在华的员工几乎翻了两番，达到1.7万人。为了赶上市场需求发展的步子，这家公司以3600万欧元的投资，于2013年9月扩建了其在常熟市刹车片工厂。德国大陆总公司在华一共有19家生产厂。

德国大陆集团公司坚信，在中国这个人口大国，未来所涉及的不仅仅是一个数量大的问题，尤其涉及质量问题。中国部董事拉夫·柯拉迈（Ralf Cramer）一直关注着“安全、环保以及整个汽车行业那迅猛增长的需求”。在这个领域，德国生产商的底气特别的足，所以他们就非常自信，即便是今后汽车市场的发展相对于以前有所缓慢。在取得这种成就方面，一个重要的前提条件也许当属于：在中国为中国区研发创新性产品。柯拉迈坚信

① “在中国还是阳光普照”，《法兰克福汇报》2013年4月20日，第19版。

② 德国大陆轮胎集团2013年5月17日消息：“基于中国快速且强势的增长率加强集团公司领导机构”。http://www.continental-corporation.com/www/presseportal_com_de/themen/pressemitteilungen/2_konzern/personalia/pr_2013_05_17_personalia_cramer_de.html

这一点。“在未来的几年中，在中国所开发的应用部分因此从比例上将不断地增加”。目标就是：今后应用部分的十分之八都要从中国诞生。为此，这家德国公司在中国建立了一个新的研发中心，眼光着重于未来，把它看作刹车、气囊以及发动机控制和喷油、电火的区域性革新中心。

相对来说，竞争对手采埃孚股份有限公司（ZF Friedrichshafen AG，简称 ZF）在这个远东地区的买卖要比博世公司和大陆公司更大些。在这家公司的总产值中，已经有 12%来自中国。去年的在华销售额增长了 22%，达到 21 亿欧元。尽管对这家公司来说，美国非常重要，“可随着强劲的发展势头，中国在未来不久的时间里将可能超越它”，集团公司董事会负责亚洲业务的董事于尔根·郝莱泽（Jürgen Holeksa）说。关键的还在于，“就对其他地区衰退的市场进行协调、补偿而言，把中国作为基点，还具有中央调节的功能”，特别是对欧洲市场的疲软而言。他承认，美国竞争对手——江森自控（Johnson Controls）有限公司——厉害，它以在华拿到 42% 的市场份额的成绩在中国汽车座市场占有绝对的地位，并且在其合作企业中完成了大约 46 亿美元（35 亿欧元）的产值，几乎相当于这家美国公司总产值的四分之一。“我们所看到的最大的增长潜力，显然是在中国”。这家企业的中国部负责人约翰内斯·鲁特斯（Johannes Roters）说。这种可能性而且非常大。在十年内，世界上获得行驶证的新车中，跑在中国路上的将有三分之一。“谁不在这里出现，那他就错过了这个天大的机遇。”鲁特斯说。

奥地利的汽车零部件生产商也同样持这样的看法，而这些公司在欧洲也属于最重要的、最现代化的汽车零部件企业。麦格纳·斯太尔（Magna Steyr）、墨尔本（Milba）、李斯特内燃机及测试设备公司（AVL）、钢铁生产商奥钢联（Voestalpine）以及许多小企业都已经进入了中国，或正准备迈出这一步。迄今为止，已经有 25 家公司在华注册，有几家早在 80 年代随着他们的客户——大众汽车——已经去了中国。市场的活力尚未完全释放出来，奥地利驻上海总领事馆负责贸易问题的副领事——贝蒂纳·琳德勒（Bettina Lindner）——女士介绍说。“奥地利汽车零部件供应商已经做好了各方面的准备，以便尽可能快地在世界经济这最后的一块大蛋糕上切下一块儿。”这位女外交官明确地建议说，“不进入市场，光靠名声，那任何一家零部件供应商都很难获得成绩。”

类似德国大陆集团公司中国部董事柯拉迈的是，这位奥地利专业人士也从环保技术和安全技术领域看到了最佳的机会。为了使今后中国制造的汽车能够通过欧洲的新车碰撞测试（NCAP），这些生产商就可能会对汽车冲撞系统、安全气囊、气囊爆出系统或者头部碰撞保护等技术感兴趣。汽车生产商无疑就会向拥有专门的驾驶员辅助系统或技术的企业招手，而欧洲的尾气排放标注欧Ｖ也将会得到认可和执行。

C．全新的销售机会：零部件和二手车

引发零部件供应商对中国感兴趣的还有其他三个方面的原因：其一是，中国的利润率远比西方的更诱人。虽然由于不断增加的成本费用使利润率有所下降，但据咨询公司阿利克斯（Alix Partners）计算，7.5%的价值仍然远远高于欧洲和北美，而后者只有6.7%和6.3%[①]。其二是，定点加工或者委托加工企业所希望和追求的只是它们在当地价值创造的份额，并以此提高其初加工的价值，所以这些所谓的原始设备制造商没有其他选择，同时也就希望自己的零部件供应商跟随其后，来到对它们最热闹的地方——中国。据咨询公司普华永道（PWC）计算，到2019年，亚洲的德国品牌汽车生产量将达到500万辆，可到目前为止，仅有300万辆。到此为止，额外需要的零部件的 80%将会在德国以外生产。由于这种密切的供应链，从而使相关的“供应商”不得不搬迁到远东去[②]。

① 阿利克斯公司：“2012年中国汽车展望”，上海2012年版，第52页。此处把产值与除税及利息前盈利（EBIT，也称息税前利润）之间的比例关系称之为赚头或者盈利。

② 普华永道德国公司2013年8月29日：“中国汽车市场继续保持高增长”。http://www.pwc.de/de/pressemitteilungen/201 3/china-haelt-automarkt-weiter-auf-hochtouren-europa-kommtlangsam-in-fahrt.jhtml

其三就是中国自身，在那里将生成一个全新的市场，一个零部件销售市场。迄今为止，这些汽车生产商只用自己的产品，或者把其他零部件供应商的产品安装到它们的新车上去。可是，随着旧车数量的增加和二手车市场的发展，这种“售后市场”将变得越来越加重要。随之，这些零部件供应商就要调整并面向定向加工厂和独立的第三者，甚至建立自己的装配厂。博世公司迄今已经在市场上建立了自己的1300家所谓的博世服务中心，到2015年年末，中心的数量要增加到2000家。“人们也许很快就会对5000～8000家可以想见了。”博世公司亚洲部董事瑞世柯介绍说。汽车轮胎和零部件供应商普利司通轮胎（Bridgestone）公司在华有2100家特许车间；作为竞争者的德国大陆集团有1700家；米其林/驰加(Michelin/Tyre-Plus）有730服务点[①]。

在一个类似中国这样的年轻市场上，绝大部分的机动车辆都属于新车。2010年，行驶在中国马路上的汽车，41%的买到手最多也就两年；32%的有5年车龄，只有27%的确实属于老车。阿利克斯公司计算说，在五年内，这种比例将变化成为28%、37%和35%。换句话说，2011年，一辆中国机动车辆在平均行驶的年龄上还不到三岁；到2020年，中国机动车辆的平均年龄将翻一番达到六岁。相比之下，在北美洲，这平均年龄如今已经是11岁。同样再来看汽车销售情况的变化： 2012年中国机动车辆的销售数量中，二手车与新车的比例1∶4；2020年时新车与二手车的比例将是1∶1。但即使到了这个时候，中国也刚刚才起步——假如中国愿意并且期待着，去沿着一个稳定、有序的路往下走。在德国，新车与二手车销售比例是1∶2；而美国则几乎接近1∶4。

由此给零部件供应商呈现出难以想象的赚钱好机会，阿利克斯公司驻上海办公室主任伊万·劳曼（Ivo Naumann）就这么说。仅仅在2011年到2014年年间，汽车零部件市场的总销售额就几乎增加了120%，上升到

① 2012年12波尔卡公司/abh：“中国小汽车的售后市场”。https：//www.polk.com/images/uploads/China_Extract_2013_ Japan3.pdf

740亿欧元。其中半数到了汽车贸易商的手中，而另外的部分则去了那些独立的修配厂，就像博世公司或者德国大陆公司所建立的那样。

美国的咨询公司波尔卡（Polk）所出示的数据似乎比较保守，可在2011年到2014年年间，汽车零部件的市场总销售额依然翻了两番，达到450亿欧元。这个数量几乎相当于博世集团公司2012年在全世界的总产值。而且这个繁荣刚刚才开了个头……别奇怪，博世集团公司亚洲部负责人瑞世柯说："售后是一个特别特别重要课题，也是一个增长率很大的课题。在中国，有许多利润丰厚的事情等着去发现。"

03
快速进入机动车未来

庆祝在华汽车工业的活动还远远没有结束。恰恰相反，麦肯锡国际研究所用数字清楚地证明，德国高质量零部件供应商从这种不断持续的繁荣中将特别的获益。客户们寻求更高价值的、更现代的，从设计上更出色的、价格更贵些的产品，专业人士这样写到，准确地说就是，德国汽车制造商及其零部件供应商在华在这些方面著名而且经常被询问。奥迪、宝马、保时捷、大众，而且现在还有奔驰，也都给城市都市豪华车以特别的注意力。这似乎就是正确的战略策略选点。麦肯锡国际研究所发现，到2020年，这种都市豪华车的销量有可能扩大三倍。保时捷感受到这种趋势已经有几年了：当保时捷集团公司很难让它们的跑车在中国获得一席之地时，可它们的四轮驱动运动型多用途车——保时捷卡宴（Porsche Cayenne）却在中国获得了惊人的成功。①

这样以来，中国人也同时为刺激德国东部经济繁荣做出了重要贡献，

① "中国有与保时捷相匹配的口红"，《法兰克福汇报》2012年3月12日，第15页。

因为其中的一家德国汽车制造厂就在莱比锡。宝马集团公司的看法类似于此。这家公司以全散装件（CKD）的方式，把某些车型从莱比锡用火车运到修建在东北沈阳的组装厂。保时捷和宝马所能用的招，大众集团公司早就用了。大众集团公司的旗舰级轿车——辉腾，在德国经常被人们当作卖不出去的产品，从而用来嘲笑大众汽车公司的妄自尊大，可它却在中国获得了其三分之二的买家。那宽大的车身产自于德累斯顿。毫不夸张地说，萨克森汽车的复兴也许应该感谢中国。而德国东部的建设也许更可以这么说。

对这个最早见到太阳的东方国家来说，在未来的中国，那阳光对于上层人士也许更加暖和。可是对德国来说，它们的汽车制造商之间私下里把这个市场分配得多么的好！“在高级轿车方面，德国的汽车制造商从中国汽车市场的高速增长中获得了巨额的利润。”费利克斯·库雷特（Felix Kuhnert）——德国全散装件咨询公司机动车行业主任——总结说。按照他的估算，德国高级小轿车制造商在 2012 年到 2020 年间，要把他们在华的高档小轿车销售量翻一番，达到 115 万辆。这也就意味着，平均每年的增长率在 10.4%，而他们在华生产总量的年增长率则是以 7.4%发展[①]。为了提高品牌意识、降低汇率风险、减少劳动成本以及关税和物流成本，同时也是为了中国强权的高兴，生产的区域化是一种必然趋势。到目前为止，德国的豪华轿车九个系列已经在中国制造，到 2016 年，豪华车的系列约增加到 16 个。代替现在的 13%的比例，随后要让 19% 的这种高级轿车在这个国家来安装。

就像人们所说的那样，德国汽车工业在中国“竖起”了绝好的形象。只要您到高档住宅区、豪华饭店或者上档次的购物中心的停车场瞧上一眼，那您就会觉得那“竖起”这个词的真实含义有多准确。只要是有钱人的地

---

① 普华永道 2013 年 4 月 19 日：“德国高档汽车制造商在中国至 2020 年翻一番”。http：//www.pwc.de/de/pressemitteilungen/ 2013/pwc-prognose-produktion-deutscher-premiumhersteller-in-china-verdoppelt-sich-bis-2020.jhtml

方，满目皆是奥迪、宝马、奔驰和保时捷的影子。在中产阶级中占主导地位的则属于大众汽车品牌。即便是中国的政治精英，他们乘坐的也是德国车，而且首先是奥迪。尽管推行新规则，要求使用价格便宜些的国产车。

中国的消费者有一种追求名牌、美观式样、质量的倾向，现在也逐渐开始了环保意识，所有这些德国汽车制造商所获得的信任度和声誉比其他国际制造商都高，而且也比中国厂家要绝对的胜出一筹。只要这个世界上最大、发展最快的汽车市场的大门一直开着，只要富于购买力的中国中、上层的收入一如既往的快速增长，只要随着越来越多的汽车服务点的增加确实有效地打开了内陆的市场，那么毋庸置疑，中国将会向世人证明自己财宝箱子有多重，而这对于德国的制造商来说，无疑也属于自 1886 年机动车被发明以来所发现的最大宝藏。

第六节 综述：国内需求是最大的宝藏

不断增长的内陆消费已经明显地展示了我们到此为止所说中国经济变化，所有这些在中国都可以明显地感受到，或者说，这个大国正在朝着这个方向走：快速的城镇化；来自环保和服务行业的新型增长动力，这首先促进了内陆的发展。所有这些也同时确保了，一个新的中产阶级正在中国诞生，他们无论从形成的规模上，还是从购买力上，都将是历史上前所未有的！他们的能量现在和将来究竟有多大，这自然要取决于如何对他们进行定义以及人们对增长率的期望值有多高。可有一点需要提示，只要您从三亿人口这个数字和至少3.5%的增长速度出发，或者即便是从每年一千万人这个数目出发，那您肯定就觉得踏实了。

作为一个花钱特别爽的社会群体，中国的上中产阶级拥有一个介于1.28万到2.76万欧元的可支配年收入。这大约相当于经合组织成员国现在的平均年收入水平——1.71万欧元。然而，这个群体现在的实际消费额只占所有消费的五分之一，但在未来有可能提高到超过一半。这意味着，中国的民族企业以及国际生产商必须调整自己的市场定位，并注意这个客户群体的需求。如果这些生产商确实做到了这一点，那它们基于这个新富阶层“上涨”的购买愿望可以实现良好的商业纪录。

要使购买力如愿以偿地得到提高，就必须方便消费者并同时让他们心里踏实。那势必就需要诸如工资提高与生产率提高并行；通货膨胀必须得以限制；社会福利保险得以稳固，从而使国民不必大量去寻求私人保险，也不必为了未来而使劲儿地去积蓄。如果能够做到这些的话，那大量的钱就对消费自由了。不妨重复一下这个令人印象深刻的数字：2010 年有 1.9 万亿欧元流入零售行业，可在相应的改革后五年，流入零售行业钱箱里的数目就有可能是 5.1 万亿欧元，这相当于大众汽车年产值的 30 倍。

对于外国消费品生产商，譬如对来自德国、瑞士和奥地利的企业来说，中国市场上的这些机遇，一方面在于你们的质量、可信度以及性能价格关系；另一方面在于产品的知名度和式样。也正是基于这个原因，所以冰箱、厨房、浴室配件，甚至浴缸和卫生间设施都从德国进口。在这里所涉及的是功能、可信性、式样以及声誉诸因素的综合，中国客户对其他消费品的定位方法，类似他们对德国汽车所采取的。

值得注意的是，这些商家——就未来的高价位群体——越来越多地降格进入简单的产品群。通过这种方式，他们试图让这些处在上升地位的中产阶级尽可能早地接受自己，以便借助于“交易中上涨”的方式，向他们证明高价值以及品牌的诚信度。大众汽车集团公司就是以类似于此的市场发展计划，通过低成本轿车成功地打入中国市场。这家集团公司唯一尚未涉足的领域就是：争夺数百万计的上层消费者的疆场。①

对于德国汽车制造商而言，中国现在已经属于最重要的市场。在未来的几年中，这个市场重要性增加的可能性，要比减少的可能性更大。这一点既适用于类似大众汽车这样的规模化品牌，也适用于那些可以赚大钱的、没有特别竞争对手的一流高级小轿车。在不久的将来，中国有可能成为世

① 《柏林早报》2013 年 9 月 26 日消息：“大众汽车在中国又建一家工厂。便宜的汽车一辆 8000 欧元”。http：//www.morgenpost.de /printarchiv/wirtschaft/article120394382/VW-oeffnet-neues-Werk-in-China-Billig-Auto-soll-8000-Euro-kosten.html

界豪华车销售第一市场，德国人在这里也会一起大赚特赚——靠的是如劳斯莱斯、宾利、兰博基尼、布加迪这样的高档车，也靠保时捷旗舰、奔驰、宝马和奥迪的进口。此外，新的市场也将对汽车零部件供应商开放，因为越来越多的二手车需要检查和维修，故此所需要的配件也就迅速增加。这个行业在 2012 年到 2015 年间，保守地讲，至少增加一倍。

坐浴盆、面盆和空气净化器作为另外的一个消费增长领域——奢侈消费品，这些与我们所介绍的金光闪闪的宝藏来说，相对的小一些。中国人第一次在世界上超过其他国家和地区如此多地购买这种价格昂贵的漂亮产品，那是在 2012 年：这类产品的四分之一都去了中国。到 2015 年，中国人的购买份额将有可能上升并变成为三分之一。无论是法国的波尔多葡萄酒，或者瑞士手表；无论是汉堡的万宝龙钢笔，或者麦琴根[①]的老板服，世界上没有哪里的消费增长速度能比中国内陆和香港更快。如果您知道，超级富豪在这里的生成和增加幅度、速度也是世界上任何一个地方都无法比拟的时，那您也许就不会对此感到奇怪和惊讶了。在 2000 年，中国只有两个身价十亿美元的富翁，可如今已经有 315 位。至于亿万富翁的小兄弟——百万富翁，恐怕没有人能数得清，至少也有 300 万个！

在我们漫长的中国探宝之旅中，我们已经给这个宽敞的旅行车上装满了宝箱。其间既有沉甸甸的，也有略微轻一些的；它们有的是带着明光锃亮的折页，有的已经脱落了把手，根本提不起来。但总体而言，我们对眼前的收益还可以满足：可以想见，在当今世界上、在任何一个国家和地区所获得的财富，也恐难与在中国所获得的同日而语。在寻宝方面，我们已经取得了良好的进展，因为道路畅通，无人阻拦。假如，假如这些箱子被隐藏在人迹罕至的路径，假如这些路径需要攀岩登山，或者处处受阻呢？对此，您在中国要有思想准备，因此在最后的一章，就要介绍一下风险，请您了解一下在这富裕但也不易把握的国家的风险所在。

---

① 麦琴根（Metzingen）：德国巴登 - 符腾堡州的一个两万余居民的城镇。著名的雨果・博斯西服集团公司所在地。（译者注）

第四部分 冷眼看中国

如果发展的情况与原来设想的完全不同呢？中国几十年的成功有可能带来严峻的挑战吗？回答是肯定的。这个国家行进在一条狭窄的山脊上，无论是从山脊的左侧还是右侧，都有可能突然掉入深谷。踏错一步，或者一阵邪风，或山脊摇晃，都有可能被证明是致命的打击。

一、 改革的决意：调整绝非轻松事，但成功当属无疑

如果发展的情况与原来设想的完全不同呢？中国几十年的成功有可能带来严峻的挑战吗？回答是肯定的。这个国家行进在一条狭窄的山脊上，无论是从山脊的左边还是右侧，都有可能突然掉入深谷。踏错一步，或者一阵邪风，或山脊摇晃，都有可能被证明是致命的打击。

为了解释这些危险，不妨回顾一下，回顾这个国家在改革开放之前所经历的情景。到目前为止，中国的繁荣是基于尽可能地把更多的资本转到这里：投资生产能力以及基础设施，以便把原料和前期产品带到中国，并把最终产品从这里再运输出去。工人获得的收入是与所创造的价值不成比例的小钱。尽管贪婪，但维持这种低成本的方式从国民经济的角度是可行的，因为只要大部分商品出口国外，这些劳动者不作为买家，而只是廉价的工人。这种模式本身对于贫穷国家来说，是作为一种竞争优势来使用的。在中国之前，已经有许多其他国家在追求富裕的道路上使用过，譬如中国的邻国日本、韩国，以及东南亚。

以这种特殊的方式来实现繁荣的措施，在中国早已经完成了它的使命，

因为这种廉价劳动力成本作为有效措施不是永远都行得通的。况且，中国作为廉价加工厂的时代早已经过去了，尽管作为所谓的发展中国家在某些方面享有优惠，并且可以少承担一些国际责任，譬如在保护世界气候方面。而且事实上，就人均国民生产总值而言，中国在世界名次中位居第 90 名，也就相当于纳米比亚（Namibia）和土库曼斯坦（Turkmenistan）这样的国家。然而，中国从整体实力上在世界经济中的分量越来越重，以致于它足以压倒其他国家，不得不大量地接受中国的产品，并使得中国的经济继续得以快速增长。这一点尤其还在于，如果像美国或者某些欧洲国家那样，靠借贷来购买的话，那情况就更加复杂。只要这些国家开始节约，那这个远东的国家就马上感受到打击。

因此，中国必须开发自己的国内消费，消费中国制造。究竟怎么样进行，随后将就此做进一步的详细描述。但是，从一个以投资和出口导向型为主的增长型经济朝一个以国内消费为主导的增长型经济的转变，并不是一件轻松的事情，因为对这架机器及其运转必须进行重组。这项工程的难度与让疾驰的驭手去换马有一比。譬如，谁想增强个人的家庭开支，让私人愿意更多地掏腰包、花自己的钱，那他就必须从其他地方截流，譬如从国企和国家的袋子里。必不可少的就是，从教育、薪酬、社会福利保障、税收、利息、汇率等机制方面进行修订和调整，以便既不让驭手摔下来，也避免让马倒下去。

正是因为有这样的一个难点，所以方显这本书在叙述方式上的别有一番风格。为了免于一个全线的突然改弦更张，中国可以把那迄今为止作为不利因素的巨大区间和剪刀差作为优势来利用。当上海、重庆、成都的实验区被解释为以知识和服务为基础的中等消费社会的新时代时，那“纵深的西部”将依然作为大宗投资开发区，无论是原料的开发，或者使传统的生产行业获得具有继续规模生产的生存能力，这都需要扶持。假如愿意的话，我们不妨以两种不同的方式去淘宝：一方面对那些老的、稍微有霉味的财宝，围绕着这些的木材已经腐烂、铰链已经生锈，可依然有大量金子在。另一方面是那只装着下一代财富的高科技保险柜。

这种新老并进的双重战略是一种明智的选择，至少可以使那些有可能出现的不确定性危险因素最小化。这一点也同样适用于这类问题：中国未来将在何种程度上和多大范围内允许外国人介入这些地下财富的开发。在某些行业，外国公司已经看到了，在它们——有意或无意地——把自己的专业知识和技能与中国分享之后，却被赶出局，譬如在高速列车方面。这里似乎有点儿像席勒（Friedrich Schiller）的“菲耶斯科的阴谋”中的那句名言：“摩尔既然完事了，那就让他走人。”更适合于这种情况的，也许当属于后来西奥多·冯塔纳（Theodor Fontane）的诗“老少”所做的表述：“摩尔可以走了，新游戏开局了；他们主宰了现场，该轮到他们了。”[①]

按利益集团如美国和欧盟商会驻京分会的看法，外国集团公司在中国的许多领域中，明显受到不同于中国民族企业的待遇，这不公平。中国的民族企业在项目上不仅优先，而且还获得政府的直接援助。在 2400 家上市的中国公司中，据说有 90%的获得补贴[②]。事实上，中国市场的门口对外国企业不是说得到了改善，相反在某些领域甚至恶化了。这也同样地适用于在技术上要求的强制投入；在公开招标中的排除国际投标人；在标准上强求满足那不可能满足的中国标准；在知识产权的保护方面的保障不足。欧洲商会甚至注意到，在创新政策方面最近出现了“民族主义”[③]。

2013 年 8 月，中央电视台播放了一名英国公民及其美籍夫人由于卷入英国葛兰素史克（Galxo Smith Klein） 制药公司贿赂案而被逮捕的消息。他们的脸面尽管在电视台转播时以马赛克的方式予以遮掩，但使其丢脸的效果是不言而喻：被捕者戴着手铐、穿着桔黄色的囚犯坎肩。这位男的——当年路透社（Reuter）的一名记者，名叫彼得·汉弗莱（Peter

① 席勒：“菲耶斯科的阴谋”，III/4，《席勒选集》慕尼黑 1980 年版第 1 卷第 639-754 页，此处参看第 704 页。西奥多·冯塔纳：“老少”，《冯塔纳著作五卷本》柏林 / 魏玛 1977 年版第 1 卷，第 34 页。

② “欧洲企业感到在华受歧视”，《法兰克福汇报》2013 年 9 月 6 日第 16 版。

③ 欧盟商会：“欧盟在华企业建议书 2012/2013”，第 13 页。

William Humphrey，中文名：韩飞龙）——承认非法收集情报，并且用汉语说：“我感到很遗憾，我要就此向中国政府道歉。”①

除了这些针对个人的活动以外，也有那些针对外国公司的。最严重的事件就是2012年袭击日本汽车经销商、商店和餐馆的事情。由于抵制日货，使得汽车品牌如丰田、本田、日产和马自达等在中国的销量明显下降，在一段时间甚至高达60%。

中国就消费保护所采取的方式方法也令人起疑。由于长期以来熟知的变速器缺陷，大众汽车集团2013被迫在中国召回了38.4万辆汽车，属于其历史上召回规模最多的一次。中央电视台一台消费保护节目中，大众汽车受到攻击；苹果因涉嫌在华服务质量差受到惩罚。这两家公司随之——不管这些指控真实性与否——都必须表示歉意，并承诺改进。这里再一次表明了这样的一种现象：中国作为一个市场是很重要的，与这个国家较劲儿还是缴械，那您自己去掂量。对大众汽车集团来说，中国是迄今为止世界最大的销售区域；对苹果公司来说，中国是第二大。随后不久，就是打击德国汽车制造商，也同样是在中央电视台的宣传频道。这一次，这个节目是指责奥迪、宝马和奔驰这些高级汽车制造商，批评他们使用不合格的保温材料，认为由这些保温材料所产生的蒸气有可能对人的健康有害。可是，电视台并没有就这些指控提出任何证据。在接下来的几个月里，又有一些外国企业由于质量和价格监督而受到批评，其中包括美国咖啡连锁店星巴克和韩国电子巨头三星。

---

① 英国《独立报》（The Independent ）2013年8月27日：“英国记者彼得·汉弗莱面对中国电视就非法骗取资料道歉”。http：//www.independent.co.uk/news/world/asia/british-investigator-peter-humphrey-regrets-illegal-datascam-on-china-tv-8785368.html； 电视前的自我批评镜头在 http：//www.youtube.com/watch?v=07sbxcMTTXM

二、腾飞背后的危机：中国生活在失调之中

如果说，这些事件里边还有什么可取的，那就是让国际集团公司感觉到，它们必须时刻记着，自己对这个远东市场的依赖性有多么大。诸如此类种种有可能危及中国社会稳定以及西方企业在华盈利可能性的因素自然也潜伏在银行和信贷业务中。原则上，在一个持续发展的经济实体中，重要且正确的选择是借债。企业以此来实现自己的增长；国家以此来实现那些必须的基本设施和其他社会性项目。那些由于资助这些项目和业务而产生的借贷利息比例，就取决于供需关系，准确地说，取决于银行有多少钱可以出借和借贷款所需要借的总数有多么大。在这种价格谈判中，整个市场的状态起着一个重要的决定因素，尤其是债务人的可信度和贷款时间举足轻重，也就是：借款人真的可以按期偿还利息和本金。人们称之为贷款资信或者信用评级。从借款人方面讲，通常都接受这些强制给他的条件。理想的情况下，融资与贷款投资充分获利，届时还本付息（利息、分期还本、手续费）。

这是从理论上讲的。在许多国家中，这种体制尚未进入正轨或者脱轨，在中国也是如此。作为类比，我们在此不妨重温一下那因此而在工业国家所引发了的可怕的大动荡，它令整个世界至今依然处于阴影之中。那场 2007 年在美国开始的金融危机，就是由于个体虽然资信不足却依然按揭购房者所致。起初，这似乎风平浪静，发展得挺顺利，因为房地产在走高，而抵押物价值也就随之在上升。也包括银行对信用违约风险含糊其词，并借以把风险证券化，即转变为可交易的证券转给第三方。

当这场危机爆发时，情况一目了然。最终人们终于明白了，皇帝阁下是赤条条地站在那里，兜里连半个铜板也没有了。链接被扯断了，债务没法往下走了，同业银行、信贷和住房市场崩盘。房屋和土地不得廉价拍卖，借贷的个人、开发商和金融机构都进入破产程序，甚至连某些如冰岛和爱尔兰这样的国家，都整个地陷入危机。经济的新一轮冰冷、酷寒阶段以此

开始了。金融危机从银行卷向社会。不仅银行面临倒闭，国家也同样。除了希腊，还有塞浦路斯、葡萄牙、西班牙。从美国信贷危机演变出了一场工业国家的金融、经济和债务危机。

中国也同样面临着类似的危险。只是在中国，不一定是银行和国家先后陷入大规模的金融灾难，而是同时滑入泥潭——随后这一点会进一步确认的。我们在此有一点必须明白，中国的经济成就类似那些危机国家的情况，是建立在持续输血的基础上，不仅从国家的角度如此，从生产行业也是如此。尽管这已经持续了相当长的时间，但由于全球性金融危机使得这种局势进一步恶化。为了减轻其后果，国家银行当时发放了数十亿的廉价信贷。此外，地方政府还被要求，把天文数字的大宗银子投资于基础设施和国有企业，以便刺激经济。因为他们已经麻木了，所以他们的财政状况就持续地急剧恶化。当中央政府试图相对地降低赤字，并表示要强化债务管理时，可各省市地方已经听不见了。据估计，有 2.6 万到 2.9 万亿欧元的债务缺口。①

这本身就已经达到了中国国民生产总值的 40%，两倍于官方公布的公共债务比率。如果把其他公共负债应也计算进来的话，估计至少达到 60% 至 90%。以此可以说，这个国家的危机状态相当于塞浦路斯和冰岛。这种高债务状态就解释了，中国何以对一个类似 2009 年的新一轮的经济刺激计划望而却步。中国政府也许希望像当年一样，把钱匣子再抱紧一些，如果这样的话。这个国家负债率有可能降低到类似希腊国家的水平②。此

---

① 王志浩等人 / 渣打 2013 年 10 月 2 日："中国地方债以美元 3.6-4.0 万亿计"。https：//research.standardchartered.com/ researchdocuments/Pages/ResearchArticle.aspx?&R=110318&s=r

② 钱思乐 (Edward Chancellor)、麦克·莫莱里 (Mike Monnelly) / 波士顿财产管理公司（GMO ）2013 年 1 月："大张口的龙——中国的信用体系何以显得如此无力？" https：//www.gmo.com/America/CMSAttachmentDownload.aspx?target=JUBRxi51IICB%2fZluSRlFT%2fuTziGxSlxd6gSYFABbXiIRaXH%2fD14gurn3vEC8k1sXcZlliuJM%2bngLuwV%2bM%2bHutBJcXyiITpz62CD7faQ%2bD3fiZG0yT%2fFh7A%3d%3d

外，国有企业还有向社会福利部门最终支付的责任。根据法国兴业银行（Sociètè Gènerale）香港分行的估计，这笔费用相当于一年的国民生产总值[①]。如果资信评级机构惠誉公司（Fitch）说，中国有一个"债务问题"，那他们绝对没有夸张。合乎逻辑的是，这家信用守护使者已经发现，中国的资信度应当降低。尽管，基于令人眼热的大宗外汇储备和有限的外国债务，使得中国的国债在外汇市场保持稳定，可是人民币信用却下降了一个等级。迄今为止，这种资信级别的部分下降只是作为一种警告，提示这个世界第二大经济实体必须正视眼前这严重的高债务压力。[②]

三、定时炸弹：影子银行

另外的一个与此相关的风险就是：影子银行的蔓延。以此也就意味着，一个灰色的资本市场不受官方控制和法规的制约，至少这些置身在银行资产负债表之外。它包括非法高利贷以及背后交易、地下钱庄等脱离了银行监管、独立处理交易的业务。这个市场很大，因为债权人和债务人常常是以同一方式走到一起。许多借款人，特别是中产阶级个体，从正规渠道很难获得信贷，是因为他们的资产负债表不可靠，更因为国有银行偏爱的是自己的一奶同胞——国有企业。而投资者也同样乐于转向那些能比常规系统给予更高回报的借贷者。这未必是一件坏事情，问题在于，影子银行所

---

① 法国兴业银行 2013 年 3 月 22 日："重估中国政府债务风险"。https://publication.sgresearch.com/en/1/0/198546/122451.html?sid=e7ede9524ccfc886d41a364d619be282

② 2013 年 4 月 9 日惠誉评级："惠誉确认中国的长期外币信用评级（FC IDR）为 A+，降级长期本币信用评级（LC IDR）AA- 为 A+。"http://www.fitchratings.com/creditdesk/press_releases/detail.cfm?pr_id=787901；路透社 2013 年 4 月 10 日："惠誉确认中国银行不断暴露影子融资问题"。http://uk.reuters.com/article/2013/04/10/uk-china-fitch-idUKBRE93907420130410

服务的是一个忽略分析的市场，而且双方能够周瑜打黄盖——彼此都满意。

可这事情挺棘手，因为一旦遇到集体违约的时候，这个系统就束手无策了。那随之会怎样，那不妨让我们看一看 2011 年秋季在温州所发生的事情。这里就是人们常说的中国中小企业之都。在这里，当时大约五分之一的贷款来自非官方渠道。当随着金融危机的发展而使得欧美诸国的大面值订单一个接一个地被取消时，无力偿付自己的高利率，更不用说分期还贷的人，在温州出现得越来越多。大多数贷款原本就没有足够的保护，有些借款人便一拍屁股走人，有的甚至自杀。结果：不仅很多出口企业倒闭，而且也包括许多给他们提供贷款资助的人。

在一个类似温州这样的有限范围内，这样的冲击尚可应付，可此时此刻，这种影子银行系统已经在全国各地蔓延开来。在 2013 年年初时，这种影子银行所涉及的也就大约 4.3 万亿欧元，已经占国民生产总值的 70%。这几乎是两年前的两倍！如果这个系统垮了，那后果难以想象。尤其可怕的是那种时髦的理财产品（WMP）。在 2009 年时，它们的投资额才 2040 亿欧元，可到 2010 年，就大约有 3400 亿。今天，已经达到近 9000 亿欧元。这简直比中央政府一年的税收还要多，并且相当于所有银行储蓄的 8%。[①]

理财产品是由正规银行发行的，但却既不出现在它们的资产负债表上，而且银行对此也不承担任何法律责任。理财产品原本不外乎是一种重新包装的信托贷款，这是通过银行把它们作为投资传递给第三者的。它因此也类似上述在美国出现的情况，是把债券汇集综合并被证券化了的。另一个可比性就是，这大都是在给房地产筹资。在中国，房地产行业运行良好，因此这些理财产品也就进展得比较顺利。但也有许多怀疑论者，他们认为，房地产市场正在形成一个投机泡沫，并预计，会像在美国、日本、西班牙所遇到的那样，这个投机泡沫创造会爆裂。如果发生这种情况，陷入苦恼

① 布鲁斯·卡斯曼（Bruce Kasman）、大卫·亨斯利（David Hensley）、约瑟夫·勒普顿（Joseph Lupton）/ JP 摩根：“全球数据观察”。2013 年纽约版，第 27 页。

的不仅是房主们，也包括数以百万计的理财产品买家。

对影子银行系统提出最严正警告是国家证监会（CSRC）主席肖钢。早在2012年，当他还是中国银行行长时——那时中国银行也在销售理财产品，他就对中国信贷的未来用黑色做了一个描绘：

“目前有两万种理财产品在流通中，相对于五年也就百余种来说，这是一个明显的变化和增加。可由于数量这么大，这么难控制，那这种影子银行体系在未来的岁月里，就会演变成为某种系统的财务风险的可能根源。尤其令人担忧的是，这种理财产品的质量和透明度。这些理财产品背后的许多投资项目，都是一些闲置的房地产或长期基础设施项目。有些甚至与高风险项目捆绑在一起，而且靠追加资金来兑现偿还责任。”①

肖钢的描述勾起了人们对这种关系在西方的不愉快回忆。理财产品基于长期的承诺，虽然也有期限较短的，那它们就不断地需要新的资金；其中90%至多6个月内兑现。如果这笔投资搞砸了，而且，如果债权人想在结束时拿到钱，而且也没有新的债权人已经准备加入融资，那随后就又可能出现一个流动资金失平的危机。解脱的办法也许就只有：推出新的、另外的理财产品，以便弥补流动资金之不足。“在某种程度上，这是一种庞兹式（Ponzi–Schema）游戏”。肖钢就这样地认定，并以此把这种理财产品看作为类似骗钱的买卖。查尔斯·庞兹（Charles Ponzi）是美国金融历史上最大的骗子之一。他骗取那些诚实投资人的钱，搞一个假项目，声言投资于此。然后用这些投资者交来的钱给投资者分红。

因此，这就在几个方面潜埋下了危险。许多贷款，尤其是那些为各省市政府经过地方政府融资平台（LGIV）所融资到的贷款，已经非常危险，因为他们通过融资所投资的基础设施，要么根本不会有回收，要么既是有，也杯水车薪，无助于事。譬如，一个非营利性足球俱乐部的市内足球场会有什么收入？一个并没有多少人过的桥靠过桥收费什么时候能赚回成本？

① 肖钢：“规范影子银行”，《中国日报》2012年10月12日。

如果没有多少飞机，那靠飞机起降费什么时候能赚回机场投资？如果房地产泡沫破裂、土地价格下跌，那地方政府的担保又能值多少钱？如果房价下降或再增加融资，那类似的损失势必就影响到理财产品。在银行直接和间接地介入理财产品业务这个问题上，财政部也遇到了很大的麻烦、脱不开干系。肖钢说，贷款烂账的官方数字尽管并不特别大，但是就在他还担任中国银行行长的时候，“那潜在危险就已经远远高于官方所预测的”。

四、必然措施：增长率的充气阀门必须关闭

一种可能性的房地产和影子银行对中国现实经济的影响，在现在远比在前几年时要严重和危险许多。因为从重量上讲，银行之外的新贷款项目之多、之大是前所未有，它们从分量上现在甚至超过了随后可以抵消的能力。而且在一个融资市场上，其膨胀的程度是从未有过的。自从国家银行基于安排，从上面把廉价的资金往下撒，旨在以此对全球金融危机的冲击进行拦截之后，中国经济的绝大部分只有靠信贷输血来运作。

人们也许已经注意到这一点：信贷增加的速度比国内生产总值增加的速度要快，对同样的经济产值所需要的融资越来越多。2008 年时，全部贷款与国民生产总值的比率关系还是 130%，可是到 2013 年时，这个比率关系已经上升为 200%。即使保持一个良好的发展状态，按照惠誉评级公司的说法，到 2017 年有可能上升到 250%。也许，人们可以这样更简单地表述说：为了创造一块钱的产值，中国企业在 2008 年时需要借 1.4 元；在 2012 年时，就需要借 3.30 元。对借款人所承担的利息责任是：在 2008 年时，约占国民生产总值的 7%；可在今天，应该负担的则是 12.5%；到 2017 年时将是 16% 至 22%。按照惠誉公司的观点，在中国所看到的情况是非常的严峻。他们的确切说法是这样的：

“这种高利率和债务本身就会淹没了债务人……没有哪个金融体系可

以无限期地维持一种不断增加的融资经济。总有那么一天，这膨胀的债务就达到极限并将扼住经济活动的发展，因为越来越多的成果必须用来还本付息，而且不断增大的投资也会加剧投资过剩状况的恶化。”①

这就是问题的症结所在：中国的信贷行业严重地失却了经济能力。因为许多贷款投资项目的资金缺乏回笼能力，所以就需要追加新的贷款，不断地融资或者干脆用新贷款来还老贷款，就像在一个危险的滚雪球体制中所看到的那样。在这种情况下，原本是要进入实际价值创造中的钱，却进入那种虚假的经济增长率中②。这种情况已经到了有些失控的地步，对此发出呼喊的，惠誉绝非唯一的一家。“我们对中国感到担心，因为泡沫经济的情景已经裸露出来”。波士顿资产管理公司（GMO）也发出警告。他们对手中的钱特别谨慎，因此也对中国提出告诫。这个国家是一个“贷款瘾君子，他们对相同的经济增长所需要的贷款越来越多”。按中国的国民生产总值来计算，它们在过去几年间的信贷扩张情况，甚至要比日本在80年代末期、经济崩溃前还厉害，也比美国在雷曼兄弟银行破产前的情况要严重得多。③

中国现在的这种房贷可疑证券与美国次贷危机有许多共同之处，波士顿的资产管理公司给予这么晦气的评说。持类似看法的也包括美国著名的投资者乔治·索罗斯（George Soros）。他在2013年访问中国时说：“这种迅速增长的影子银行显示出了它与次级抵押贷款市场中那种混乱的相似

---

① 惠誉评级：2013年9月18日：“中国负债仍节节攀升”。

② 香港兴业银行中国经济学家姚伟预算，中国企业债务目前占国民生产总值的30%。这已经达到了有可能引发金融危机的门槛，因为越来越多的借款人既不能偿还利息，也不能归还本金。姚继续说：“债务雪球越滚越大，根本无法对实体经济做出贡献。”引文出自2013年6月18日《悉尼先驱晨报》：“史无前例的中国信贷泡沫”。 http://www.smh.com.au/business/china/chinas-credit-bubble-is-unprecedented-fitch-20130618-2ofkc.html

③ 钱思乐、麦克·莫莱里/波士顿财产管理公司2013年1月：“大张口的龙——中国的信用体系何以显得如此无力？”

处，而正是后者引发了金融危机。”[①]也像在美国和日本危机前的情况一样，房地产行业如今在中国也起着决定性的作用。还有的是，基于地方保护，房地产行业还吮吸了几乎所有银行贷款的三分之一，所以中国房地产行业在银行所有贷款中所占份额，有可能比银行报表上的比例要高得多。即使是中央政府对房地产市场投机进行打击，并且长期对房屋涨价进行抵制。但成功的概率并不看好，因为建筑行业对于中国经济意义巨大，所以有许多很有发言权的支持者。其一，它是地方政府的财政支柱，它们靠的就是卖房和租赁土地使用权，因此，对高价情有独钟。其二，建筑业属于经济建设的一大支柱。它滋养着 40 多个行业，数百万普通的劳动力，并承担着高达五分之一的国内生产总值。其三，也是特别重要的，房地产行业特别容易腐败，因此也相应地更受中国经济精英和党的精英们偏爱。

手头的这些信贷行业的资料已经表明，要想在中国干一件事情是多么的困难。甚至就连上一届政府也拿有些省级大员、银行家和房地产投资商没办法，只能恨得咬牙切齿，可就是啃不下。包括新一届政府，要说取得特别大的成就，恐怕也很难，至少到目前还没有看到。金融行业的老战马乔治·索罗斯就此这么说，中国迄今为止总是能闯过险滩，即使有时的情况似乎无望。可这一次，不过看情况可要复杂多了。“其中一个不同的因素就是：现在的利益集团要比前几次都更强大。迅速扩张的影子银行就已经表明，这些游说者有足够的能力去影响国家银行。”其二就是，不同于以往的是，落入火坑的将不再只是债务人和债权人，不再只是那些大赌徒，而且也包括许多原本置身于正规金融市场之外的、越来越多的家庭和私人企业：在他们的利润减少的同时，增加他们的信用负荷却一而再、再而三地提高。

① 彭博社 2013 年 4 月 8 日：“索罗斯认为，中国的影子银行风险类似于次贷危机”。http://www.bloomberg.com/news/2013-04-08/soros-sees-china-shadow-banking-risk-matching-subprime.html

国家与市场：如果国家把手伸到原本就很难看得清的市场中去

然而，把中国动荡的可能性与其他国家所发生的危机相提并论，似乎为时过早。中国的体制具有危险的不足一面，这是事实：金融市场的封闭性；国家对汇率、利率、理财产品的控制和干预；国有银行的垄断性；缺乏广度和深度的资本市场，以及政府的干预、各级组织与企业和金融机构之间的相互依存。但其中也有一个很大的优势：这个国家的货币领域幸免于国际金融危机的影响，因为中国市场从中设立了障碍保护。假如没有中央银行的批准，资金既不能流入，也不能流出。代替在国外活跃的介入复杂的投资产品并且到处去碰撞，只能把自己的钱交银行经营，虽然有些乏味，可稳稳当当地拿自己的利息。

银行系统今后也势必要保护自己的特殊地位，况且按三中全会的计划，到 2020 年就开始全面改革。在某种可能的危机中，它们不必被国有化，因为它们原本就属于政府所有。一旦遇到灭顶之灾，国家将伸手——不是第一次——接管不良贷款，并会要求银行履行义务，继续它们的业务。还有，在这个世界储蓄冠军的国家，已经堆放着难以计数的大笔存单，仅仅借贷银行就已经在中央银行存放了大约 2.2 万亿欧元。由于这个国家在国外几乎没有外债，所以对债权人也就基本上没有什么特别担心的。中国的资本管制可以严防资本外流和投机。作为全世界外汇储存大国，这也是对本国货币稳定的一大支持。“货币崩溃在中国绝对不可能性。”中国银行系统最著名的德国专家之一霍斯特 · 劳杰勒（Horst Löchel）随后也说。他任教于法兰克福金融管理学院，并任上海国际银行金融研究所（SIBFI）理事会职务，还在中欧国际工商学院任名誉教授。尽管如此，在劳杰勒看来，中国应该加快对自己的金融行业的改革。这位专家很赞成三中全会的举措，进行“真正的利率市场化改革”，其中也包括存款利率、大型银行私有化以及给外国银行提供一个公平的竞争环境。“开放也必须以市场机制运行，”这位经济学家要求说，“而不是像以前一样，在中央集权下进行。”

这才是真正地适合于中国的改革努力并且有助于挖掘所有的新潜力：国家要做的，不是自己去亲自开采，而是放手把这些信息和大山交给聪明的猎人，交给企业家、投资者和个人。政府和管理部门必须保持开放的路径，以便这些淘宝者能够取得成功。如果您面前的这本书能够给予一两位提供某些有用的建议，让您知道从哪里开始挥动铁锹、挖掘地下潜藏的宝藏的话，那它就已见成效。